遊牧民的世界史

すぎやま まさあき
杉山正明 著

「增補版」序

杉山正明

對於遊牧民的負面印象幾乎全部消失

從今年開始（二〇一一年）往回推將近十四年前，一九九七年十月日本經濟新聞社協助我出版著作，名為《從遊牧民看世界史，跨越民族與國境的疆界》。一直以來，不分東西方，總之只要提到遊牧民，一般都會不分青紅皂白地就直接作出負面印象的描述。從被世間稱為名家的歷史家或研究者，到民族學家、文明史家、評論家或作家等人士，大致也都以野蠻、殺戮等刻板印象來描述，幾乎已經定型。

先是來自近代西歐的蔑視亞洲、以及與之互為表裡的優越感或歧視思想，再加上日本及中國學者多以偏見或先入為主觀念的助長，不知不覺間就創造出一個極為單純、簡化的「歷史壞人圖像」。在高中世界史教科書等書籍裡頭，這種圖像也一直被視作理所當然。這種在升學考試下內化於思想中的刻版印象，在無意識中就被深植且定型了。「明明就不是這樣啊……」的想法就是這本書的主要寫作動機。

從那時起經過了若干年，雖然不知道本書到底帶來多少影響或是結果，但很慶幸到了今日情況幾乎已經完全改變。最近跟學生討論時，反而會被驚訝地問說：「是喔？過去是那樣嗎？」雖說如此，但近年的學生們，好像又太過人云亦云，我反而希望他們不要太輕易就全盤接受所學，能再多一點自主思考的意識及質疑態度，而不那麼容易被說服。無論如何，首先將理所當然的事物用理所當然的方式去理解並作思考，也就好了吧！

之後從二〇〇三年一月改版為袖珍本時，卷末導讀由松本建一以其流暢文筆撰寫題為〈解說——關於「定居」及「移動」〉的文章。其實在改版前一年，我突然受到松本先生邀約參加由他於日本隱岐舉辦的「隱岐學研究會」，並於同年四月二十日以「後醍醐天皇之謎——日本史及世界史的交會點」為題發表演講（關於此演講內容，請參閱最近的拙著《歐亞大陸的東西方：中東、阿富汗、中國、俄羅斯及日本》二〇一〇年十二月、日本經濟新聞出版社，頁一八九—二三〇）。前述之松本先生的「解讀」就是他於該年十二月立即為我撰寫之文章，實在是一篇鮮明生動的文明論。請務必一讀。

各種感想及指教

透過精裝本及袖珍本獲得了許多感想及指教，真是非常感謝。原本該要一一回禮答謝，但在此借這機會表達衷心感謝之意。在我接到的各式各樣明信片、信函或是口頭意見及詢問當中，有來自各種年齡層及職業。一位擔任大學教授的友人因為要求自己課堂上的同學寫了讀後感想，事後寄了一大捆報告給我。對人實在太好的他，或許是想要幫忙「促銷」吧！此外，實際上也有不少人士將拙著當作指定教材而要求學生購買，好像慢慢變成一種常態。我一方面心存感謝，但因為有可能會成為某種公私混淆，故也開玩笑地向朋友表示希望下不為例。但是在他寄給我的讀後感想中，有幾篇令人眼睛為之一亮，同時也讓我想重新省思往常很容易就會不禁說出：「現在的學生呀……」等話語。

先不管這些因為是課堂作業而被「強迫」寫出之報告集，個別就收到的感覺及指教，若以內容及身分為標準，印象上大致可以區分為兩種類型。一種是研究範圍涵蓋中亞（或是內陸亞洲）、伊斯蘭中東、中華方面、俄羅斯東歐以及歐洲或東南亞、印度洋海域等各種大小不同地域、疆域之歷史研究者以及廣義的專家學者，或是學生。另外一種，是在全世界屈指可數擁有廣泛眾多讀者的日本中，也堪稱是出類拔萃且意志堅定的「讀書人」。不知為何，我的讀者群大多是這兩種類型的人。

老實說，同行的歷史家及研究者的反應，往往侷限於其自身專攻的領域或題目。當然，每個意見都是非常有益的建議，也有些是我未曾見過的事例，真的非常感謝各位。這些意見指教，希望可以在日後的研究規畫中有所發揮。

另一方面，例如醫生及律師（其中有些是朋友），若是不同領域的學者、尤其是經濟界及實務界，此外還有文筆不錯的人，或是可能有受過良好教育的人士等。以上這些人士給了我更接近本質且直接深刻的提問。也有不少人擁有豐富且多樣的海外經驗，激盪了我的想法。也讓我不得不再次體認到日本這個國家所擁有的深厚人文素質、文化及思考等能力。

後蒙古時代及其後

另一方面，也有些人表達希望可以出一本綜觀蒙古帝國一度實現了人類史上首次廣大帝國之後，也就是「蒙古時代」後，若以近年來的用語來說，就是關於「後蒙古時代」中遊牧民及世界史，可以概觀整體的著作。順帶一提，由已故的本田實信先生及我所命名及提出之「蒙古時代」及「後蒙古時代」概念及想法，現在都已經成為理所當然的世界史概念，並通用於全世界。

關於可以說是「蒙古之後」的這一點，在我精裝本及袖珍本的卷末，曾經寫下「若要繼續寫可能還需要一到二本書的份量，故留待下次討論」這種像是藉口的字句。雖然書籍本身確實也有份量的問題，但老實說，其實是當時我還沒有作好可以一氣呵成，清楚寫出「近現代遊牧民及世界史」所有事物之洞察力及準備。尤其是因為當時我自己本身對於西歐勢力抬頭的十八世紀以後到現在為止之整體歷史圖像，也尚未有充分把握並能夠斷定說「大致是如此」。

具體而言，一個是以俄羅斯帝國的擴大、膨脹為主軸致使中央歐亞大陸各地域改變樣貌以及其後蘇聯帝國的出現、民族彈壓、軍備擴張而演變至今的現代俄羅斯。另外一個，是從巴基斯坦到阿富汗及伊朗以西，也就是廣義的中東地區從近現代開始到當代之發展。這兩個是近現代史也同時是當代史。而且，實際上任何一個都與遊牧民有深厚的關聯。

俄羅斯帝國的擴張及過程，充滿著與蒙古帝國以後各種遊牧民集團間的憎惡及恩仇、利用及背叛、虐殺及離散。從俄羅斯帝國到蘇聯、再到現今俄羅斯聯邦的歷史，即使到了今日仍舊未能讓事實回歸事實。不，某種應該說「負面」的歷史，此刻正在進行中。現在，也不過是許多通過點之一。要能見到較為穩定的明確形態，應該是在更久以後的事吧！

另一方面是中東。英語稱為「Middle East」。很明顯地雜亂無章且實在是敷衍的這個稱呼，雖然只是在十九世紀發展過程的基礎上，在二十世紀初期由英法美以自身利益而擅自湊合的脆弱架構及通稱（命名者就是擬定美國海洋政策及國際戰略方向的馬漢〔Alfred Thayer Mahan〕），但無論如何，從二〇一一年初開始，可稱為「中東大變動」或是「民主化骨牌」的變化浪潮，目前仍在進行中。

此外，在我撰寫這篇文章的三月三十一日這個時間點，利比亞格達費這位超級瘋狂的獨裁者及其黨羽仍舊持續抗戰中。總之，在不遠的未來，格達費的政治面意義應該會消失，我也如此期待。包含格達費自身，利比亞是由超過一百個部族組成的遊牧民混合體，成分甚為複雜。所謂的「中東」，這個由他人所給的稱呼及其整體廣大地域中，若要特意地找出一個共通點的話，就是在這個地域中的大大小小各種國家，幾乎全都是在過去歷史中曾有各種遊牧民活動的世界，而且此一面向雖然會因為國家不同而有所差異，但到了今日仍未消失。

朝「從遊牧民看世界史—近現代版」前進

總之，若要述說「近現代遊牧民所見的世界史」的話，總是會誇耀發達的西歐文明，將自己用法文「Civilisation」、英文寫法也同為「Civilization」（命名者是十九世紀初的法國歷史學家基佐（Francois Pierre Guillaume Guizot）。來自拉丁語「Civis」、「Civitas」的這個組合字，本來頂多只是意指「都市化」。英法等國極力如此強調。日本則將其翻譯為「文明」，後來又在福澤諭吉等人極度提倡下，朝鮮半島及中國也都直接使用相同翻譯。）稱呼並自視非凡，稱頌「文明化使命」或是「落後的亞洲、非洲」等。將世界以分割支配線劃分作為描述此一膚淺時代的主旋律。

但在此一時代的中央歐洲地區，仍留有昔日風情，生活於廣闊大地之遊牧民們，其命運分外可說是與在軍事方面採用「西歐文明」的俄羅斯帝國之間長期持續的糾葛、相剋，歷經艱辛歲月。原本在蒙古帝國時期，統轄現今俄羅斯地區、被稱為「朮赤汗國」的鬆散群體裡，源起「左翼」（意指東方）的哈薩克人（現今哈薩克斯坦人的祖先），尤其被俄羅斯、蘇聯征服及殖民地化，直到最近都是被惡毒狠辣地憎惡及欺負作弄的對象。

東方的大清王朝（大清國，也就是指清朝）在滿洲、蒙古騎兵的征戰下，終於打倒了長達一百五十年的宿敵——準噶爾遊牧民國家，獲得帕米爾高原以東廣闊領域的十八世紀中期後（此時的版圖幾乎就是現在中國疆域），幾乎就在同時俄羅斯將手伸向哈薩克，之後就不斷地重複著對俄羅斯而言是反叛或動亂、但對哈薩克而言是獨立、解放運動的互動。但是，一八九一年哈薩克的所有疆域被宣稱為俄羅斯所有。根據一八九八年的調查，當時人口為四百一十四萬人，其中一萬五千人為繼承成吉思汗血統的後代。他們在日俄戰爭時，雖然也曾經對日本拍手歡迎，但不久就在蘇聯這個新帝國的統治下，吹起集體化及整肅的狂風。尤其是在史達林統治的一九三〇年代，總共犧牲了一百七十四萬人乃至二百一十萬人。另有一說是超過了三百萬人，總之就是有超過一半以上的人口被抹殺。幾乎就是要根絕遊牧傳統及其民族的作為。

更進一步地，在第二次世界大戰爆發後，正是在史達林的命令下，將蘇聯領域內多樣性的非俄羅斯人都有協助德軍之虞，而被強制性地「扔棄」到哈薩克大草原。總之，正是字義上的「大流散」（Diaspora，源自希臘語的這個詞彙，是指猶太人民的離散或分散於異鄉，但這充其量不過是歷史中的謊言、假象）。中亞的草原，被當作眾多民族的「墳場」。以社會主義化為名的分裂、強制、鎮壓，以及徹底而不由分說，荒謬的集體化或農業政策的失敗等等。在這種種作為之下，他們失去因循自然而成的原有面貌，過去的牧地都化為礫土沙漠，於是遊牧民們的身影就漸漸地從歐亞大陸北半部的大地消失。

另一方面，在中東地區，英法由第一次世界大戰而一舉擴大了勢力範圍，再加上新興的美國，割據統治了僅剩虛名之鄂圖曼土耳其帝國，其舊有領土的廣闊中央部分及現在阿爾及利亞、摩洛哥等地的馬格利布（Maghrib，在阿拉伯語意指日落之處）。此時，成為現今中東政治地圖的格局已經成形。當龐大的石油資源之存在被確認後，世界樣貌又有了大幅度變化。自古以來，大致上是以部族為單位集結，持續進行離合集散的遊牧民，不，若更正確地說，可以有土豪、軍閥、王族等各種表現方式的這群人們，這些即使有相對的權威，但以規模來說力量較微的權勢者、權勢組織之首領們，都藉由龐大的石油收入而變得富有強大。

於是，與過去的遊牧民及其集團之原理不同，被稱為石油特權的世界規模之另一種原理，讓中東各國、各地域在國際政局中的意義發生變化。第二次世界大戰後於中東地區的各種轉變及政治脈絡，到了二〇一一的今天，是否會迎向下一個新階段呢？在中東西半部的突尼西亞及埃及朝向民主化時，另一邊的中東東半部，卻仍難以判定是否會有大幅變化的可能。但就個人意見而言，輕易地出現「民主化」大轉變，也就是以一般說的「骨牌效應」般在中東東半部地區捲起漩渦之可能性，目前還有點疑問。反正，最後還是決定於沙烏地阿拉伯及伊朗這兩個區域大國的動向。終究，歷史還是個通過點。

回過頭來說，我希望可以在不久的將來完成撰寫《從遊牧民看世界史—近現代版》。看似已經完全成為過去遺物或是消失在遠方記憶之遊牧民，事實上至今依然在歐亞非各處堅強地生存著。此外，在近現代的波濤洶湧中，存在著各種多樣化的遊牧民所創造出的文化、風俗習慣、價值觀、體系及生存方式，至今也依舊存在。

歷史不只是講述已逝去的過往，而是清楚地呈現創造出連結現在過程的各種行為，更是掌握未來的最大糧食及手段。於是，各種歷史到了最後都會成為跨越時空的世界史。

《遊牧民的世界史》導讀

蔡偉傑
印第安納大學內陸歐亞學系博士候選人

近年來，日本蒙古史與世界史的相關著作在海峽兩岸的出版界掀起了一股前所未有的熱潮，其中又以京都大學東洋史教授杉山正明的著作為主。自二〇一一年以來由廣場出版社在臺發行精裝漢譯本初版《大漠：遊牧民族的世界史》首先開啟了這股風潮。[1]其後並持續出版杉山正明較早的其他作品，諸如《忽必烈的挑戰：蒙古與世界史的大轉向》，[2]與另一本《顛覆世界史的蒙古》。[3]除了杉山正明的作品以外，在臺灣另外還出版了另一位日本蒙古史耆宿岡田英弘教授的作品《世界史的誕生：蒙古的發展與傳統》。[4]據稱，未來還有其他相關著作的發行計畫，值得期待。

在中國，杉山正明的著作所引起的反響更大。中國出版界除了引進《忽必烈的挑戰》與《遊牧民的世界史》的臺灣譯本以外，另外還發行了《疾馳的草原征服者：遼西夏 金 元》一書的漢譯版。[5]這也引起中國史學界的注意與討論，例如復旦大學的姚大力教授為《疾馳的草原征服者》撰寫書評（後收入該書作為推薦序），而北京大學的羅新教授則為《忽必烈的挑戰》撰寫書評，最近北京大學的張帆教授在訪談中也回應了作者杉山教授關於大中國與小中國的理論。這三篇文章都發表在中國主要媒體之一的《東方早報・上海書評》上。[6]這些評論主要是針對作者所提出的元朝在中國歷史上的地位問題進行討論。後來《東方早報・上海書評》還曾訪問作者本人來回應相關的評論與問題。[7]網路上也掀起一陣熱烈討論。這股海峽兩岸同時颳起的杉山旋風確實引人注目。而開先河的正是這本《遊牧民的世界史》。以下將簡要介紹本書的內容，並梳理相關的學術與大眾討論，最後談談本書對當前臺灣社會與學界可能的啟發及其現實意義。

本書正文共分為七章，另附有增補版序、跋與松本建一的〈解說——關於「定居」及「移動」〉。在第一章「民族及國界之外」中，作者首先簡介了歐亞大陸的環境，為之後的討論設置舞臺。他也提到不同的緯度較經度而言，對於氣候變化與人類活動的影響來得重要許多，這點與戴蒙（Jared Diamond）的《槍砲、病菌與鋼鐵：人類社會的命運》（*Guns, Germs, and Steel: The Fate of Human Societies*）的主張若合符節。[8] 而作者認為將歐亞大陸沿海邊緣地區略過後，歐亞內陸以乾燥氣候為共通點，且在風景上具有一致性，因此當地居民和沿海濕潤地區的居民相較，有著不同的形象與意識。因此作者將此一區域稱為歐亞中間地帶。而這片地區的歷史，由於幅員遼闊，因此過去很少被人當作一個整體來分析。一般而言，人們對這個地區的印象就是絲路，或是文明的十字路口。然而隨著各種語言的文獻與考古資料逐漸出土，近年來的研究逐漸趨向將歐亞大陸視為整體，而將此一地區概略分為草原與綠洲。而草原上的人群以遊牧民族為主，綠洲則以灌溉農業為主。而其中遊牧民族則扮演連結區域內部的角色。因此若要談歐亞大陸或全球性的世界史，不可能避開遊牧民族。

作者也說明了遊牧的性質。遊牧實際上是帶著牲口隨著季節而有大致固定移動路線的系統性移動，而非漫無目標的移動。但是遊牧生活由於無法完全自給自足，且易受極端天氣影響，因此相當不穩定，因此造就了遊牧民族與定居社會共生的結構，並且具有機動遷徙、群居與擅長騎射等特點。而擅長騎射也使得遊牧民族成為在現代槍砲出現以前最為優良的作戰部隊。但是這些遊牧軍團或國家基本上都不是由單一民族所組成，而是由多種民族組成的群體。作者並且認為西方民族國家（nation-state）的概念並不適用於古代的遊牧民族國家，並且試圖找出在民族（nation）與國界線以外的世界史研究框架。

第二章「解構歐亞中間地帶」對歐亞中間地帶的地理環境進行具體剖析，包括了北方西伯利亞針葉林地帶，而其南部又可分為東部的蒙古高原、西部的天山南北麓。而在更南方則是西藏高原。至於歐亞大陸的西半部南端則包括了阿姆河（Amu Darya）與錫爾河（Syr Darya）之間的河中地區及其西邊的伊朗高原，甚至可以遠及兩河流域與北非。北端則是西北歐亞大草原，東側起於哈薩克大草原，並向西延伸至喀爾巴阡山脈東麓。作者在介紹不同的地理環境時，也搭配當地的遊牧民族歷史來進行敘述。而由於遊牧民族所遺留的文字史料較少，因此常常必須仰賴定居民族的記載。但是這些材料也常常充滿對遊牧民族的各種偏見。定居民族也常以文明自居，而視遊牧民族為野蠻人。例如古代波斯帝國將其統轄的領域稱為文明區域（Iran），而將阿姆河對岸稱為蠻夷之地（Turan）。這也與古代希臘稱呼遊牧民族為蠻族（Barbaroi），以及古代中國的華夷觀念相似。

第三章「追溯遊牧族群國家的原貌」，探討歷史上所記載的第一個遊牧國家斯基泰人與波斯帝國阿契美尼德王朝之間的關係。主要依據的是古代希臘歷史學家希羅多德（Herodotus, c. 484-420 BC）著《歷史》一書中的記載。作者杉山正明認為世界史上的第一次亞洲與歐洲的正式大會戰，既非波希戰爭、也不是希臘馬拉松戰役，而是約發生於西元前 513 年左右的斯基泰－波斯戰役。即便波斯帝國動員了數十萬將士，但這次戰役，最終仍以波斯帝國損失八萬兵卒失敗告終。在這次戰役中，斯基泰人運用移動迅速的騎兵，加上堅壁清野與誘敵深入的戰略，成為克敵制勝的關鍵，後來也成為遊牧民族對抗定居國家的主要戰爭形態。在族群成分上，斯基泰人內部也相當多元，除了有草原遊牧民以外，還包括了定居都市居民、商人、與農業民族，因此很難說是存在單一斯基泰民族為主的遊牧國家。而在歐亞世界史上，阿契美尼德王朝作為定居國家的原型，斯基泰則成為遊牧國家的起源。這兩種型態的國家在東方則是以匈奴與南方的漢朝為主，作者認為這也許是受到斯基泰型與阿契美尼德型兩種國家形態向東流傳影響的結果。而匈奴冒頓單于在白登山對漢朝的勝利則象徵著遊牧民時代的揭幕，並持續了兩千年之久。

第四章「連結草原及中華的變動波潮」，則以西元前一二九至一二七年左右，漢武帝主動出擊匈奴的戰爭為開始，討論長達五十年的漢匈戰爭對兩邊社會經濟所造成的重大衝擊。作者並認為主動挑起戰爭的漢武帝要負最大責任。後來東漢藉南北匈奴分裂之機會，控制了西域。但是跟南匈奴結盟的結果則是匈奴人逐漸進入長城以南定居，並且成為後來匈奴後裔劉淵在西晉內亂時崛起的舞臺。自西元四世紀鮮卑拓跋氏建立代國以降至唐朝崩潰，西方將這段時期的中國稱為「Tabgach」，意指拓跋。作者據此將這段時期的中國稱為拓跋國家，並認為唐朝編纂的史書有意淡化了唐朝的鮮卑拓跋屬性。而拓跋國家正是一種跨越草原與中國及華夷框架的新型國家。

第五章「撼動世界的突厥・蒙古人（系）」以西元四世紀興起的突厥・蒙古人（系）國家柔然為開頭。柔然趁鮮卑拓跋氏南下後蒙古高原出現權力真空之際，成為主要的遊牧國家。柔然在遊牧國家發展史上的重要性在於首次使用了可汗作為君主的稱號，未來並且為突厥與蒙古所繼承，而成為歐亞大陸上的重要稱謂。而同時在中亞則有伊朗系的白匈奴（嚈噠）興起，而突厥系的高車則位於柔然與白匈奴之間的阿爾泰山與天山區域。而伊朗高原的波斯薩珊王朝與中原的拓跋國家北魏則是主要的定居國家。這種情況到了西元六世紀中葉由於突厥的興起而出現大幅改變。突厥首先擊破了高車與柔然，並且與薩珊王朝聯合消滅了白匈奴，另外還迫使東方的拓跋國家北齊與北周屈服於它。作者認為從其疆域與勢力範圍來看，突厥可稱為世界帝國。但是這個局面只維持了三十年左右，西元五八三年，突厥分裂為東西兩部。當時剛剛篡奪北周帝位的隋文帝楊堅趁著突厥內部動亂之際，出兵併吞了江南的陳朝，統一了中國本部。其後的隋煬帝雖然有擴張的野心，但是由於遠征高句麗失敗而導致帝國崩潰。當時駐守於山西太原的李淵趁機奪取了政權，建立了唐朝。不過其背後仍有東突厥的支持。

作者特別強調了李淵的母親獨孤氏的匈奴血統，並且認為後來唐太宗之所以能夠成就天可汗的霸業建立世界帝國，拓跋國家的特徵（包括了遊牧民的騎兵戰力與追溯自匈奴的尊貴血統）發揮作用是主要原因。但是唐朝和突厥一樣也是個轉瞬即逝的世界帝國。特別是中東伊斯蘭勢力的興起挑戰了唐朝在中亞的霸權。加上北方回鶻與西南吐蕃的興起，以及西元七五五年唐朝內部爆發安史之亂之故，導致唐朝一蹶不振。不過在這個時期，歐亞內陸的一大特徵就是突厥語逐漸成為當地的共通語，突厥化在帕米爾高原以東快速擴展。且伊斯蘭中東世界的政權很快轉移到原先作為奴隸兵將的突厥民族手中，例如位於阿富汗的薩廍尼王朝（Samanids）與西亞的塞爾柱帝國（The Seljuk Empire）。在歐亞東部則是蒙古系的契丹與突厥系的沙陀崛起。五代中有三個朝代是由沙陀系出身的君主所建立的，包括了後唐、後晉與後漢。因此此時的中原可以稱為沙陀政權，並視為拓跋國家的延續。而契丹遼朝在耶律阿保機立國後逐步興盛，並將沙陀政權納為附屬國。東亞成為宋遼南北對峙的局面。契丹在東方遊牧國家發展過程中的重要性在於它在遊牧國家框架中導入了農耕國家系統，使得其統治的穩定性增強，另外就是契丹在中亞以西的世界中，取代了過去的拓跋（Tabgach），而成為中國的代名詞。這個情況即便女真後來取代契丹建立金朝，佔領華北後，仍舊沒有改變。這也是契丹對後世遊牧國家與中國的重要遺產。

第六章「蒙古的戰爭與和平」從元朝的首都大都（今北京）說起，談到北京之所以能夠成為中國的首都，在於蒙古征服中國後，中國史本身所產生的極大變化，亦即由小中國到大中國的變化。可以說世界的世界化與中國的擴大化都是從蒙古時代開始的世界史重大現象。西元一二〇六年鐵木真統一蒙古高原諸部，並登基為成吉思汗建立大蒙古國之後，蒙古帝國開始向外擴張並席捲歐亞大陸。直到一二六〇年代忽必烈在汗位爭奪戰中勝出以後，蒙古帝國進入一個新的階段。作者認為首先蒙古在成吉思汗時，透過大型遠征去統合過去處於敵對狀態的新成員，並且透過長期離鄉背井的機會，讓這些人建立對於蒙古的認同。而後來忽必烈對於蒙古帝國的構想則是將蒙古的軍事力與中國的經濟力合併，再進一步活用穆斯林的商業力以達到經濟統合。特別是蒙古貴族會與斡脫（ortoq）商人合作，以便將其營利活動直接放入國家管理之中。另外在此時銀的擴大使用也使其成為跨越歐亞的公定貿易基準，而以鹽引與紙鈔作為銀的輔助品。而廢除通關稅與實施大型間接稅則有助於發展遠距離貿易。而蒙古帝國的出現也無法套用過去遊牧型、農耕型與海洋型等國家的分類，因而可視為首個世界帝國，也是世界史上的分水嶺。

第七章「探尋近現代史的架構」則討論後蒙古時代的世界如何由陸地及騎射時代轉換到海洋及槍砲時代。在這段期間，由西歐主導的全球化逐漸成為世界史的發展主流。民族國家成為歷史敘述的主要框架。而作者寫作本書，正是希冀透過處於民族國家邊緣的遊牧民角度來重新反思世界史的架構，並且說明這群邊緣人其實曾經是人類歷史的支柱，而且是最大的國家掌握者。

作者在討論到世界帝國的起源時，先後提到過突厥帝國、唐朝與蒙古帝國。這也許會讓讀者有些困惑。究竟何者才是作者所認定最早的世界帝國？如果我們對照作者其他作品的話，不難發現，其實他心目中最早的世界帝國還是蒙古帝國。[9] 突厥帝國與唐朝在規模與持續時間上都不足於和蒙古帝國相比擬。

在談到契丹耶律阿保機登基自稱為天皇帝時，作者認為這不代表契丹已經接受了中國式的皇帝稱號，而更像是天可汗（Tengri qaghan）的漢譯。另外，包括燔柴告天等登基儀式不僅可以被視為中國式的傳統，也可能是繼承自突厥・蒙古遊牧民族傳統。最近羅新所提出從內亞選舉大汗的傳統來解釋關於耶律阿保機預言自己死亡時間成真一事，並大膽推測耶律阿保機很可能是自殺而死，也可以視為是對遼朝國家性質具有內亞遊牧民族色彩的一個補充和解釋。[10]

另外關於元朝所使用的銀、鹽引與紙鈔等，近來也有新的研究進展。德國圖賓根大學漢學教授傅漢思（Hans Ulrich Vogel）的二〇一三年近作《馬可・波羅到過中國：貨幣、食鹽與稅收方面的新證據》（*Marco Polo Was in China: New Evidence from Currencies, Salts and Revenues*）就大大增進了吾人對於元朝金融與財政的了解。[11] 例如元朝紙幣在流通上存在著南少北多的不均衡情形。這是由於忽必烈征服後南宋後仍有許多南宋銅錢在江南流通，且蒙古人對新征服之南宋領地的統治不穩固，加上地方官員敷衍塞責，另外還有紙幣本身的品質不佳與數量不足所導致的。

書中另外在內容編排上，並不是特別均衡。例如在談到於唐朝對外關係時，突厥與回鶻都是敘述重點，但相較之下同樣是遊牧民建立的吐蕃帝國的地位就被低估了。另外鮮卑、契丹、女真以及後蒙古帝國時代的世界史份量也似乎較輕。然而以一本小書的篇幅而言，也許也不能求全。但這些可以參見作者其他的漢譯著作。至於後蒙古帝國時代的歐亞，推薦讀者閱讀 Timothy May近作《世界史中的蒙古征服史》的第三章「一三五〇年的世界：一個全球的世界」，這是我目前所知用最短的篇幅而能恰當總結蒙古帝國崩潰後的歐亞世界概況，特別是內亞部分。[12]

筆者最後想談談本書對當前臺灣社會與學界可能帶來的啟發與現實意義。蒙元史在中國史學界中，規模相對來說較小。一方面元朝作為非漢族建立的中國朝代，治史所需的語言門檻較高，原始檔案文獻解讀不易。另一方面由於牽涉的地域與族群更加複雜，也使得蒙元史研究更脫離中國史的框架，而具有世界史色彩，也因此需要更多國外的知識背景，訓練時間相對較長。蒙元史的研究圈在中國史學界受到的重視相對較少，而在臺灣情況恐怕又更加邊緣。近年來的臺灣蒙元史相關研究基本上是針對元代蒙古治下的漢人社會、文化與思想，旁及色目人如何受漢文化影響的議題（例如對元代多族士人圈的探討）等等。關於蒙古帝國與其影響的討論基本上相當罕見，而相關的書籍讀物則更為匱乏。而在本書中，作者除了介紹歐亞遊牧民族的歷史以外，更不時穿插各種小記。這些小記一方面是作為背景知識的補充，但另一方面也透過引入日本讀者熟悉的日本歷史與文化個案，來建立讀者與書中主題的連結。雖然這些個案對於臺灣的讀者來說也許並不熟悉，因此缺乏共鳴。但筆者更翹首期待未來臺灣能夠出現更多類似的白編讀物，結合臺灣讀者熟悉的歷史文化背景來寫作這類的歷史書籍。相信這將使臺灣讀者更易於掌握這些知識，並能帶來更為多元的歷史觀與世界觀。

此外就現實意義來說，今天無論是中國首倡的「一帶一路」（即絲綢之路經濟帶和廿一世紀海上絲綢之路兩者的簡稱）或是俄國所倡議的「歐亞經濟聯盟」（Eurasian Economic Union），內陸歐亞（Central Eurasia）都是重要的組成部分，並且是蘊藏豐富能源與礦產的戰略地帶。本書對於想了解這個區域的臺灣讀者來說，也大有裨益。筆者從事相關研究，也樂見廣場出版社願意為臺灣讀者引介這些國外的優良內亞歷史與文化讀物。因此藉著廣場這次發行本書校訂新版的機會，不揣淺陋為本書撰寫導讀，也算是在臺灣推展內亞與蒙古學的相關研究略盡棉薄之力吧。

二〇一五年六月三〇日

1 日文原名「遊牧民から見た世界史」，黃美蓉譯，隨後並於二〇一三年發行平裝版，並據日文原題改名為《遊牧民的世界史》。

2 日文原名「クビライの挑戦 モンゴルによる世界史の大転回」，周俊宇譯（臺北：廣場，二〇一二；臺北：八旗文化，二〇一四）。

3 日文原名「モンゴルが世界史を覆す」，周俊宇譯（臺北：八旗文化，二〇一四）。

4 日文原名「世界史の誕生—モンゴルの展と伝統」，陳心慧譯（臺北：廣場，二〇一三）。

5 日文原名「疾駆する草原の征服者—遼 西夏 金元」，烏蘭、烏日娜譯（桂林：廣西師範大學出版社，二〇一四）。

6 這三篇文章參見姚大力，〈一段與「唐宋變革」相並行的故事〉，《疾馳的草原征服者：遼 西夏 金 元》書評，《東方早報》，二〇一三年一月六日，上海書評，http://www.dfdaily.com/html/1170/2013/1/6/922979_7.shtml；羅新，〈元朝不是中國的王朝嗎？〉，《忽必烈的挑戰：蒙古帝國與世界歷史的大轉向》書評，《東方早報》，二〇一三年八月十一日，上海書評，http://www.dfdaily.com/html/1170/2013/8/11/1050691.shtml；張帆，〈張帆談元朝對中國歷史的影響〉，黃曉峰、錢冠宇訪問，《東方早報》，二〇一五年六月十四日，上海書評，http://www.dfdaily.com/html/1170/2015/6/14/1278426.shtml。

7 本訪談參見杉山正明，〈杉山正明談蒙元帝國〉，黃曉峰訪問，《東方早報》，二〇一四年七月廿七日，上海書評，http://www.dfdaily.com/html/1170/2014/7/27/1170331.shtml。

8 漢譯本參見《槍砲、病菌與鋼鐵：人類社會的命運》，王道還、廖月娟譯（臺北：時報，一九九八）。

9 參見杉山正明，《顛覆世界史的蒙古》，第一九二頁。有關作者對於帝國分類的詳細研究，參見前揭書的第四章「人類史上的『帝國』」。

10 羅新，〈耶律阿保機之死〉，《東方早報》，二〇一四年三月廿三日，上海書評，http://www.dfdaily.com/html/1170/2014/3/23/1132893.shtml。後收入羅新，《黑氈上的北魏皇帝》（北京：海豚，二〇一四），第九六—一二三頁。

11 Hans Ulrich Vogel, Marco Polo Was in China: New Evidence from Currencies, Salts and Revenues (Leiden and Boston: Brill, 2013).

12 Timothy May, The Mongol Conquests in World History (London: Reaktion Books, 2011), chap. 3.

目錄

第六章　追溯遊牧國家的原貌

第一章　跨越民族與國界

民族も国境もこえて

1 歐亞世界史的特徵

歐亞世界史及全球世界史

所謂「歐亞」，即是歐洲及亞洲大陸的總和，近年來也有人將非洲加入後統稱為「歐亞非」，或許後者的說法較全面也不一定。而曾紅極一時的「舊世界」、「舊大陸」等稱謂漸漸沒人使用。因為那帶有某種刻版印象或價值觀。不論是「歐亞」或「歐亞非」，都屬較不帶情緒而單調的說法，但前項稱法的背景，的確是來自於「歐亞非自古以來即是人類史舞台」的這個想法。

轉動地球儀，由於蘇聯解體後的變動，可以見到國界線頻繁變化，誕生了新的國家。對從事與世界地圖或是地球儀相關工作的人來說，或許被頻繁改變的國界線搞得忙亂，但在本書的討論中，倒是還沒那麼大的影響。

地球表面大多是海洋，單以太平洋，特別是南太平洋的規模來說就大得驚人，澳洲在其中不過是個小島而已。陸地佔地表約百分之二十九，主要分為歐亞非和南北美洲兩大陸地板塊。板塊多分布於北半球，南半球恐怕該稱為「水半球」才名符其實。總而言之，地球主要板塊明顯偏處於歐亞非洲，且多位於赤道以北，也就是歐亞及北非大陸。因此，北非及歐亞大陸能長時間成為對人類而言的主要「世界」，有相對的自然地理條件，無怪乎成為影響人類歷史的最大框架。

再說，歐亞非大陸板塊的兩側、東西為太平洋及大西洋的兩大海域，長時間限制了人類的遷移範圍。假如偶然而無目的漂流、或小規模的航海活動不算在內的話，人類在遠古時代實在沒辦法在海上大舉移動。

因此，結構完整、具備在大海航行能力的船隻問世，對人類史實在意義重大，全球性的「世界史」，就是在大型船隻出現後的事。在那之前的海洋世界，不過是小型舢板等船隻沿陸地近海或在內河航行爾爾。於是日本群島長期被視為極東之地；相對地，不列顛群島則處於極西。

那是一個很長的時代。亦即在人類歷史中的「世界史」，有相對長的時間屬於「歐亞世界史」。我們的世界進入「全球世界史」時代的時間，反而還不算太長。

「中央歐亞大陸」位於何處？

將焦點轉回地球儀觀之，歐亞大陸的北邊為北極海，南方則為廣大的印度洋。自古以來人類主要活動場域的歐亞大陸，即是位處於嚴寒和酷熱海洋之間的廣大土地。從北到南，氣候依橫向帶狀方式變化，由於地形差異的影響，氣候變化並非全依這種單純的條紋界線來劃分，但人類的生活方式，基本都是依此變化形成。可以說在「經度」、「緯度」等看不見的「人為折痕」中，緯度的作用較深。

歐亞大陸沿海及島嶼屬於較濕潤的區域，自日本群島以降，朝鮮半島、中國大陸南部、東南亞及印度的大部分地域皆屬濕潤地帶，再往西去，則僅有極小範圍的沿海地域屬於濕潤地帶。

日本擁有濕潤的氣候絕對是老天給的禮物。山脈羅列的地勢及森林山川環繞的地理，乾淨冷冽、豐富的水源，更是不可或忘的恩賜。尤其四面環海使各地均有海港，這般海洋立國的有利條件促使日本成為近代產業國家，真是何其幸運呀！

從日本群島到東南亞的眾島嶼海域多綠意盎然，甚至可被稱為「綠洲」。曾風靡一時的常綠闊葉林及其文化思想，具體展現海洋季風帶來的翡翠綠叢林世界，和熱帶雨林這個世界共同語言的意象聯動，非常漂亮。然整體觀察歐亞大陸，可能發現稱為翡翠綠叢林的區域，僅限於接近海洋的地帶，由於濕潤的空氣無法深入陸地，越往內陸，氣候越乾燥。

若以削蘋果皮的方式將歐亞大陸轉圈削下，雖然有些微程度差異，大抵都以乾燥氣候居多，是一個以乾燥為共通點的地區。雖然是大略而言，所謂的「中央歐亞大陸」，它與內陸亞洲及中亞等說法稍有差異，指稱範圍較大。乾燥世界範圍之廣，不僅止於亞洲地區，亦擴及歐洲。

略過歐亞大陸沿海邊緣地區，而將此地帶統合為一的原因在於它的風景幾乎一致（圖一）。順著這條氣候帶，從北往南延伸，地圖上幾乎是森林，森林草原、草原、半沙漠、沙漠等氣候顏色標示依序排列，亦可從氣象衛星取得的資料獲此明確佐證。

由於每個區域單位的自然條件規模都相當大，加上地形高低分布的變化，從森林到草原、沙漠等，可見起伏的山岳、山脈及溪谷交織，沿著山中及山麓的水源處有大大小小的綠洲散布其間，又因山脈兼具承載積雪及雨水的儲水庫，更顯出地形變化對生活的影響。如狩獵、畜牧、遊牧、農耕、工商業等人類生活方式依地形分布亦因而簡單明瞭，而生活方式也成為人種、語言差異之外的重要區別指標。

在這塊無邊無垠的地區中，若將乾燥氣候列為首要的共同項目，加上景觀、地勢、生活形態等較小範圍條件差距，大抵上構成了此地區特徵，範圍雖廣，但同質性相當高，這樣的超廣域生活圈在地

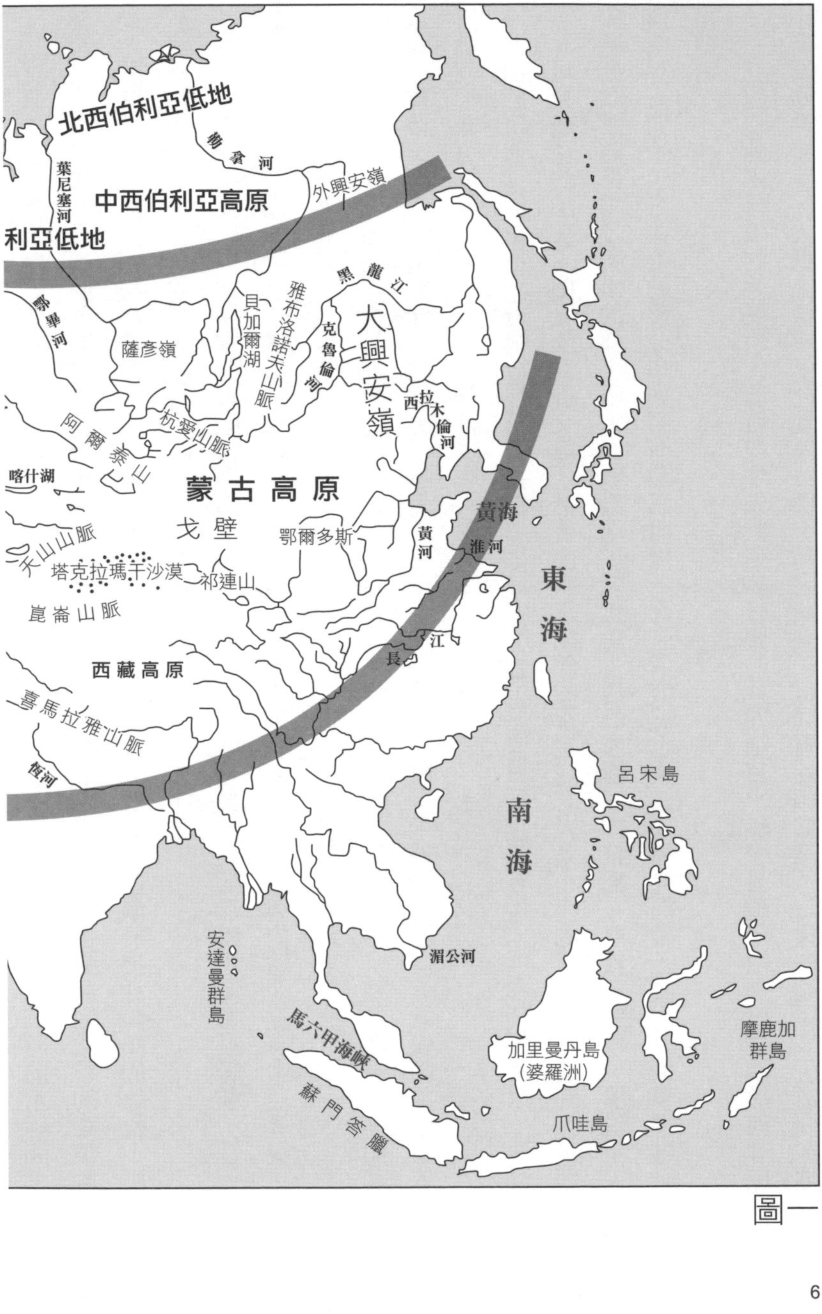
北西伯利亞低地
勒拿河
葉尼塞河
中西伯利亞高原
外興安嶺
利亞低地
黑龍江
鄂畢河
貝加爾湖
雅布洛諾夫山脈
克魯倫河
大興安嶺
薩彥嶺
西拉木倫河
阿爾泰山
杭愛山脈
喀什湖
蒙古高原
黃海
戈壁
鄂爾多斯
黃河
淮河
天山山脈
塔克拉瑪干沙漠
祁連山
東海
崑崙山脈
江
長
西藏高原
喜馬拉雅山脈
恆河
呂宋島
南海
湄公河
安達曼群島
馬六甲海峽
摩鹿加群島
加里曼丹島
（婆羅洲）
蘇門答臘
爪哇島

圖一

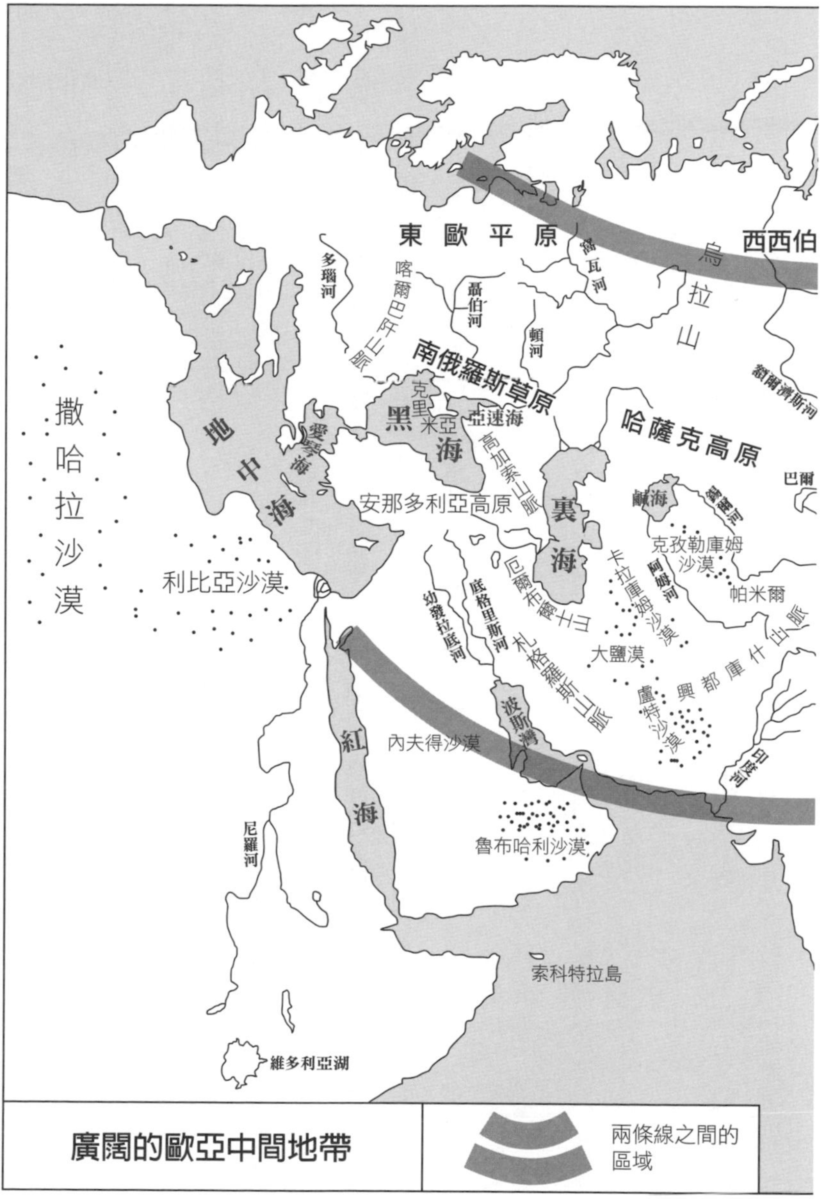

廣闊的歐亞中間地帶

兩條線之間的區域

球上亦屬獨一無二，廣佈於最大的陸地之內。

在其中營生的人群意識、價值觀等，也很自然地超越各自中小規模地區差異，而在某方面有明確的共同色彩。那因此創造了在其他地區少見的幾種人類類型。若以日本群島的生活感來看，會令人覺得是「大陸」型的人群們，大多與此大範圍地域具有共通點。且不評論這樣的生活型態是好或壞，此地人群的形象，和西歐人或沿海地區、濕潤地區的人們都不同。

後續將會說明這個由數個地區單位組成的廣大範圍內，超乎想像地與歷史關係密切，且有許多密不可分的變動。因此，或許可更進一步地將其視為一個巨大的歷史世界。

此外，現代國家的架構雖然確分政治、行政等要件，但這些條件之外的深處，依然可見地區環境對歷史上的影響，當情勢、政治因突發事件有了轉折時，這些沉在底部的因素就會浮上檯面影響世局，若將目前世態看成歷史上單一時期事件，整體改觀之可能性亦深藏其中。

超越地域的連結

這片遼闊地帶的歷史，幾乎不曾被人當作一個整體來分析，原因之一在它的範圍過於廣大，很難將它看成單一歷史研究對象。一般而言，它與「絲路」的宣傳印象相當接近，內陸地區自古以來多被視為「文明的十字路口」來思考。

所謂「文明的十字路口」，即是把它當作東西文化的交會：中國代表東方文明，西方文明則包括伊朗文化圈、中東或地中海地區等，依學者主張不同而有差異，但對東西方交流的定義則無庸置疑。

在此範圍中的「文明小世界」綠洲區域也很重要，它們以點對點方式連接彼此成為「文明通道」，同時也是條貫串「不毛之地」的線。

無論是人、物，或事象，世間的關注總是往外部「文明區域」的觀點傾斜，也就是「異邦人」的觀點。內陸並不是「文明」地域，這種思考的根底，即是某種文明主義。被視作「文明」的，僅限於近現代世界中以如此觀點所認識的地域中。對帝國主義列強而言，被當作「最後的世界分割」對象的內陸地域，在人們意識中，反而成了邊境。

專欄

絲路的幻想

時間回溯到十九世紀末期，德國地質地理學家費迪南．馮．李希霍芬男爵（Ferdinand von Richthofen，一八三三年—一九〇五年）在中國旅遊，為了向德國政府提出報告，他勘查中國的土地、物產等。

當時正處於帝國主義列強爭奪殖民地之最盛期，在列強中屬較晚期的德國，極度希望知道該吞食中國的哪個部分，於是李希霍芬男爵接受委託相關調查。

李希霍芬男爵的動機的確不單純，但在當時，幾乎所有人都沒兩樣。各種國籍、出身及隸屬單位的人，幾乎清一色是軍人、間諜或相關人士，但那也是莫可奈何的事。現代這些人已被看作探險家或探險隊。然不評論功過，他們其中動機純正無私、與國家目的毫無關係的隊伍，大概只有日本的大谷光瑞派遣隊。

李希霍芬男爵雖有任務在身，調查內容卻相當詳實，他將探查結果集結成一部名為《中國：我的旅行與研究》（China, Ergebnisse eigner Reisen und darauf gegrundeter Studien，原題英譯為 China: The results of my travels and the studies based thereon）的巨著。男爵是相當有名望的學者，此書不論在規模、重量及內容等都超乎平常，若以輕忽的態度捧取，不僅會被其重量嚇到，恐怕手也會受傷，是一本氣勢磅礴、令人驚艷的書籍，也是部絕倫的作品。

男爵還在這本巨著中寫下「Seidenstrasen」，也就是「絲綢之路」，背後隱含的深義就是遙遠時代西方羅馬貴族穿戴在身上的中國特產絲綢。如它所象徵的：從古早以前，東西方文明就被看不見的絲線繫住。該書的英譯本將它譯為「絲路」（Silk Road或 Silk Route，後者較多見），或許念起來順口，該詞廣受歡迎，之後開始有人探索這條路徑是否真實存在，現在更為旅遊及出版業創造了龐大利潤。或許男爵在寫作時根本沒有想太多，但其弟子卻已注意此關鍵，在老師去世後，將此書發揚光大，並成就《樓蘭》等書。

「絲路」從誕生開始即融合傳說和易於朗朗上口兩點特色，歷久不衰。「文明」於陸塊東西兩側、中間廣闊的土地或為點和線連結的通道，這點亦未曾改變，然「絲路」一詞作為敘述用語，或許相當方便，但十九世紀的思考模式背後隱含的誤解，卻不能忽視。

不過，近年來對絲路的幻想漸漸暗淡，一方面過去被視為具相當難度，以當地語言撰寫的書籍及出土資料為基礎的研究隨時間有了階段性進展（和先前相比則是極度進步）。日本為這研究領域貢獻不少。作為其結果，也有人嘗試將內陸地帶視為一個整體，由於之前多是個別分散的區域闡述，而今可連貫這些具有共通要素及歷史等淵源，甚至可說替中央歐亞的學門復權。

概觀近年來嘗試將歐亞大陸視為整體的國內外研究論點，可發現有個幾乎一致共通見解的概念：簡單明瞭地將其區分為「草原」及「綠洲」的二分法。

「草原」及「綠洲」，亦有多種二分法：首先是「面」與「點」，或許可說是會動和不會動的東西；「遊牧」及「農耕」，兩種相對的生活方式；還有「遊牧民」和「城市民」之分，也象徵軍事和經濟力量，或代表支配及被支配的關係。以上是幾種基本的分類範疇。

藉由兩種概念組合，暗示了彼此對立及抗衡，兩種體系亦有共存共生之處。若說兩者最深處的共通點，毫無疑問就是「乾燥」。

雖然使用「草原」這個稱呼，但並不侷限於被草皮完全覆蓋之草地（蒙古高原的大草原就是個例外，甚至可說幾乎沒有像草原之處）。從遠處觀之，該地附近似乎綠意盎然；靠近來看，眼見所及幾乎都是土壤或岩石之裸土——雖稱為草原——也只是到處有塊小綠地的荒地，但即使如此還是被稱為草原。

既然草原、荒野、半沙漠都是缺水地域，無怪乎漢字中用「沙」或「漠」表現，不過「沙漠」和「砂漠」的意義又不同。

在前近代亞洲，與漢語同樣歷史悠久的波斯語中，水的發音為「a—b」，「bi—a—ba—n」是指沒有水的地方，相反地，「a—ba—d」是指有水之處。草原、荒野及沙漠就是「bi—a—ba—n」，農耕地、綠地及聚落就是「a—ba—d」。例如Islamabad（伊斯蘭瑪巴德）就是由「Islam」及「a—ba—d」組成，亦即「伊斯蘭之城」之意，是個適合穆斯林建國的巴基斯坦（此為意指「乾淨之地」的波斯語，就是指穆斯林之地）首都之名。

所有的土地都以有沒有水源區分，這是乾燥地區特有的二分法，漢字的「沙」及「漠」也有某些共通處。歐亞或包括北非地域的「歐亞非」，都有廣大的「沙」、「漠」及「bi—a—ba—n」，在中央歐亞，更是以其為主要中心，沙礫的砂漠比較少見。

雖說是草原、荒野及沙漠，卻無法在字面上表達缺水程度或草皮苔原植被密度的細微差異，稍微有點綠意就稱為草原，稀疏的就是荒野或沙漠，其中差異程度並非像字面顯示（尤其因常用漢字的表義思考慣性使然，光以字面臆測，可能導致不切實際聯想）。

想要強調的是，在這樣的地區，即使廣義的綠洲，也不過是從山麓的地下水、泉源地、山間的溪谷或河川陡流到平地的涓涓滴水，土地中的鹽分都還沒被完全稀釋，人類在這樣乾燥的環境安居樂業相當困難，不僅農耕不易，連定居型的畜牧都相當艱辛。

然而卻有人在此無垠遼闊的地帶生活、畜牧移動——就是所謂的遊牧民——藉逐水草而居的方式在既廣且燥的「荒涼不毛地」生存繁衍而不辭勞苦，實在意義非凡。

遊牧民的移動，串連起點狀的大小綠洲，不僅如此，一般當作「文明圈」指標的北耕地帶，也因此而免於互相孤立。或可大膽地說，歐亞中間的大陸塊是藉遊牧民所串連的點連成線、擴及面而成為一個整體「世界」。

在以西歐國家觀點為中心的現在，不施農耕、不住在城市還居無定所的遊牧民，其地位極被忽視，因此遊牧民及他們創建的國家在歷史上也很容易被邊緣化、矮小化。

但若沒有遊牧民，人類的世界及歷史發展應該和現在完全不同吧？

在涵蓋歐亞及北非的「陸地世界」裡，要是沒有以遊牧民為中心的中央歐亞，就沒有內部連結。於是，要描述「歐亞世界史」的全貌，不能避談歐亞中間的「連結點」，不僅如此，對全球性的「世界史」來說，它應該也是極重要的部分吧？這歸因於「世界史」的設定應該蘊藏超越地區，而以整體來解釋的宏觀視角，才符合深入研究根本問題的敏銳度。

專欄

不安定的乾地農耕

農耕對於人類史的意義相當重大，但就算被稱為農耕，不論是點或面，都有其必須條件，原因在於並非所有土地都適合作物生長，還必須考量所謂的乾地農耕，就是旱魃、惔焚、灼烈等伺伏的自然災害超過預期。

這種現象在孕育中華文明的華北、印度文明的印度河流域、美索不達米亞文明的底格里斯與幼發拉底河流域、及古代埃及文明的尼羅河流域，都是同樣的情況。原本就一般而言，被稱為「四大文明」（關於此點的定義另當別論）「發源地」之處皆是乾燥農耕的世界，此點就相當有趣。

雖然平時就處於乾燥狀態，但當嚴重乾旱來臨時，生活幾近毀滅。古代中國認為乾旱是由名為「魃」的惡神帶來的，因此在「魃」字加上意義為「乾渴」的「旱」字而成「旱魃」，起源可追溯自「詩經」。「旱」字是指「干」的意思，也可以說「乾」。

旱災是惡魔的降臨，而且相當頻繁。農業生產匱乏之時，饑荒便應運而來，農民自然開始離開居住的地方另尋生路，而原本穩定的社會因歉收又多了別的區域遷徙來的災民，便容易引起動亂，甚可能導致王朝被推翻。

在乾地光靠農耕生活是相當有風險的，即使蓋了儲水池等設施，但因乾燥程度過於嚴重，儲水效果也有限，若用日本的「常識」聯想，是相當沒有危機意識的，或許「農耕」兩字導致字面上的自給自足想像，但實際上不一定會有安定的生活。

2 遊牧民世界的起源

何謂遊牧民

若就歷史上實際發展的意義來說，或許可說農耕與遊牧是兩個體系對等並立。關於這點，對於人類及中央歐亞大陸來說，狩獵雖不可忽視，但若與農耕及遊遊牧相比，仍相對遜色。

「遊牧」是漢文名詞，在中國，大約是於明代開始出現。英文的「nomadism」也經常翻譯為「遊牧」，但嚴格來說並不正確。所謂「nomadism」，原本指反覆地變換居住場所的人，並非專指畜牧的遊牧，例如因採集狩獵或較少見的農耕遷徙（雖然就字面意義看來有些矛盾，但在歷史上確曾有幾個例子存在，如古代的日耳曼等）等都可以使用。相對地，英文的「pastoral nomads」是指「帶著牲口放牧移動的群眾」，與「遊牧民」的意義及語感幾乎相同，就用語而言，或許後者較為正確。

遊牧，僅是畜牧生活的一種型態，其中「遷徙」是此種畜牧生活的重點，特別是指隨著牲口追逐水草生長的足跡而將整個家搬來搬去的型態。關於遊牧的起源，沒有固定明確的說法，有由農耕分離而成、人類主動靠近有蹄動物群居等說法，但不論哪一種皆是推測。

或許這樣的生活型態很多地方都有，但「在中央歐亞某處曾經出現過」的觀點，是無庸置疑的。至於何時開始，大約在距今四千年到一萬年前左右，目前還沒辦法追溯更久遠，不能確知具體細節。

遊牧生活的型態，可根據乾燥度不同或地勢等條件，有各種不同的變化。簡略地說，就是一邊管理飼育羊、山羊、牛、馬及駱駝等家畜，一邊視草糧被動物吃得差不多時另覓草地、水源的居無定所生活，但並非毫無目的到處流浪，是確實地配合季節移動。

在夏天，家族群體依賴散布在寬闊山麓或平原的草地生活；到了冬天，為了躲避嚴寒或積雪，就會群體舉家搬遷到山麓南面或山谷之間。在此提到的「群體」，指遊牧民社會的基本單位——相當於過去曾經被使用的「氏族」（這也是概念用語，類似英文「clan」，但若光靠對於詞語的想像來思考現實，可能會有偏差）。

專欄

艱苦的遊牧民

「遊牧民」這個詞彙，不知為何總有偏離世俗常識的味道，或許也有人覺得浪漫，但遊牧民實際上是相當辛苦的。

「遊」這個字也許讓人產生誤解，它不只是無所事事地遊蕩生活，還有「外出」的意思（例：「出遊」、「遊學」等），因此「遊」是指遷移，「牧」則是畜牧，也就是「遷移畜牧」的意思；「牧民」中文的發音為「mu-min」，微妙地具有悠閒、可愛的音律。

夏季的草原是美好的，天氣既高又清澈，涼風緩緩吹過綠色大地，駕馬奔馳而過，天地及自身彷彿合而為一，這樣的世界就如天國般，當寒冷降臨時，卻變成了地獄，牧民只能忍耐度過，絕對不浪漫。

遊牧民無法悠哉輕鬆過生活，絕對是以體能實力求生存。首先，一定要學會騎馬；對氣候、自然現象必須有敏銳警覺；還必須深切關注家族、牲口並奉獻心力，最要緊的是必須能夠艱忍耐久、依計行事，兼具瞬間的果決判斷。

團體的歸屬感和強烈的自我意識，乍看之下是矛盾的兩個特質，卻必須同時具備。農作雖然辛苦，遊牧更加艱鉅，「要不要試著遊牧看看呢？」這樣的心態是不行的，遊牧可不是鬧著玩的職業。

夏駐紮地與冬駐紮地間的移動路線幾乎是固定的，交通要衝設有井，牧草地則散落其間。遊牧的生活相當有系統，在遷徙和紮營間持續重複，以規律的原則管理家畜，尤其是羊群，春季出生、夏日茁壯、秋冬宰殺（以小公羊為例）和配種培育等，在廣大無邊的大地無盡地循環。

相對於四季的自然規律，遊牧生活極端不穩定。夏季有大旱或草原大火之類，草地瞬間荒蕪；情況最糟時若遇冬季寒流或大雪侵襲，險境環生之下，甚至有可能導致整個群體滅絕。從日常生活用品到農業生產工具及各式戰鬥工具，亦常無法完全自給自足，綜觀以上，遊牧實在不是容易生存的經濟活動。

由於都市和聚落是經濟活動必要的聯繫，遊牧必須與綠洲共存共榮，在大草原逐水草為生的遊牧民族，需要帶著收成定期朝「點」狀的綠洲城市聚集。城市，既是人與物的交會處，也是集合生產、交易、移動、資訊及文化的重要匯集點。從歐亞中間地帶人與物的流動來看，可見城市發揮了該具備的機能原點，更何況，人與人之間本能地相互需要，對住在人煙稀少的遊牧者來說，城市的意義實在重大。

若將遊牧當作生活的必然結果來看，遊牧及遊牧社會造就了幾個明顯的性格：機動遷徙、群居、還善於射御之術。生活和環境的訓練讓遊牧者的危機應對極為優異，還能靈活自信統御團隊。且不論騎馬射箭是門高段的技術，馬匹也很重要，不論古代或現代，尤其在歐亞，戰鬥用的大型馬是相當貴重的財產，但對遊牧民來說，善騎的人與良駒都很普遍。

在近代槍火彈藥等武器從根本改變戰爭類型以前，遊牧民一向是世界上最優良、強悍的機動部隊，他們在世界史中的影響，多數都歸因於優越的軍事。

一般認為遊牧騎兵在西元前八百年左右（約西周宣王時期）出現，直到十七、八世紀中期左右為止，遊牧軍團的時代約長達兩千五百年。他們以軍力所獲的區域納入版圖，其實不論綠洲大小，在版圖內的區域都該定義為「國家」，須特別留意的是，這些國家都不是由單一遊牧民形成，是跨越「民族」侷限的。

騎兵的威力

騎馬射箭技藝絕倫的戰士和疾速奔馳、善戰的馬匹，若以近代的戰爭武器來比喻這兩乘相加的人馬組合，便如同技術精良的飛行員配備高性能的超音速戰鬥機，同樣都具有昂貴、稀少、超凡、精銳、及顯著的破壞力等特性。

早期的單騎即使只有一人一馬，也相當有威力，若擴及動員百騎、千騎、萬騎，更是百萬雄兵，步兵根本不是對手。

我一位敬重的友人，鑽研東洋史研究的美國學者史樂民（Paul Jakov Smith）在其大作《徵稅於天府之國：一〇七四年—一二二四年馬匹、官僚和四川茶業的衰落（Taxing Heaven's Storehouse: Horses, Bureaucrats, and the Destruction of the Sichuan Tea Industry, 1074-1224）》（哈佛大學一九九二年出版）中，以十二世紀初發生的一件小事為例，將中國宋代時對購馬如何重視當作主題，從基礎史料分析到綜合研究其如何產生財政經濟的龐大負擔。

北宋聯合新興勢力的女真族（金朝）合攻宿敵契丹（遼國）之後，十七個由騎兵組成的金朝講和使節團為了回國述職，急速往河北北方奔返，在途中遭到北宋當地軍事指揮官率領了兩千步兵襲擊，希望藉由此取得戰功。

但具精良武裝戰力的騎兵隊立即依慣例分為左、中、右三翼，中翼約有七名騎兵，左右兩翼各五，三翼小隊藉由星散馳奔、亂箭四放，又縱馬敵營之中使之疲於應付，兩千人的軍隊被操弄得狼狽、毫無成果地潰散奔走，十七名騎兵則毫髮無傷。這是北宋記錄的史實。

「什麼」超越「民族」？

一般使用「遊牧民族」或是「遊牧騎兵民族」來定義遊牧族群，有時稱「遊牧民族國家」或「遊牧騎兵民族國家」，這是耳熟能詳的普遍用語。

但真的是那樣嗎？若說「遊牧民」尚可理解，但說「遊牧民族」或「遊牧騎兵民族」時所使用的「（單一）民族」，真的存在嗎？真有「民族」這個群體嗎？或「遊牧民族國家」、「遊牧騎兵民族國家」中定義的「民族國家」真有這回事？後者或許不是將它當作「（單一）民族國家」的意思，而是單純地指「遊牧種族」或「遊牧騎兵群眾」所建立的國家，但即便如此，由「民族」及「國家」兩個詞彙連結所產生的誤解，是不可否認的。

現在日本大眾所使用的「民族」、「國家」的概念，具有強烈刻板的語意印象，那是以距今二百年前的法國大革命為契機，根基於近代西歐所創的架構及價值觀中。

「nation（民族）」（在法文為「nation」，德文為「nation」，但語意及意涵都有些微差異）總而言之，所謂「nation」這個人群的「實體」，是被視作超越地位或身分，財富或階級而存在的，而國家則是被定義為以之為基礎的人工產物。這其實是某種「神話」。如果不這麼做，就算有波旁王朝，「法蘭西」也不曾存在。這種論述獲得普遍認同，德國及義大利的統一，都是利用此種趨勢應運而生。

十九世紀是西歐最輝煌的年代，世界在其手中分割、支配。它的價值觀、國家觀及文明觀更是至高無上的標準，今日學問、學術上的「知識框架」，幾乎都與之同時形成。

以「nation」為基礎的「state」，像是「nation state」，更被視為歷史的當然產物。在許多地方，人們為了追求那個「理想」努力、流血流汗，結果在第二次世界大戰後，許多稱為「nation state」的國家接連建立，其中相當多數在實際上成為「區域國家」，而以特定族群為政治核心的「nation state」，其「國內」的對立，則是從一開始就結構性地存在。不過就一般而言，最大衝擊的還是在蘇聯解體前後開始的一連串轉變。

最初東歐有民主運動，也有許多人提倡西歐式民主的勝利，然而那都是短暫的黃花，「民族自立」、「民族紛爭」及「民族純化」幾乎同時在各地頻繁發生、激變，多數人感到困惑，甚至徬徨不安。在「民族」、「國家」、「國界」及「社會」等既成概念傳遍各地前，近代西歐式的文明與思考模式便急速地褪色。

更直接地說，這也是必然的結果吧！只能說這種想法是一直以來都太不瞭解，或太不關注歐亞內陸的現實，或是歐亞世界史的實際狀態了。真是有點過於輕率的想法。

「回顧人類歷史諸多事象，西歐型「民族」、「國家」的概念，雖然很完備，但充其量也不過是模式的一種爾爾。若能不要只將西歐文明作絕對、神聖觀，能夠更平易地重新檢視人類一路走來的步伐，就一定能夠意識到這點。」

對於那些將「nation state」視作前提的美好故事，若是冷靜地觀察或可發現，大多數的事例都是先有「state」後才出現「nation」。先有「國家建設」，才有「國民建設」，西歐的例子即是如此。日本的歷史及風土環境非常容易引起西歐型的「nation」及「state」概念。不論「民族」、「種族」、「國家」、「領域」、「社會」及「文明」等方面，日本的傳統及環境都異常地與西歐相似，因此容易被連結（當然，若嚴格來說是不同）。西歐型的「nation state」過度適合於日本，甚至超越其本來意義。

而更加促成了這種近乎於無意識的意識者，即是翻譯用語。將「nation」翻譯為「民族」或「國民」，將「state」解釋為「國家」，也因此不得不將「nation state」解釋為「民族國家」或是「國民國家」這類漢字，這樣的譯法是否妥當？還有相當大的討論空間，就不在此深入說明。

漢字這種象形文字，遠較英文字母等拼音文字刺激心理產生想像。或許因為日本有前述的特殊相關背景，至少在日本，「民族」這個漢字辭彙很容易被當作與「種族」、「人種」的類近詞意使用，這也是因為漢字文字組合本身容易讓人產生類似聯想。不像「nation」與「race（種族）」有明顯差異，更進一步地說，若將英文「people」審度其意而翻譯為「民族」，就越加背離原意了。

此外，「國家」這個漢字詞彙，原本與日文用法的「朝家（譯註：皇室）」、「公家（譯註：貴族）」意義相同（最初是指春秋時代諸侯的「國」及其下之卿大夫的「家」），若將其改用現代日文解釋，大概就是朝廷、王朝、甚至是天子的意思，假如不用漢字，或許接近原本就具有此種意涵的和文「おかみ（譯註：御上，指天皇）」語感。

在明治時期，日本人與中國人曾就「國家論」相互爭辯，但不管怎麼討論就是無法取得共識。後來仔細考量，才知道是彼此對「國家」這個詞彙的認知不同，據說中國人的認知是「朝廷、王朝」，就是清朝。

「國民」這個詞彙，是從「民族」及「國家」各取一字而來。第一個字是「國」，可推測是先有「國家」才有「國民」，若真是如此，就不是「nation state」這個理念，反而是這裡所說的「國民」較切實際。

務必牢牢記住：絕不可輕忽文字和詞彙、翻譯用語產生的誤判。「nation」及「state」這兩個詞彙，在日本翻譯成「民族」、「國民」、「國家」這類漢字，不管怎麼說，日本人在思考時，腦中總是會浮現與該漢字相關的印象。

話說回來，以「遊牧民族」或「遊牧民族國家」這樣的辭彙形容，可能有點言不及義。作者觀察世界史過程發現，數個創建堪稱「遊牧民國家」的案例幾乎沒有純粹僅由遊牧民建立的國家，或多或少都有些混合狀態，屬於多民族國家（multi-ethnic state）。

作為國家核心的遊牧民集團，原本即是集聚了各個團體、種族及勢力混合而成的「政治集團」或「政治聯盟」為一般。當它發展成類似「帝國」（在此只是為了敘述方便而用此慣用語）的統御廣闊疆域政治權力時，已可說是由多元種族或文化、社會併存一同混合而成的複合體。

不只在歐亞中間地帶，甚至以較寬鬆標準來看，這些曾於整體歐亞大陸的歷史中興起滅亡、生存毀滅的政治集團、王朝或國家權力，若以近代西歐型的國家觀為基準來看，都具有曖昧鬆散，輪廓與內容都不甚鮮明清晰的特質。不過，即便如此，那也是國家，也是政權。那是在悠長歷史中大致上的現實樣態。

若以近代西歐式的價值觀判斷裁定「這不是國家」，最後到底會剩下多少「國家」呢？反而可見近代西歐文明所描繪的國家樣貌，並不符合人類歷史的普遍性且嫌偏頗。觀察近代許多造成影響的「民族紛爭」可發現，西歐的「nation state」觀念助長了「民族問題」，甚至讓問題更加顯著。（有一陣子，此用語被轉換為「地域」紛爭，應該是對「民族」這個詞彙語意困惑的緣故。）

因此，除了應該將歷史與現實確實釐清，更要避免被特定的價值觀侷限，換句話說，不是以身體去將就衣服，而是讓衣服合於身體。

歐亞歷史之於世界歷史，等於是構成了這個「身體」的大部分。尤其是連結歐亞東西，成為歷史大幅開展中之主角的歐亞中間地帶遊牧民及其政治集團，正超越了「民族」的觀念。不論褒貶，他們都充分展現人類世界中「國家」的角色，至於這個超越「民族」的東西究竟為何，就是本書接下來要探討的。

可見於史料或隻字未提的文明

然而，所謂的歷史，實際上是有偏限的，在已知的史料當中，其實不太見得到遊牧民的姿態。一直以來，歷史之所以以西歐為首的文明圈為主體，也有其莫可奈何之處。

就如先前敘述的，遊牧民及其社會、與以其為核心建構的國家在歷史中的影響，都沒有以他們為敘述主體的敘述評價，不僅如此，反而常被片段歸類於負面形象，受到「野蠻」、「破壞者」及「不文明」等貶詞稱呼，若論對錯，常歸咎於遊牧民。

其中的原因是至今留下以遊牧民為主體作史的紀錄極少。即使有，也多是由居住在農耕或城市之民載記而成，因此總有些許漏失，且記錄的書寫方式也因立場不同而多有誤解或扭曲；即使確知來龍去脈，有時會以對記錄者有利的角度撰寫，甚至有時會顛倒是非。

雖然記錄者將自己當作「文明人」，然而真正的「文明人」應該不會偏限於特定的狹隘價值觀之內，但很可惜並非如此。不論古今，確實有時很難將自認是「文明人」的人與「偏見」、「自傲」、「自戀」等劃清界線。

遭受遊牧民攻擊、支配時所留下的文史，很容易受到被害者主觀意識左右；而在承平時期或自己發動攻擊時期的史料，又會透露過度的優越感或輕視。總之，從歷史記載可以發現，混合了驕傲、批判、抗拒或蓄意漠視等預設情緒以致下筆偏頗。

也許記錄或報導原本就難以做到中立，這一點從古至今都未曾改變。

書寫是可虛構的，或許也不該盡信書。因此，調查或研究歷史，會受限於既有的文獻，甚至更糟地刻意略過某些事件而不記錄，以其主觀武斷評論或自我膨脹。

留下記錄的史料與真實存在的史實之間，兩者的距離相當大，書寫者才是贏家。能留在史冊的是幸運，沒留下的便很容易就被後世妄下不合理的論斷。然而，是否要留下記錄事實上是根植於其生活中的某種價值觀。

那是只要生存就會有的「型態」，也可說是「文明」的「型態」。自由已留或不留下記錄，這件事本身本來就不是決定個人或人類集團之優劣的因素。

由於研究遊牧民有以上困境，在探討它所建構的歐亞史時，需要確實交叉比對原典及史籍之後還原史實，要達到此標準即具相當難度，因此必須從各類範疇和既存的眾多語言文獻中挖掘，遺跡、古文物這類線索也不可放過。

這樣的研究不論在日本國內外，都刻不容緩地持續進行，只是距離目標還有一段很長的距離。慶幸的是，原本進入蘇聯境內研究會遭遇的困難隨著蘇聯解體而相繼消失，中央歐亞的歷史研究，或許正迎向嶄新的光明遠景。

至少，遺跡、文物或碑刻、出土文獻等的「原物」史料，讓研究視野有翻轉的機會，既有的史料在政治枷鎖解除後，或許可重新檢閱根源、平反及更新定義。歷史研究與政治並非毫無瓜葛，反而有根基的關聯或影響，一個自由的歷史研究，能否有自由的發想或空間？即是取決於這個國家或社會是否自由。

本書所要作的是，立足於以主要文獻為中心的知見，處理這段雖然或多或少有些新發現，但在根本上可能無法改變甚麼的中央歐亞之歷史鴻流。若要談到這對世界史有什麼重要性，我想關鍵就在它本身與其他「文明圈」歷史，在層次上有所不同。

這個世界，至今一百年到一百五十年間，都在奉近代西歐型文明為至上的價值觀中發展過來。然西歐文明僅是一種「文明型態」，觀察人類漫長的歷史可以發現，有各式各樣「文明型態」存在，價值體系也同樣有多樣性。

現在，以近代西歐型文明為極致而形成的「神話」，於現實上已面臨崩解的狀態，我們正站在文明史的轉換點，支撐近代西歐文明架構的「民族」、「民族國家」及「國民國家」的思想，及其關連密切的「國界」概念，也該從基礎重新檢視。

在這樣的架構下，本書以從古老之前就已存在的遊牧民及以其為核心的國家為中心，試著概括地討論其興衰及轉變。究竟是什麼超越了「民族」與「國界」的牢固框架？是什麼串連起人類及地域而構成了「世界史」？本書希望可以從過去的歷史中發掘，冀求可以補充些許被遺漏的歷史面貌。

第二章 中央歐亞大陸的結構

中央ユーラシアの構図

1 眺望廣闊的大地

北方的西伯利亞

先大略看一眼「中央歐亞大陸」吧！不管怎麼說，在我們的意識中，一直都存有國界線的概念，尤其世界地圖或地球儀常用顏色區分國家，讓人更容易把國家當作單位來思考。

然而，「國界線」這個概念是近代才形成的。就算是歷史久遠的國界，也頂多是三百年前的產物，不用很仔細計算，幾乎大半界線是在近半世紀才確立，甚至在這四、五年，有些更在這一兩年才劃定。甚至是「國界線」這個概念本身，歷史也不長久。因此希望讀者可以忽略國界線這回事。

以大範圍觀之，可分為北、東、西三個部分。「北」，為面向北極海的廣大西伯利亞，是斜度輕微的低海拔平地，除了僅有地衣類植物覆蓋地面的極北方，北緯七十度以南的地區寒冷稍減，從北極海來的濕氣剛好吹到這裡，因此形成大片的針葉樹林地帶，西邊延伸到歐洲，是地表範圍最廣的「綠化地帶」（Green belt）。

在短暫的夏日，鄂畢河（Ob River）、葉尼塞河（Yenisei River）等諸河匯集往北流，氣候意外地炎熱，水邊更是容易成為蚊蟲、病原細菌的溫床。然而嚴寒且漫長的冬天，更是可怕。所有的地面都被雪覆蓋，眼目所及彷彿是「白化」的世界，河川及湖泊都結冰了，蚊蟲細菌也靜止了，這時若用雪橇類交通工具代步，反而較方便。

自古以來，當地的居民為亞洲系人種，大多以狩獵、打漁維持生計，族群的規模不大，成點狀散居各地，國家或軍事之類的話題離他們很遙遠。

這樣的情形在十六世紀末左右出現逆轉，脫離蒙古掌控的沙皇俄國看中了這塊土地，當時的先遣部隊是俄羅斯邊境民族——哥薩克人（Cossacks），從中亞到東方的「派遣軍」，大多是這些少於千人的小規模部隊。

他們裝備了簡單的槍砲彈藥，對「森林之民」、「河川之民」的西伯利亞人來說，卻是威力強大的武器。當時由蒙古・突厥系民族建立的小規模政治勢力「西伯汗國」落敗後，廣大北方的東部就被俄羅斯帝國一舉在握，他們將當地命名為「西伯利亞」。

十七世紀時，俄羅斯的領土已經擴及太平洋海岸。「西伯利亞」於俄羅斯，不過是除了毛皮外就毫無經濟價值的土地，但在地圖上可膨脹為範圍廣闊的版圖。

此時，西歐進入「大航海時代」（這是近幾年日本創造的詞彙，不見得世界通用），俄羅斯則往北方大地的東邊擴張。雖然往海洋或陸地推進的方向不一致，但他們所遭遇的對手勢力都不強，俄羅斯帝國先是企圖擴大「亞洲」版圖，西歐的「國界線」大致劃在海外，俄羅斯則在內陸，且大抵在此時開始將目光轉向歐洲。

蒙古高原的雙重結構

雖然差異並非那樣明顯，但在此姑且將西伯利亞南方分為「東」、「西」兩部分來說明。東半部有幾座高地，鄰接的南方是類似桌檯隆起的蒙古高原，範圍相當廣大，不僅包括現今的蒙古國（舊稱蒙古人民共和國，外蒙），更擴及中華人民共和國的內蒙、河北及新疆的一部分、還有俄羅斯聯邦的布里亞特共和國（Republic of Buryatia）、圖瓦共和國（The Tyva Republic）、哈卡斯共和國（Republic of Khakassia）、阿爾泰共和國（Altai Republic）等，從自然環境或歷史面向，這些地方都可被視為一個整體。

蒙古高原是由東邊的興安嶺及西海的阿爾泰山兩大山脈圈圍出來的土地，四周的「斜面」是壯觀得讓人屏息的外緣。北邊涵蓋因古老神話而聞名的貝加爾湖（Lake Baikal）大片腹地，湖水為森林所環抱，往北下傾。

興安嶺東邊山麓、朝東北平原低斜的平坦「大斜面」，曾是牧民的所在地，隨著採行「封禁政策」的清朝衰落，農民開始北上。從牧區轉為農牧，再漸變成農耕地，短短一個半世紀左右就如同滄海桑田，而今，在此重演中國北部實行粗放農耕後大多數土地沙化的惡果，因此如何防止越來越多的土地化為沙漠，已成燃眉之急的課題。

位於另一端的阿爾泰山，從西邊山麓到天山的北邊山麓之間，形成了大規模「楔形」的三角地帶。現在則被分為中國新疆及哈薩克共和國（Republic of Kazakhstan）兩大政治區塊。延伸在新疆塔城的邊界，自清代以來就是兵家必爭之地。在那之前，該地可是屬於遊牧民的天地，旅行者也可以自由地往來其間。後面將提到的中央歐亞大陸之東西兩側，其重點位置也是這塊三角地帶。

蒙古高原的南邊，在地勢上相當模糊，明確可知的大約是東西隅與華北平原接壤而已。高原向南方微微低傾、略降至八百公尺之後與五百公尺的「大同盆地」相連，再接續海拔五十公尺的華北平原，三段地形彷彿高低起伏的陵線攀爬在地表的山岳。到北京八達嶺一帶觀光的話，可見到築在高低陵線上的「萬里長城」，這是明代中後期的建造物，沿著山巒地勢，還在大同盆地周邊建了內、外兩道長城線。

山西西部到陝西、甘肅一帶，放眼望去幾乎都是看不到邊界的沙漠。從蒙古高原到黃土高原則是整片直接涵蓋西藏高原北東部的大地。

大略地說，從北京到大同（古稱「燕、雲之地」，北京舊稱「燕京」，即因此而得名）綿延數百公里，西藏高原與「中國本部」之間的大地幾乎相連，直至淮水、秦嶺線為止，幾乎全部都是乾燥之地。

華北是與哈薩克大草原相連的「乾燥農耕」地區，是孵育中華文化之地。就算之後華夏文明越過長江流域、進一步向海外擴展，其文明、文化原型仍源於乾燥華北，這層意義不容忽視。

總之，蒙古高原的雙重結構，一是位於戈壁沙漠北側、興安嶺及阿爾泰山之間，二是約較前者大二倍左右的外圈地區。從歷史上大致的情況來看，高原上的統一政治勢力，會依各自的強弱程度，在這分為大圈和小圈的雙重結構間伸縮。這片高原是世上最大又最佳的大草原，曾在歷史上出現的匈奴、東胡、鮮卑、柔然（或為蠕蠕）、高車、突厥、回鶻（編註：盛唐以前稱回紇，為現今維吾爾族的宗源。）、契丹、蒙古及準噶爾等遊牧國家，大多發跡於此。若無法控制這塊地形，就很難成為大型的遊牧國家，因此蒙古高原可說是遊牧民的「搖籃之地」。

北邊還有大片的森林，高原的北半部是森林與草原混雜的景觀。以此為居地的遊牧民大多同時過著遊牧及狩獵兩種生活，或許也可稱他們為遊牧狩獵民，曾建立世界最大帝國的「蒙古」，就是這種類型。

此地的土壤相當肥沃，在世界帝國的「蒙古時代」，杭愛山脈與阿爾泰山之間有河流環繞，還留有稻作的記錄。當然良田或瘠土會有差異，不可一概而論，不過今有農業學者主張，適當地在蒙古國發展農業，將草原全轉變為耕地的話，就能解決亞洲的糧食問題。範圍涵蓋內外蒙古的戈壁，若將它想像為單純的沙漠，則與現實有差異，其實戈壁乾燥的程度只是比較類似缺水的荒野，只要有足夠水源的話，戈壁就能恢復原貌，但以現在的狀態是草木無存的。

專欄

萬里長城的意義

萬里長城並非亙古之前就佇立於地表，但史書中確實可稱得上是建造的記錄並不多。

司馬遷在《史記》中提到的長城，是在中國第一個統一政權的秦朝下所建造的。當時將燕、趙及秦國北方邊境的既有長城連接起來，並在其中設立四十四個「縣城」以築成防護要塞網。

漢代、北齊、隋代等各朝亦有修築記錄，相關物證卻匱乏；在北方，有許多土壁殘骸似乎可成為考證，但這些遺址到底在哪個時代築成，卻難以明確定論。

就算說是長城，原本可能也僅是由防守的一方先挖出約一個人高度的壕溝，再在自己的地盤堆疊類似土牆的建物，只要能防守馬匹入侵就夠了，之後才在重要的點設烽火臺。

有人認為若真是用「版築」築長城，就更不可思議了。所謂的「版築」，是一種在兩塊直立模板之間灌入泥土後壓實固定，並重複相同程度以築成土牆的建築工法，此法充分利用了黃土容易挖掘也容易固定的特質。

「城」，「土」字邊加成「成」字，有土壁的意思。中文的漢字「城」與日文漢字的「城」意思不盡相同，並不都是城堡、堡壘。總之，在這裡「長城」就是「長土牆」之意。

由於是這種程度的建造物，故不持久，只要下雨就會流失；冬天的強烈北風，偶爾會吹殘土壁。只要沒有不間斷地修補，不用幾年就會變成柔軟的土丘，即使文獻中有記載「修長城」，但是否能與現存的哪一部分「遺跡片段」連結呢？亦或原本真的有修築嗎？無法明確判斷也是無可奈何之事。

眼前的明代長城，壯觀得超乎尋常，也是普遍對長城的印象。然而，就算是明代的長城，也僅在北京附近的八達嶺等區域或關隘才是用磚塊砌成的堅固建築。

作者在十幾年前見過兩個景觀，至今仍舊印象深刻。一是相連在「大同盆地」北側、彷如鋸齒狀山脈頂上的土壁。步騎兵都不可能通行的險峻山陵線之間，沒有必要設置土壁，這種地方反而建築土壁，應該只是象徵性的意涵，而且該段的牆壁且薄又低，是相當脆弱的建築。

另一個風景是在明代長城西端、位於甘肅西郊著名的嘉峪關，綿延萬里的長城，在此走到盡頭。若從嘉峪關城牆上方往南望，可看到朝祁連山主體的方向，有條細長的線蜿蜒其間。雖然幾乎是小小的隆起土丘，但確實是土壁的痕跡。

無論如何，明朝都想把屬於「中國」的每一分土地，毫無間隙地包圍起來。東起渤海灣岸邊的山海關到西邊聳立於嘉峪關南側的祁連山，以完整的牆壁（在此並非指完美的）畫出一條線，不得不說明代多麼想展現強烈的疆域意識，並且異於平常的執著。

當然，最直接的動機是明代朝廷政府受到蒙古騎兵持續威脅所產生的恐懼感。明朝皇帝是中國史上超級獨裁專制君主，在世界史上也是屈指可數，其專制權力及恐懼感，產生了令人意想不到的結果。想到當初為了建設長城而被勞役者之痛苦及投入的勞力、資本、物資等，就不禁感到心痛。

然而，還有一點想強調的是，蒙古高原及華北高原大致上可視為一塊整體，若維持沒有人為疆界的原狀，則難以讓「中國」的幅員明確又固定地呈現在眼前。因此，從秦漢以來，為了將「中國」的疆域範圍確實刻畫在大地上，就經常不得不採取以人工作出國界線之方法。

所謂的「萬里長城」，不只單純防衛之用，可說是意識的牆，也是中華文明的產物。其實在歷史中，長城幾乎沒有發揮過實際功效，就算多少還有點抵禦或屏障的效果，但北方來的攻勢幾乎常無礙地到達中國領土，耗費了龐大群眾生命和資源換來的結果，也只是權力者的「一時安心」。

長城線隨著改朝換代而有南北變動，視當時政權的性格及國力展現為度。以下幾例可見長城北端的作用：北宋時，因北方契丹侵壓，無法設定長城線；遼最後在今天的北京被佔領之下走向滅亡；打敗北宋及契丹的主要族群－女真的金朝，因害怕「漠北」（意指戈壁北部）遊牧民，不得不在戈壁南邊設置「界壕」。十三、十四世紀時蒙古帝國吞併中國、佔領大部分歐亞大陸，這時就沒有必要修長城了。

將巍巍的明代長城作為遺跡繼承的清朝，並不需要長城的防禦功能。清朝的皇帝有兩種不同的身分：向南代表中國的皇帝，向西及北則代表繼承蒙古帝國的草原可汗。長城代表了統治的象徵意義，也是意識上便於區分兩個地區的分隔線，反而沒有拆除的必要。

天山南北麓

在蒙古高原西邊，約莫歐亞的中央，有像天空一樣高的帕米爾高原聳立，東邊的天山山脈和西側的興都庫什山脈（Hindu Kush）像一雙翅膀展開羽翼，隔開歐亞南北的氣候、人物和風土民情，但這地形的自然屏障對歐亞東西兩邊來說，並不如想像有重大意義。

天山山頂積雪萬年不化，是培育遊牧民及綠洲民的聖山，南北兩側氣候對比相當明顯；山脈北側是廣闊的森林及草原，由於高嶺擋住從西伯利亞來的微弱濕氣，但形成綠意盎然的走廊；南側幾乎沒有綠地，濕潤的空氣無法跨越山脈，積雪及冰河處於山腰之上，山麓非常乾燥。

這樣的自然對比明顯分隔兩地居民和生活方式。從史料發現，北側的綠色草原幾乎是遊牧民的居地；南側塔克拉瑪干沙漠（Taklamakan）（指真正的沙漠）黃色的地表上，靠著融化雪水維生的綠洲聚落則如星點般散落在山麓線。肥沃的天山山脈北方，尤其是北側山脈間的伊犁河起源地、朝西流的溪谷，自古以來就是遊牧民之政治集團的必爭之地。烏孫、西突厥、蒙古時代的察合台兀魯思（俗稱察合台汗國）、蒙兀兒帝國及最後是準噶爾汗國，都在此搭建營帳。

若見到伊犁河從山脈源頭流到大草原，會讓人聯想到開天闢地時的景象。巴爾喀什湖匯聚伊犁河等往北的多條河川形成「七河之地」（Semiryechye）的遊牧草地，先前提到的「楔形」三角地帶，就是這些遊牧民國家的所在地。

或許是為了「絲路」的傳說，串起天山南麓的綠洲之路總被認為是貫通東西的主要途徑。那是因為中華王朝向西拓展疆域，主是要沿著天山南側小規模的綠洲都市國家而行所致。然而，這種模式在漢文史料上卻被大書特書，至於天山北側，相關記錄常予人一種黑暗之地的印象。

這種現象述說著中華政權長期以來無法踏入北方綠野一步，無法直接介入擁有強大戰力之遊牧民世界的歷史。漢代雖然有廣為人知的「西域經略」，其努力及影響也許不容小覷，但整體規模還是微小的。

從許多知名旅行家採行的路線，就可知連接歐亞東西的高速公路在天山北側，史上的軍團東西遷徙時，當然也採行此路線。不管對遊牧民或農耕民來說，天山北麓都是好所在。然而，天山南北麓的居地分布並非由自然所造成的必然，而是歷史影響的必然，是由政治、軍事力量影響的結果。

從清朝擊敗準噶爾王國及後來的政策方針或可看出端倪。乾隆二十二年（一七五七年），趁同在塞外時即是宿敵的準噶爾內亂，成功地將其滅亡。當時幾乎全數殲滅將首都設在伊犁河溪谷的準噶爾人，據說人數甚至超過六十萬，堪稱「種族滅絕」（genocide），乾隆有意要讓準噶爾片甲不留，準噶爾亦被稱為最後的遊牧帝國。

這件事徹底推翻史上持續許久的天山南北政局，清朝將中原的漢人遷移入天山北側，將原是遊牧民的居地當作廣大且肥沃的「前線」，一舉將它化為農耕地。

清朝也鎮壓了由穆斯林蘇非教派主導的天山南側綠洲，並以帕米爾高原以東的疆域命名「新疆」；天山北側為「北疆」，南側為「南疆」。現在北疆是中國屈指可數的穀倉之一，也是油田、淬煉、化學工業的模範地區。以純客觀事實立場來說，新疆可說是建築在歷史中罕見的「滅絕」準噶爾的事實上。

在十八世紀後半以後的清朝，動不動就被認為是受到「西方衝擊」（Western Impact）影響的衰老大國。然而，這是從「海洋世界」看到的印象。乾隆五十八年（一七九三年）馬戛爾尼（George Macartney）使節團認清清朝權力腐敗之時，清朝在「陸地世界」方面還是個剛成年沒多久的巨型帝國。這之後，清朝雖然漸步衰微，但其領土仍持續擴大。同俄羅斯帝國一般，直到崩解前都還是膨脹狀態的龐大帝國。

從西藏的高度出發

在帕米爾高原東南方，西藏高原如隆起的碩大岩盤，是地表最高也最堅實的土地。這個地區總讓人有黑暗神祕的幻象，或許是人類到現在還難以進入超過高原一半的區域。據西藏史研究權威的佐藤長表示，當初策妄阿拉布坦僅率領三千名準噶爾鐵騎就突破了中央羌塘高原。高原氣候陽光普照，空氣稀薄且濕度低，幾乎沒有天然遮蔽避免陽光直射，加上堪稱地表屋脊的高度，紫外線更是強烈。長年日曬便會在皮膚上形成曬傷、雪曬般焦狀的黑斑和深刻的皺紋。

西藏也曾經有「王國」。最初施行政治權力的「王國」，也有人稱「帝國」。大約在唐朝的時候，松贊干布（又稱棄宗弄贊，Songtsan Gampo）即位後便迅速成為強大勢力，與唐朝曾有戰事並簽署結盟，目前還可見當初的紀念碑。後來松贊干布也佔進中亞，曾掌權敦煌一帶，不過時間並不長。

遭貴族割據的西藏，宗教勢力漸漸抬頭擴大，並朝著以宗教權威為首的「王國」之路演進。西藏佛教從安多（青康藏高原東部）進入蒙古高原傳教，範圍達亞洲東半部，形成遼闊的「藏傳佛教圈」。十六世紀後，達賴喇嘛的權威影響已不局限於狹義的「西藏」地區，也獲得北亞到中亞東半部廣大信眾的支持。

西藏佛教能從各教派林立的混亂局面轉換到伸展更遠大的區域並形成了「藏傳佛教圈」，其實歸因於外來的強大影響力。十三世紀後半，大可汗忽必烈率領蒙古帝國並擴及歐亞，同時也提昇了西藏宗教地位。

在噶瑪噶舉教派、直貢噶舉教派、格魯教派（又稱黃教）及帕木竹巴教派等山頭各立參錯中，薩迦教派的年輕導師八思巴後來成為元朝皇帝忽必烈的「國師」，後來更成為「帝師」，藏傳佛教正式成為元朝皇室的宗教。

北京承繼了忽必烈時代「大都」的文物建築，高聳入空的西藏式佛塔「白塔」（位於元朝名為大聖壽萬安寺的寺廟內，現為妙應寺），即是忽必烈時代的建物，當時類似印度、西藏風格的多層建築到處林立。

西藏在當時也相當風光，十六世紀時內蒙古土默特部的俺答汗（一五〇年—一五八二年）曾在青海與「第三世達賴喇嘛」（追溯第一及第二世的封號而得）會面，這是蒙古與藏傳佛教聞名的第二次接觸。

俺答汗將自己比喻為忽必烈，而將「第三世達賴喇嘛」比喻為八思巴。達賴喇嘛（直譯為「海的高僧」，喻義為「傳遍四海的師僧」。以「達賴」來表現「海」、「大海」般深邃的威嚴、喻令及恩典之意，出自南宋，淳祐六年（一二四六年）蒙古帝國第三位大汗貴由寫給羅馬教宗伊諾森四世的國書。）從此透過蒙古的政治權力，成為內陸亞洲世界宗教權威。西藏高原南端聳立著喜馬拉雅山脈，相當令人驚訝地在此發現貝殼化石，原來山脈本在海底，被從非洲分離出來的印度板塊與西藏堅實地盤撞擊下，就形成了喜馬拉雅山脈，山脈南側斜面陡降形成印度的中央平原（Indo-Gangetic Plain），也是自然現象。

專欄

祁連山與河西走廊

祁連山南北與天山南北麓極為相似，同樣因山脈隔離濕度，只是祁連山是北側乾燥、南側還算溫潤。

漢武帝著名的「西域經營」政策，原本並非以經略為目的，只是不甘成為匈奴附庸國的抗戰而已，這是自開國皇帝漢高祖劉邦以來就一直推行的政策，當時一直朝北方進攻，但無戰績。情況從漢武帝元朔五年（西元前一二四年）的河西戰略逆轉，改由祁連山北側進攻。其中重要的戰略位置是在現今的甘州一帶，甘州是祁連山北側最大的綠洲，再加上山麓斜面綠草如茵，也是優良的牧草地，直到清代，此地還當作軍馬牧場，至今仍名聲遠播。

匈奴遊牧聯合體的右翼——統管西部的右賢王——就佔據此地，下方則有休屠王紮營。從甘州綠洲沿著黑河往北，可抵匈奴單于宮廷所在的蒙古中部；若穿過祁連山谷，則可通過南側青海的牧草原。右賢王及休屠王二王聯手掌握了祁連山及東西南北交通的要塞。

若是祁連山戰事失利的話，漢武帝只能從山麓北側——匈奴的正面力攻，幸好漢朝成功地擊退右賢王、休屠王往西逃奔，此為足以撼動大局的關鍵，匈奴從此斷喪了從大月氏奪來的祁連山脈。武帝元狩二年（西元前一二一年），霍去病初次作戰，在史上留下相當高的名聲。

休屠王佔據的地區，稱為「焉支山」或「燕脂山」，或可寫成燕支、胭脂，由於當地可採集到名為「臙脂色」顏料的草而得名。據《西河舊事》一書記載，匈奴失去了祁連山及焉支山後，傳唱「亡我祁連山，使我六畜不蕃息，失我焉支山，使我嫁婦無顏色」之歌。此外，唐代詩人也藉此深深感嘆匈奴女子沒有點綴妝容的紅胭脂而失色，來敘述漢武帝時的盛況。

漢代從此獲得進入西域的鑰匙，為了防止右賢王匈奴的右翼軍再來襲，於是便沿著祁連山北麓設置星羅棋布的管理據點，從中國境內依序訂定武威、張掖、酒泉及敦煌等河西四郡（蒙元時代稱涼州、甘州、肅州及沙州），現今甘肅省即取自其中兩州的名稱，總之即是點與點連成的防禦線和領地。

歷朝都致力保有這一連串綠洲城市，至於各遊牧民居所的南側，除了隋煬帝曾討伐吐谷渾之外，幾乎沒人踏足過。若是祁連山脈北麓沒有綠洲的話，或許中國長久以來都不會進入西域吧？進入西域的途徑，可稱為「甘肅走廊」或「河西走廊」，在英文稱為「Gansu corridor」（甘肅走廊），僅是穿廊而已。

2　歐亞的西半部

中亞地區的縱向切割地形

接下來要敘述的是西半部，阿姆河及錫爾河兩大河川從帕米爾高原向西流，兩河之間形成一片大綠洲。這片綠洲是歐亞中部各勢力興起、滅亡時為之一決勝負的兵家之地，除了土地豐饒之外，還兼具東西南北、四通八達之樞紐，自古以來商業即相當發達，也是人來人往、物資情報、文化等傳播集散處。

在古代，說希臘語的人曾稱它為「越過嬀水（Oxus，阿姆河）之地」，拉丁字源是「transoxiana（阿姆河對岸流域）」。疆域東起阿姆河的波斯帝國阿契美尼德王朝（Achaemenid Empire，波斯語Hakhamanish），以它「文明之地」的角度來看，阿姆河對岸就是「化外之地」。

當回教東傳之後，它的阿拉伯語名喚「Mā warā' an-Nahr（中文古稱河中，今稱河中地區）」，意思是「河對岸的地」。這裡的「河」指的是阿姆河，因此可說還是從西方看東方的角度，並沒有改變把阿姆河當作界線的意義。

粟特族（Sogdians）曾住在此區，在這裡從商的人以此為據點向四方發展，並在各地建立腹地。他們是強勢的民族，曾讓打算併吞阿契美尼德王朝的亞歷山大大帝（Alexander the Great）大軍東進時，花了三年仍一無所獲。

六世紀時，短時間內成功建立橫跨東西歐亞大陸版圖的土耳其帝國，即所謂的突厥，於政經、外交及諜報交換等都與粟特人合作，這是草原軍力與綠洲的商業、情資合作的典範。回教人來了之後，伊朗系穆斯林商人也依循這樣的傳統，而且以此活躍商場。十三、四世紀的蒙古時代，他們與蒙古結盟，足跡遍佈歐亞大陸且不斷擴張幅員。

若從歷史地理兩方面交叉比對，從河中地區為中心，範圍廣及帕米爾高原西側的中亞和周邊，可歸納有趣的事實：有別於聯結東西的「橫向」挪動，多重堆積而成、縱貫南北的大規模區域，是由大幅「縱向切割地形」所形成的。

從南到北，共有五段連貫結構：第一是錫爾河以北的草原，且延伸至天山北側的綠色牧野。第二是河中地區，為撒馬爾罕（Samarkand）、布拉哈（Bukhara）下方城市及聚落的肥沃綠洲，位於卡什卡達里（Qashqadaryo）河附近的優良牧草地帶。第三是阿姆河以南到興都庫什山脈的阿富汗．突厥斯坦（Afghan Turkestan）地區，在乾燥的砂礫地上有綠洲點點。東側昆都士（Qunduz）附近往上攀升的地方，利於遊牧民以地形高低差異依季節遷徙。第四是從興都庫什山脈南邊山麓經開伯爾山口

（Khyber Pass）到犍陀羅（Gandhara）印度西北部。西亞與印度在此交錯，看似分隔卻又像是整體。接下來第五是北印度的中央平原，雖說已從乾燥進入濕潤地帶，但從歷史、政治角度來看，許多在此發生的關鍵事件是由中亞擴展而來的。

這五個地段在景觀、環境、居民及生活形態等，都各有其特徵，地理形勢也有差異。在歷史滾輪中，第二、三段及四、五段各連成一氣並相互影響，雖然各段都有自己的角色，但又被某些政治權力系統牽連而休戚與共。

大月氏貴霜王朝（Kushan）及嚈噠（Ephthal，又稱白匈奴），都是以興都庫什山脈北側為根據地的遊牧民型的軍事政權，印度西北部也曾被其降服支配。十世紀時，中亞的突厥系回教政治勢力崛起，伽色尼王朝（Ghaznavid）是這一波的開端。接續的古爾王朝（Ghurid）以現在的阿富汗（Afghanistan）為根據地，疆域似乎曾擴及印度中央平原。緊接著在蒙古世界帝國崛起的十三世紀初，德里蘇丹國（Delhi Sultanate，以德里為首都的蘇丹政權）成為北印度的主人。在其中雖然時間短暫，十四世紀的圖格魯克王朝（Tughluq）曾建立史上第一個疆域幾乎擴及整個印度次大陸的統合政權。

蒙古帝國的四大汗國之一、握有中亞的察合台汗國為了實現統治印度的夢想，經常從印度中央平原北方攻擊德里蘇丹國，但由於德里蘇丹國和察合台汗國的蒙古人幾乎都是與穆斯林同化的突厥軍系，在印度上演的「蒙軍入侵」自然常無功而返。

最能展現這種縱橫南北聯盟爆發力的，即是帖木兒王朝（Timur），它是史上第一個將根據地設置於河中地區的大帝國，也是最後一個，開國的帖木兒以這裡為中心，將勢力範圍大規模橫向挪移。

接著是巴布爾（Babur）出場，身為帖木兒五世孫子，是位於撒馬爾罕的帖木兒王朝末代皇帝，與從錫爾河北方南下的烏茲別克（蒙古帝國的一部分，金帳汗國的後代）苦戰之後，退至興都庫什山中的喀布爾（Kabul），將其當作據點保留小王國政權實力，便往印度南方發展新天地。

繼承中亞權勢的巴布爾後來也成為印度的皇帝，這個出現於十六世紀初，其後被英國佔領並成為其殖民地的帝國，一般稱蒙兀兒王朝，波斯語稱蒙古為「mughūl」（蒙兀兒），或許它的名字就是這麼來的。印度人也許將它當作北方來的蒙古族，但其實是第二個帖木兒王朝。

蒙兀兒王朝佔據了印度中央平原北方及喀什米爾（Kashmir），喀什米爾是個高海拔、乾燥但富饒之地，「居，唯喀什米爾」是印度人普遍的願望，但事與願違，從第一代巴布爾開始，有很長的時間軍隊僅停留在興都庫什山北方的巴達赫尚（Badakhshan）。

若單純地將蒙兀兒王朝當作印度帝國，則無法窺其全貌：蒙古人不只從中亞進入印度建國，還難以割捨思鄉返家的想望。這些記錄都載於巴布爾以端正書法親筆寫的回憶錄《BABUR-NAMA》中。（《巴布爾之書》，原書僅名為「事蹟錄」，因大眾多不識原文，故以拼音「BABUR-NAMA」通稱。）

該書是當事人親書的最佳歷史見證，也是相當棒的文學作品，日文版由間野英二先生以察合台原文最原始的校訂教科書謄本為基礎，用最高水準的現代日文翻譯、研究，並按序持續印行（《BABUR-NAMA的研究》I、II，一九九五、一九九六年，松香堂出版），這是足以在世界誇耀的重大功業，在此推薦大家閱讀。

其實巴布爾的兒子、第二代的胡馬雍（Humayun）也曾一度失去印度，藉由取道中亞並寄身薩非王朝（Safavid dynasty），從中亞發動攻擊而再取印度，蒙兀兒帝國勢力即在父子兩代兩度征討下確立。

一般描述蒙兀兒王朝的歷史，與事實相差甚遠，很容易以西方角度的「亞洲舊式大帝國」來定位，與清朝及鄂圖曼土耳其帝國（Ottoman Empire）類似，將它當作「印度最後的帝國」。當然，以上的表現方式沒錯，然而事實並非全然如此。那是從海洋的觀點來看，也可說是以西歐為基礎的近代視野。

若以宏觀的歐亞世界史來俯視整體脈絡，範圍就會變大。將視線放在「時間」面向，在十世紀初巨大的「突厥．伊斯蘭時代」潮流中，就會看到中亞．印度版的歸結有帖木兒王朝以及第二次帖木兒王朝的蒙兀兒王朝。而若將眼光轉到「空間」面向，直通中亞．印度的「縱向切割地形」靜靜矗立在歷史長河中，且賦予人類及歷史極大的發展動能，而最佳的例證即是兩個帖木兒王朝。

這個南北貫連的陸路貫穿歐亞大陸東西向之正中處的重疊構造，後來也得以和海洋連結。其中隱含更巨大的佈局，十六世紀中葉頻繁出沒印度海域的葡萄牙即是以此自然地理為背景所開展的故事。

內陸有帖木兒南攻，海路有葡萄牙出沒，在這塊「縱向切割地形」中，「陸上的弓箭時代」及「海上的槍砲時代」其實同步交錯，世界史上的巨大轉變，在環繞著蒙兀兒王朝的遼闊雙重交會地區引發。

這個「縱向切割地形」的地理效應也存於蒙兀兒王朝之後，如英國佔領印度次大陸、為了防衛該地的北上攻擊、與打算南下進攻的俄羅斯對峙、多次阿富汗戰爭、作為緩衝國所建立的阿富汗王國（阿富汗王國以興都庫什山南北為國境，其代表的意義相當明顯）等，都發生在其後的歷史中。

一九七九年十二月底以蘇聯軍裝甲部隊佔領喀布爾開始的近代史，後續將如何發展？目前還看不出走向。即使蘇聯軍隊撤退，阿富汗幾乎整片國土都變成地雷區。一但失去中央政權，便難以回復太平，然而，將混亂的阿富汗地區概括碩大的「縱向切割地形」其中，依稀可見最底層處的地理影響。

舊蘇聯境內的中亞穆斯林各國，還有巴基斯坦的動向，都是可能的發展型態，就如曾發生過的諸段歷史，對任何人來而都是一目瞭然，因此我們也無法否認這類發展可能再度重現。

兩個伊朗

從河中地區以西往西南或西北走，有兩個世界。繞向南走，先渡過阿姆河，再經過木鹿（Merv）、橫越喀拉庫姆沙漠（Karakum，土耳其語黑沙之意），就會抵達科佩特山脈（Kopet-Dag Range），從這裡開始，就是廣闊的伊朗高原。若以帕米爾高原一脈相連而言，即是從興都庫什山西麓開始，直接向前接到伊朗高原。

高原的北邊與厄爾布爾士山（Alborz Mountains）的高嶺相接，從西開始到南，壯觀摺曲的札格羅斯山脈（Zagros Mountains）以其寬達三百至四百公里、具相當深厚的山脈皺摺綿延其間，這兩個山脈，就是支撐起伊朗高原的大骨架。

大型袋狀盆地的內側，是極乾燥的卡維爾鹽漠（波斯語 Dasht-e Kavir）及盧特鹽漠。原本在波斯語中，「Kavir」意思是冒出鹽的土地，也就是鹽漠的意思，從兩個山脈流入的眾微細河流，總在瞬間化無。

人類無法長居於乾透了的巨大窪地，只能住在兩大山脈的山麓或是山谷間（即使這麼說範圍也相當廣），並採畜牧與農耕混合的生活方式。特殊地下運河「坎兒井（Kariz）」，孕育出伊朗悠遠歷史；創造了人工綠地、農地及聚落，就像字面的意思，它本是生命之水。

由岩石、砂礫及乾透了的土地所構成的伊朗高原，是塊被忽略的土地，但卻開出了可與東方中國媲美的文明之花：乾地與綠洲的文明。

札格羅斯山脈與厄爾布爾士山在伊朗西北部的亞塞拜然（Azerbaijan）的高原交會，綠意盎然的山及溪谷、草原及湖水，就從此地衍展。

蒙古帝國時代在伊朗地區設立的蒙古政權──旭烈兀汗國（俗稱伊利汗國）在這裡牧野紮營而成形。作為遊牧民的天地，這裡是絕佳的地點。

專欄

人工極致的展現──坎兒井

蒙古以來在伊朗高原及其周邊地區，居民廣設稱為「坎兒井」的人工地下運河。

在山麓間挖鑿深深的直立坑穴，在與地下水相接處挖掘橫向穴道，便成為地下運河。從地下水的源頭到讓水湧出地面的居地和農地為止，大約間隔二十至三十公尺處、以相等間隔距離依序挖鑿直立坑穴，再交互重複直立坑穴及橫向穴道的挖掘工作。

這是耗費龐大人力及資金、精巧測量、徒手挖掘技術的產物。從空照圖可發現，從山腳有條以點相連的線，接連到末端就是聚落，有時距離甚至長達數十公里。

坎兒井所形成的線也不侷限於直線，有時在途中遇到岩塊也不得不轉彎再前進。挖掘者有相當高的技術，在幾乎不會失手的情況下，以簡單的鏟鍬工具挖出橫向穴道。

當完工時，也不能到這裡就了事，因為不知道橫向穴道會在哪時崩落，故需持續修補。由這個地下水道支撐起的村落及城鎮、農地及綠地，都可說是人工智慧的極致展現。為了防止人類或家畜掉落坑穴，在直徑約二至三公尺的直立坑穴周圍，會以土堆砌出較地面高的土牆。

在地下水道終於露出地表的地方，會湧出清冽的水，冰涼爽口且真的好喝。

在歷史上，據說是在阿契美尼德王朝時代開始大規模推廣這種作法。王朝認為應該要將持續燥化的土地改造成綠野而進行「國土建設」，這也再次讓人見識到以大流士為首的阿契美尼德王朝之偉大。

波斯語將這種地下水道系統稱為「卡里茲（Kariz）」，阿拉伯語則稱為「Qanāt（坎井）」，而在北非地區又叫「活加拉（foggara）」。

建置坎兒井需要相當的資本及技術，在中亞地區較罕見。清末才開始將帕米爾高原以東地區納入吐魯番盆地，但在《漢書》中已有與坎兒井類似的地下水道系統記載。因此結論是，應有再詳加調查思考的必要。現在的新疆取其發音翻譯為「坎兒井」，意為「洞井穴」。

至於，「伊朗」（Iran）這個詞彙有兩種大小範圍的定義。一般使用的「伊朗」，是近代在歐俄等列強的外力侵壓下，疆域不斷地被縮小再縮小而成的「近代國家」伊朗，其幅員甚至無法完全涵蓋自然環境中的伊朗高原。

另外一個泛指更大空間的「伊朗」，範圍遠遠地超越了伊朗高原。這是歷史上的概念，其起源可追溯至遙遠古代「伊朗之地」（Iranzamin）的概念，所指的地區為「從阿姆河到埃及」之間的土地。

這樣廣闊的面積，相當於古代波斯帝國的阿契美尼德王朝疆域。王朝將其統轄的「文明區域」稱為「伊朗」，而將阿姆河對岸的「蠻族之地」稱為「圖蘭（Tū rān）」。這是以「文明觀」為標準來區分己者與他者，其中內涵了某種價值觀，與中國自古在「文明」底下的「華夷思想」類似，也和古代希臘的「Helen（譯註：希臘神話中的英雄，希臘人也以此稱呼自身民族）」及「Barbaroi（譯註：不會說希臘話的人，意指蠻族）」的觀念雷同。

至少在目前所知的情況下，阿契美尼德王朝是世界上第一個將軍事、行政、徵稅、交通、運輸制度及組織等各方面整合的龐大帝國。因此有歷史學家認為，在這之後的「帝國」及「國家」或多或少都有受到它的影響，「伊朗」這個詞彙即包含了先驅者的榮耀。

馬其頓的亞歷山大大帝因為覬覦阿契美尼德王朝管轄豐饒且廣闊的「亞洲」地區，曾企圖全面征服這個龐大的帝國，只要他到達的地方，就成為其「版圖」，但這「大領域」的夢想隨著他的逝世理所當然成為泡影。

與現在甚為通行的希臘化文化（Hellenism）的印象相反，亞歷山大大帝所建立的「帝國」以及之後傳到東方的希臘文明，在包括伊朗等的地區幾乎都沒有留下任何殘影。若將範圍聚焦在這異鄉東方，希臘化文化的影響雖並非完全沒有，但接近於「虛幻」，甚至可說是歐美人的夢幻產物。若要討論希臘化文化，反而應該研究它對西方和羅馬等地區的影響才對。

隨著「伊朗」這個詞彙一同被神話化，阿契美尼德王朝的印象在伊朗人心中被深刻記憶。雖然薩珊王朝（Sassanian）的疆域並未達到阿契美尼德王朝的版圖，但它的範圍仍遠較今天的伊朗和地理環境中的伊朗高原寬廣。

即使進入了伊斯蘭時代，「伊朗」的概念仍舊為人樂道。先前提過的旭烈兀汗國也是以阿姆河為東界，西邊則是持續朝埃及推進，因而與馬木路克王朝（Mamluk Sultanate）對峙。「伊朗之地（Iranzamin）」這個概念，在蒙古帝國統治時代雖然尚未完全達到理想，但已在相隔數百年的薩珊王朝首度實現，旭烈兀汗國境內的居民，也再度深刻地自覺是「伊朗」人。在以廣義的伊朗為中心的「東方伊斯蘭地區」裡，若有皇帝或君主在自身的稱號冠上「阿契美尼德王朝」時代的「沙阿（Shāh）（譯註：波斯語，王、皇帝之意）」之稱謂，就代表他們雖在伊斯蘭體制外，但對伊朗傳統有多重視。

一九七九年，被伊朗伊斯蘭革命推翻的巴勒維王朝（Pahlavi Dynasty）就曾經自喻為「伊朗的沙阿」，並追求恢復古代伊朗帝國榮耀的夢想，因此巴勒維的改革被稱為「沙阿的改革」。

朝著亞塞拜然高原往北前進，就會到達高加索山脈（caucasus mountains），這是座隔離南北的碩大屏障。朝西走，就連到安納托利亞高原（Anatolia），若渡過博斯普魯斯海峽（Bosphorus Strait）和達達尼爾海峽（Dardanelles Strait）就可抵達歐洲。

此外，若從札格羅斯山脈（Zagros Mountains）西麓往下走，經過底格里斯河及幼發拉底河可達敘利亞並進到東地中海地區。從黎巴嫩、巴勒斯坦、漢志（Hijaz）、葉門再到埃及，這個區域的風土民情，在人類史中堪稱最古老的地區，大多數的城市文明類型都是發源於此。

雖然在此先將西奈半島（Sinai Peninsula）作為西亞的界線，但在「舊約聖經」也無法將相連的埃及與這個地方脫離開來，而在伊斯蘭時代當然也是如此。

埃及以西之地、與其相連的北非地區，也是相同的情形。阿拉伯語其稱為「馬格里布

（Maghrib）」（意指「西」），歐亞與非洲，終究還是連成一氣的。

研究伊斯蘭的學者對簡稱有所困惑。「西亞、北非」這個簡稱不只長且不安定，故在莫可奈何之下選用了「中東」這個詞彙，而「中東（Middle East）」是以歐洲為中心命名這一點，是大家早已知道之事。

專欄

波斯與伊朗

有一種說法是：波斯是他人給的稱呼；伊朗則是自稱。波斯（Persia）是西方的稱法，歷史悠久，起源與阿契美尼德王朝有關。

阿契美尼德王朝的發源地在札格羅斯山中、今為伊朗法爾斯省（Fars Province）的地方，而其西方稱法就是波斯。若要打個比方，就如日本古代王朝的起源地是在大和（ヤマト，讀作 Yamato）地方，因此其他國家就以「ヤマト」而稱呼日本。

歐美一慣使用「波斯」，只有在稱呼現代政權、國家時才會使用「伊朗」，這是政治方面的共識。

在日本，一般只在說明有相對事實的古代波斯時，才會用「波斯」這個詞，至於其他時候全都用「伊朗」。或許可說是尊重其民族自稱的適當用法。

唯有「波斯語」例外，若稱為「伊朗語」，則難以和各伊朗語系有關聯的語系區別，必須要小心避免這種誤解。儘管如此，解釋史實或是事物時，又不另外區別，例如「伊朗人」、「伊朗文化」、「伊朗文明」等，實在有必要再重新思考，勝藤猛先生曾針對這一點討論過。

確實，七世紀時回教徒進入這個區域；十世紀始則是突厥．蒙古系人建立政權。無論如何，這地區都因此混沌不明。那麼要以何為標準將它稱為「伊朗」呢？要以哪個範圍界定「伊朗」呢？這些都具有相當難度。

此外，中文自古以來稱它為「波斯」，這是與 Fars，也就是 Persia 相對應，「伊朗」則是近年的音譯。

關於其用法，如最近中國、歐美、日本等，不同的人有各式各樣的見解。

西北歐亞大草原

前一段是關於歐亞大陸西半部「南方世界」的說明，北部面積幾乎是南方的兩倍，極為平坦的大地一直延伸至俄羅斯、東歐。

「楔型三角地帶」的西邊、錫爾河北邊是遼闊的哈薩克大草原（Kazakh Streppe）。整片草原延展至窩瓦河畔（Volga River），說不定將它看作蒙古草原的延長線也不錯。它還跨過窩瓦河，直到頓河（Don）、聶伯河（Dnepr）及多瑙河（Danube）河口。大草原南邊則將從高加索山北麓到黑海北岸一帶完全涵蓋，延伸至喀爾巴阡山脈（Carpathian Mountains）東麓，這真是一座大草原。

這個地區孕育了許多遊牧民集團及國家，是繼蒙古高原之外遊牧國家的「第二個搖籃之地」。在蒙古帝國時代，波斯語將這裡統稱為庫曼尼亞（Cumania），意指「欽察草原（Dasht-I Qipchaq）」。波斯語是蒙古時代的國際通用語。

成吉思汗的長子朮赤為首的家族及其領域，泛稱為朮赤王朝。一般稱為「欽察汗國」，緣自當時國際語言的「庫曼尼亞」，這是由於朮赤王朝將根據地設置在這片西北歐亞大草原。

在這片廣闊草原的北側，森林呈帶狀廣佈，土地相當貧瘠。在更北邊，曾是「羅塞尼亞（Ruthenia）」的農民小世界。當這裡以俄羅斯之姿從蒙古三百年的統治中浮出時，世界史便不得不大幅改變。一般將俄羅斯當作歐洲的觀念，不論在地理環境或歷史都是疑問，俄羅斯帝國從一開始很明確地就是以歐亞國家的形態出現。

之前提到的哈薩克大草原還越過喀爾巴阡山，一直涵蓋到匈牙利大平原，該平原寬廣的範圍約有現今匈牙利三倍大，是相當優良的牧草地。

讓羅馬帝國處於恐懼狀態的匈人阿提拉王就於此設置根據地，之後，匈牙利人（Magyar，又稱馬扎爾人）果然從東方進入此地，這就是現在匈牙利人的祖先，所謂的匈牙利就是「Hungaria」，即匈奴之地的意思。

一二四二年席捲羅塞尼亞和東歐地區的朮赤次子拔都打算進一步攻擊西歐時，就決定於這片草地設營。遭追擊的匈牙利王貝拉四世（IV Bela）是匈牙利人，當年自己祖先曾經擁有的廣闊疆域，卻即將被蒙古踐踏。

然而，當拔都接到大可汗窩闊台（元太宗）逝去的消息後，立即將軍隊緩緩往東邊返回窩瓦河的本營。西歐及匈牙利都因此在滅亡的邊緣獲救。之後，貝拉四世開始反省並整合國家，是為「匈牙利的第二個建國者」。

而這般地理環境下的西北歐亞南邊，有個不可忽視的焦點，就在對面的伊朗、中東之間，有來自西方的「水」直接滲入內陸深處。

西北歐亞草原的低平大地，在南邊與伊朗高原的堅固地殼之間也創造出了裏海（The Caspian Sea）、鹹海（Aral Sea）等大小兩個「內陸的海」。裏海面積甚至可將日本列島整個淹沒，為世界第一大湖泊；鹹海則曾經是名列第四的大湖。

錫爾河與阿姆河兩大河灌入鹹海，而伊斯蘭史料中稱為「哈扎爾海（Khazar）」的裏海，則有窩瓦河及烏拉河等河從北方流入。匯聚內陸河且充當為河口的這兩個湖泊，當然也成為鹹份較多的鹹水湖。

高加索西邊是黑海，經過博斯普魯斯海峽、馬爾馬拉海（Sea of Marmara）和達達尼爾海峽，就會連到愛琴海（Aegean Sea）及地中海。

在黑海和裏海之間，經過黑海向北彎入的亞速海（Sea of Azov），再沿著於注入該處的頓河稍微

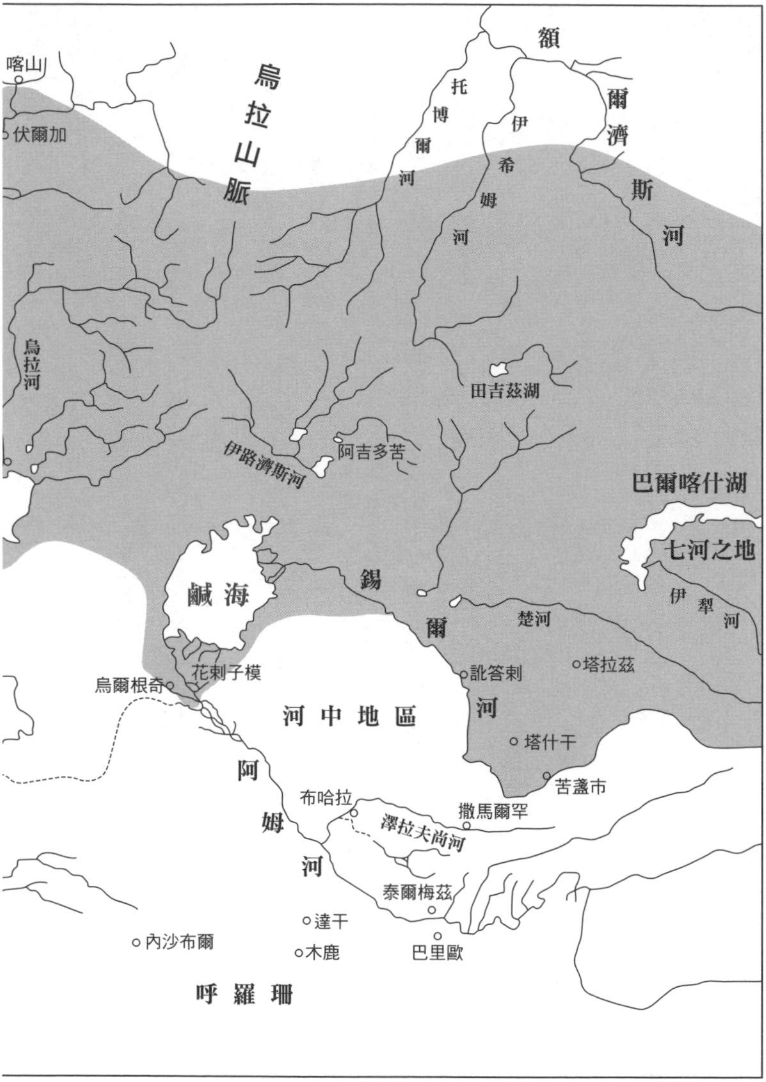
喀山
伏爾加
烏拉山脈
托博爾河
伊希姆河
額爾濟斯河
烏拉河
田吉茲湖
阿吉多苦
伊路濟斯河
巴爾喀什湖
七河之地
伊犁河
鹹海
錫爾河
楚河
花剌子模
訛答剌
塔拉茲
烏爾根奇
河中地區
塔什干
苦盞市
阿姆河
布哈拉
撒馬爾罕
澤拉夫尚河
泰爾梅茲
達干
內沙布爾
木鹿
巴里歐
呼羅珊

圖二

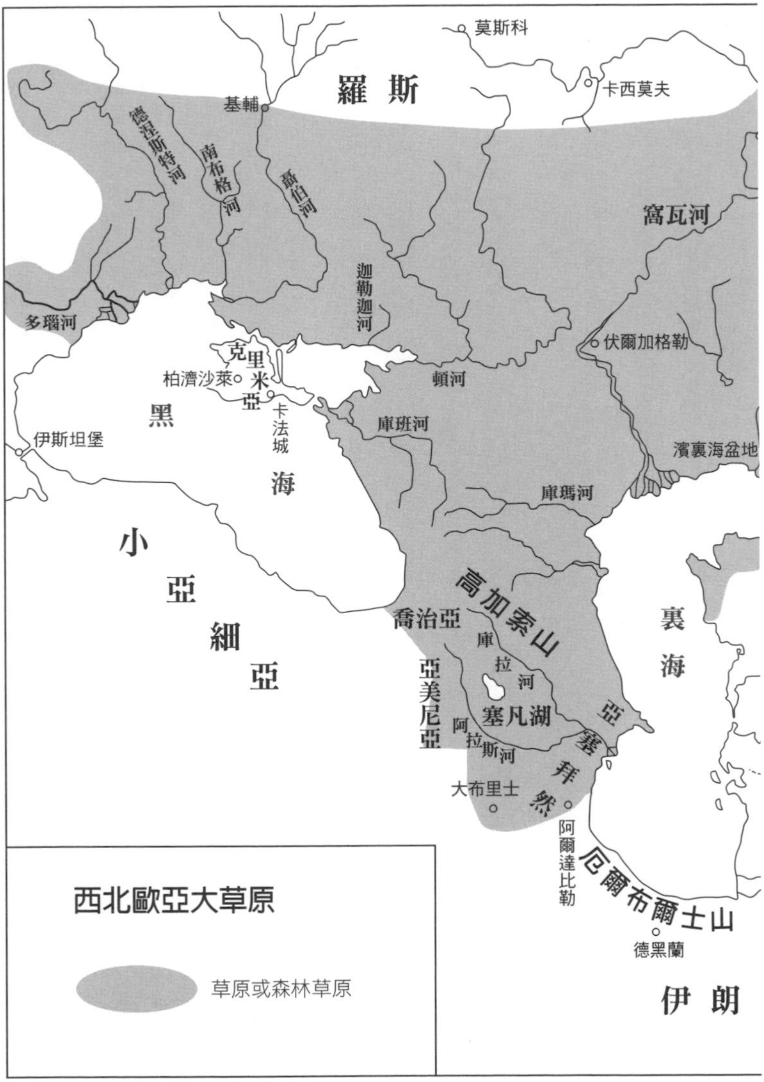
莫斯科
羅斯
卡西莫夫
基輔
德涅斯特河
南布格河
聶伯河
窩瓦河
迦勒迦河
多瑙河
伏爾加格勒
克里米亞
柏濟沙萊
卡法城
頓河
黑海
庫班河
伊斯坦堡
濱裏海盆地
庫瑪河
小亞細亞
高加索山
喬治亞
庫拉河
亞美尼亞
塞凡湖
裏海
阿拉斯河
亞塞拜然
大布里士
阿爾達比勒
厄爾布爾士山
德黑蘭
伊朗
西北歐亞大草原
草原或森林草原

向上走，就會在短短的距離間與窩瓦河相接（現在這兩處有窩瓦—頓運河相連），而且，阿姆河也曾注入裏海。

若自西邊緩緩沿著以上的大小內陸湖、河川走，甚至有可能幾乎不用陸路就可以水路向東行至帕米爾高原山麓。若由歐亞西半部整體來看，水域剛好將這裡隔離成南北兩個大區。

在蒙古時代，將伊朗旭烈兀汗國當作共敵的朮赤汗國及埃及馬木路克王朝，也曾一同信奉回教且締結同盟。這個「窩瓦河—尼羅河同盟」，正可能說是此種侵入式水路所形成的結果，老天爺的賞賜。

在約二百九十年後，莫斯科大公伊凡雷帝相繼於一五五二年攻進窩瓦河中游的喀山（Kazan），一五五六年進攻下游地區的阿斯特拉汗國（Astrahan）。不論哪一個都是流有朮赤王室血統的「汗國」。在這裡，俄羅斯帝國開始向東方擴張。

如前述，俄羅斯擴張便是始於北方西伯利亞向東進。哈薩克大草原並不容易進入，由大、中、小三個哈薩克斡爾朵（譯註：ordo，意為宮帳。）形成的遊牧聯合組織，有不可輕視的力量。俄羅斯沿著草原北方邊界建築了高大的額爾濟斯河上的奧倫堡（Orenburg）防線要塞（今哈薩克共和國（Kazakhstan）的北邊國界幾乎與此重疊），再由此緩緩南侵蠶食。從十九世紀中期開始鎮壓哈薩克大草原及高加索山脈，接著更進一步踏入河中地區，將近十九世紀末的一八八一年，俄羅斯廣闊疆域裡的中亞地區已接近全然掌握。

如同清朝滅了準噶爾後採取的政策般，俄羅斯也將它的農民移入哈薩克以南。哈薩克大草原上的遊牧民遭到壓制，土地也被強制徵收。

蘇維埃革命以後，壓制體系也仍舊持續，蘇聯並不放棄對寬闊內陸殖民地的統治帝國之姿。就在未知會當地草原居民的情況下，在哈薩克大草原其中一部份、塞米巴拉金斯克（Semipalatinsk）試爆核彈，片面地持續進行。在最近五十年中有超過兩百次的試爆。無可否認地，這是將草原當作領土邊境，且將遊牧民及穆斯林視為「異族」的觀念影響下的作為。

完全不管地理環境條件的不足，打從一開始就將遊牧傳統及遊牧民視為次等，將農業過度視作萬能的錯覺，已經造成許多不幸。胡亂地在中亞擴大棉花栽培，就是其中一個範例。

現在，鹹海的燥化持續擴大中。鹹海曾是面積約與北海道相同的大湖，但為了在阿姆河、錫爾河兩河中游地區種植棉花而大規模灌溉，結果流入鹹海的水量變少。鹹海的蒸發與匯入速度失衡，水位大幅下降十三公尺，湖面也急速縮小。湖水的鹹度極度濃縮，漁獲也變成不可能的事情。其周邊地區則持續沙化中（以上鹹海的內容，是以一九九二年十一月由石田紀郎發表的「哈薩克大草原緊急報告」演講為基礎撰成）。

據稱鹹海在二十一世紀前半期就會消失，俄羅斯帝國曾積極遷移農民進入開墾的七河之地，巴爾喀什湖也在縮小中。由國家主導的犯罪，不只是壓制或迫害個人及群體，甚至也會經年累月地在大地刻畫出破壞環境和改造自然的痕跡。

若只把它當作「人性是恐怖的」這樣的事，像一般人嘆口氣就算了是無意義的。關鍵在於，必須思考這類歸因於某種「文明意識」所導致的偏見或傲慢。若真如此，所謂的「近代文明」及「近代精神」到底是什麼呢？當然無可否認地，既有好的也有助益的部分，以及本身所具備的絕佳事物，但不全然都如此這一點也是事實。而且，其衍生的「不幸」，與其說是偶然演化，看起來更像是從一開始就注定會隨其擴張、發展而更加顯著、擴大。

我們對這一個半世紀以來襲捲世界的西式文明和以它為基準而構建的價值體系，是否已經到了應該就其影響而來評論整體、回顧檢討的時刻呢？

專欄

從高加索山脈看世界

在黑海及裏海之間，有座廣闊的白色牆壁橫跨東西，即是高加索山脈。高加索山脈以北是俄羅斯的領域，在遙遠的那一邊就是俄羅斯本土。往南則馬上可以接到伊朗、土耳其和底格里斯河、幼發拉底河兩河流域。俄羅斯與中東的距離，令人意外地接近。

在高加索山脈東西兩側，有兩個「內海」，若往東走可以到中亞地區，往西則到達歐洲大陸。這兩個地區其實也不遠，彷彿是世界與世界史的十字路口。高加索山脈擁有相當深的腹地，北麓是草原，南邊山腳有深刻溪谷及森林交錯，在史料中，是個彷如「隱密之鄉」的地方。奧塞梯族曾奔馳於北邊山麓的山野間，現在則在該地建立了小小的北奧塞梯共和國。然而，在古代可是以勇猛聞名的阿蘭族（東漢三國時的稱呼）和蒙古時代的匈奴阿速族。更進一步地還有述說他們是否為遠古時代斯基泰人（Scythia）子孫的著名「納薩加神話（Nart Saga）」之流傳。這是類似於日本古代神話「山幸彥和海幸彥」的故事。

其中一部分阿速族在蒙古時代往東進，並成為忽必烈帝國，即「大元」的常備軍團。明清時組成蒙古群族之一的「阿蘇特」（綠晴回回），或許也是其子孫。若真是如此，那麼阿速族子孫至今仍殘存在歐亞東西之間。

北邊山麓的數個小共和國已被併入蘇俄聯邦，南邊山麓的喬治亞共和國（Republic of Georgia）、亞美尼亞共和國（Republic of Armenia）及亞塞拜然共和國等三個國家則擁有獨立主權。

喬治亞及亞美尼亞自古以來都是基督教國家，亞美尼亞更是信仰堅定，因此也有人認為此地是亞當與夏娃的伊甸園。諾亞方舟抵達的亞拉拉特山（Ararat），現在屬於土耳其的疆域。這兩國之間的苦難歷史，多到幾乎數不完。

居民多為土耳其裔穆斯林的亞塞拜然，致力於與伊朗境內的亞塞拜然群族重新團聚。十九世紀中期，由於俄羅斯進攻伊朗，讓亞塞拜然同胞分居兩地，他們分離至今也接近一個半世紀了。

若觀察高加索山脈南北一帶，會讓人不禁想起所謂的「國界」和「國家」到底是什麼議題，至於「民族」，也相當複雜微妙。若將高加索山脈當作中心來俯瞰，不論在過去或現代，都更容易看清世界歷史的樣貌。圍繞高加索山脈的人與物的動向及戰爭與和平，都可視為鉅細靡遺映照出各個時刻下歐亞狀況的明鏡。

第三章　追溯遊牧國家的原貌

遊牧国家の原型を追って

1　希羅多德說故事

斯基泰—波斯戰役

在歷史上，明確地將以遊牧民為中心的國家定義為遊牧國家之說法，其實並非很久以前的事情。約在西元前六世紀末，在黑海北側廣闊的草原上曾有個希臘語稱為「斯基泰人」的集團出現之記錄，而且從一開始出現就是個強大的勢力。

將這個記錄流傳的就是古代希臘的歷史家希羅多德（約是西元前四八四年左右到前四二〇年間）。出生於緊臨愛琴海一小塊亞洲西海岸的希臘系小城哈理卡那索斯（Halicarnassus，位於現在土耳其共和國波德魯（Bodrum）附近）的希羅多德，以彷如自己親眼目睹的「現代史」方式，描述波斯帝國阿契美尼德王朝與希臘城邦國家群體間的戰爭。

然而，這可不單純是個「現代史」，他企圖將引發兩者間大戰爭之原因、背景及其所具備之意義等徹底地說明清楚（通常將這個戰爭稱為「波斯戰爭」，原來就是站在希臘立場之表現方式。這和希臘動輒將戰勝波斯的原因，歸於相對於東方專制國家之希臘民主制度的勝利，出於相同的精神。這是很想將自身文明起源設定為希臘之近代歐美人們，為了達成其浪漫心情所採用的伎倆。純粹站在客觀立場，應該要將其名稱改為「波斯—希臘戰爭」才比較公平吧？）。

因此，他們甚至將這個戰爭範圍所及的東方各個地區及希臘人各自採取的方法回溯到神話時代，將種種派生出來的諸多經過或原委，添加廣泛於各地流傳的傳說或神話成分作生動的描寫。書中涉及的地區、時代及內容，在廣度、長度及深度上都實在相當豐富。以結果而言，希羅多德的大作已成為關於歐亞西方「古代世界」的獨一無二「證言」、「資訊來源」，更成為「通史」。

這個在世界上聲譽相當高的「歷史」共分為九卷，希羅多德被廣為人知的古代羅馬政治家、思想家兼文學家馬庫斯．圖利烏斯．西塞羅（Marcus Tullius Cicero）稱為「歷史之父」，也是理所當然之事。此外，在松平千秋的著名譯筆下，能夠以優美流暢的日文閱讀希羅多德作品這一點，更是幸福無比。

在這部浩瀚的書籍裡，斯基泰人以帶著獨特不可思議且微暗陰影之姿態登場，就在堪稱整部「歷史」最高潮的「波斯—希臘戰爭」終於要開始前，阿契美尼德王朝陷入因第二代皇帝岡比西斯二世（Cambyses II）的橫死而引起之混亂中，眼看著機運就要到來的波斯帝國皇帝大流士以海陸並進方式，成為大規模展開的北攻作戰的對手。據推測時間為西元前五一四年、或是前五一三年左右。

吉爾斯芒（Roman Ghirshman）在其名著《Iran: from the earliest times to the Islamic conquest》（日譯本「イランの古代文化」，平凡社，一九七〇年）中，描述藉由切斷此戰役中希臘生命線的小麥供給地之一、與黑海沿岸聯繫的達達尼爾海峽，大流士「確信給了未來大敵致命的一擊」（日譯本一三八頁）。

若將所有的事物皆以希臘中心主義的觀點來看，或許確實無法否定有那些面向。然而，在這些之外，對於剛由大流士一手收復、重建完成的波斯帝國來說，事實上，斯基泰族名實相符地是具有可能成為眼中釘之高度危險性的北方梟雄。

但在當時希臘人的觀念中，歐洲是指以博斯普魯斯海峽及達達尼爾海峽這兩個海峽為界、位於其北方的廣闊大陸整體。相反地，位於其南方地域中，向東延伸的就是「亞洲」、其西方則被稱為「Libya（所謂的非洲）」。

亞洲及歐洲在當時並非如現在一樣被認為是東西關係，而是被認為屬於南北關係。而且在印象上，亞洲被認為是屬於在溫暖、酷熱、豐饒的土地上，滿溢奢侈的風氣、文化花朵盛開之地，其他地方及歐洲則是寒冷、樸素、庸俗之地。至少從古代的距離眺望的話，這種因為貧富差距引起的南北問題結構關係，到了近現代則是呈現逆轉狀態。

因此，若侷限在這個觀點來看，不論是斯基泰人或是希臘都是屬於「北方地域」、也就是歐洲。剛好在現代也是將俄羅斯及希臘都歸類為歐洲。

更進一步地說，在這個意義上，在世界史中亞洲與歐洲的第一次正式大會戰，若不是「波希戰爭」的開頭、西元前五百年開始的愛奧尼亞（Ionia）反叛，也不是西元前四九〇年大流士直接在希臘本土駐兵企圖佔領雅典（古稱 Athenai，現為 Athens）但失敗的「希臘馬拉松戰役（Battle of Marathon）（馬拉松位於雅典東北方的海岸平原。此時為了雅典軍隊勝利的消息傳回而拼命地趕路再趕路的典故，就是馬拉松的起源。）」的話，或許將這個「斯基泰—波斯戰役」當作是第一次會戰應該是適當的。

大流士為了遠征斯基泰所動員的軍隊力量，據說達到七十萬人。這是超乎尋常的龐大軍隊，實在讓人難以置信。但在那三十多年後的西元前四八〇年，大流士兒子亞哈隨魯王（Ahasuerus I）親自率領進攻希臘的軍隊，是從波斯帝國各地徵召多族組合而成，規模居然達到一百萬人。

至少關於這兩次戰役，可以看出以下三個重點：一是都展現了讓人驚異且超乎尋常的龐大軍隊；二是波斯將攻占斯基泰及希臘視為等同於「支配世界」相關之重大事件；最後是兩次軍隊七十比一百的比率，或許正可成為推論出在這兩場戰役之間波斯帝國不斷地擴大、發展、充實程度之明證。

在大流士的斯基泰遠征軍中成為主力的地面部隊，以浮橋渡過博斯普魯斯海峽進入色雷斯（Thracia），更進一步地順著黑海沿岸北上，利用驅使愛奧尼亞人搭建的橋渡過多瑙河。由這樣的步驟可以看出其對於攻擊敵軍之決定，運氣好的話就可一舉降伏敵人。

在另一邊，大流士在黑海中建立了以偵查及補給為目的之艦隊，並且讓其與沿著海岸線前進的陸上軍隊保持密切聯繫。不論任何一個手段，都展現其對於派遣軍隊進兵狀況不明的敵方內陸地帶之擔心。

此外，這個事情也間接地說明了在規劃遠征斯基泰時，為何不採用從波斯帝國本土伊朗高原出發、最短路徑的跨越高加索山脈方式，反而是以迂迴的手段從一小段亞洲經過博斯普魯斯海峽路徑的理由。這意味著大流士認為單以陸軍力量是不足以擊敗斯基泰，反而是運用敵軍所缺乏的海軍力量在黑海方面佈兵才是最佳良策。

但事實上，從現今的羅馬尼亞共和國（Romania）到摩爾多瓦共和國（Republica Moldova）直至烏克蘭（Ukraine）間的黑海西北沿岸一帶，混雜著許多大小河川及沼澤地，要完全沿著岸邊行事是不可能的事情。因此，波斯帝國的地面進攻部隊在行進間無論如何都有必須離開海岸線的狀況，此時就會與艦隊失去聯繫，且一不小心就會進入到更深的內陸區域。而在那個地方，斯基泰騎兵就如同春天原野上的熱氣般虛幻飄渺地出沒。

斯基泰騎兵散開在各處，於廣大渺茫的山野中不經意地在各處出現，持續地與波斯軍隊保持一定的距離，並且頻繁地重複進行威脅、驚嚇、挑撥。然而，當波斯軍隊生氣而欲進行戰鬥時，斯基泰騎兵此時就會立即驅馬快速往各方遠離，並且消失在平原另一頭。

因為雙方對於「軍隊」的想法、姿態，從根本上就有差異。若從波斯的觀點來看，斯基泰騎兵就如同海市蜃樓般的存在。波斯部隊每次都被想抓也抓不到的斯基泰騎兵玩弄並被吸引進行追擊，最後弄到自己疲憊不堪。而且，一旦輕忽，不經意就會漸漸地落入敵人陣營的深處。

在此之前，當斯基泰方面知道波斯軍確定要進攻時，就事先向自己勢力範圍內的被入侵地居民提出共同作戰的請求及約定。一旦波斯軍來到，他們就依照已達成的約定採取作戰行動，而且他們還不斷地故意撤退，並且每次都會放火將撤退點附近全部燒盡，執行堅壁清野策略。

總之，相對於規模超乎尋常龐大的波斯軍隊，斯基泰避開必須用盡全力的正面決戰，而以蓄意的誘敵深入作戰及焦土戰術，追擊敵軍，致於死地。

龐大軍隊消耗的糧食非常可觀，即使想從駐紮地進行調度，但面對一片燃燒殆盡的荒野，他們也無計可施。漸漸地，斯基泰騎兵開始像狂風一般襲擊開始疲弱的波斯軍，弓箭更如雨般落下。波斯大軍的損害增加，恐懼感開始席捲全軍。

大流士判斷若繼續下去可能會陷入全軍覆沒，因此做出撤退決定。從那時起他們就進行驅趕作戰以企求擺脫持續襲擊的斯基泰騎兵，雖然最終波斯嚴重損失了八萬名兵將，但即使痛苦也幸好還能從虎口下逃出直至多瑙河畔。

遊牧國家的共通作戰方法

於是對斯基泰的遠征作戰，就以完全失敗終結，這是波斯帝國經歷的首次大慘敗。大流士的「支配世界」野心，就在他為了夢想而認真努力的同時，也可說是在剛開始計畫時就破滅了。充分地運用騎馬所擁有的迅速展開力及騎射威力之斯基泰戰術、戰略，在匈奴、突厥及蒙古等遊牧民作戰中，都可看到明確的共通點。不用說這就是世界史中遊牧民軍事集團最擅長，且藉此展現出較其他區域更為優越的作戰方法。這在「遊牧國家」從一開始在歷史上出現時，就以強烈方式展開。

另一方面，利用乍看之下好像是不斷地敗走的撤退，引誘對於當地狀況不明的敵軍進入自己國家或是自己熟稔的地區內。就在敵軍因為勉強追擊而漸趨疲累且戰線因延伸過長而中斷的同時，就一舉進行反擊讓戰況逆轉並消滅敵軍。這樣的手法，讓人聯想到俄羅斯在面對拿破崙軍隊及第二次世界大戰時納粹德國的攻擊，曾經採用過的著名撤退作戰。

在日俄戰爭時，相對於從容不迫地往北方遼寧平原撤退的俄羅斯軍隊，日本軍隊也將敵軍或許是故意的撤退當作是自己每次的勝利而深信不疑，即使實際上快要奄奄一息了仍持續往北前進直至進行「奉天會戰」，此時的日本軍隊也給人相同的印象。在這一點上，將國家建立在過去斯基泰族領地的俄羅斯，出乎意料地將西元前的先驅者斯基泰族「遺產」，當作腹地廣闊大陸型國家所特有的一種體質而沿襲採用。

在經歷前所未有的失敗之後，波斯帝國對於斯基泰族感到深深恐懼，從此不曾主動出擊過。不論是在位於敵軍正面的高加索山脈方面，或是在東方國境線的中亞阿姆河方面，都貫徹只是派駐軍隊駐紮防守。但從後來波斯在希臘方面所遭遇的結果，或許可說是反而將多餘的力量都用於其上。

如果當初阿契美尼德王朝對於斯基泰的戰爭是成功的話，到底會變成什麼狀況呢？若是如此，也許非比尋常的寬闊地域就會一舉出現在眼前。如同後續會說明的，斯基泰族對於其腹地的某些東方及西伯利亞方面擁有廣大影響範圍。即使不像年代有些距離的後世蒙古及其時代，但人類甚至有可能從很早時期開始，就擁有將現代中東、地中海域到北方西伯利亞方面及東西內陸亞洲方面整個串連的超廣闊地域及視野。

若當初如此發展，當然「世界」及「世界史」的架構，也會比現今我們大家所熟知的更早以前就有了大幅度改變。此外，果真如此的話，即使將事物焦點都集中在希臘方面，不論是將斯基泰騎兵當作是屬國、附屬國（大國勢力下的小國家）或是同盟國，總之阿契美尼德王朝可以將斯基泰騎兵當作自己的軍隊使用，那麼在面對沿著北方陸地而來襲擊的斯基泰軍隊時，希臘城邦同盟軍到底是否還能抗衡呢？

歷史並非如此發展。在這之後直到西元前四世紀約兩百年的時間中，在歐亞大陸西半部，北邊的斯基泰及南邊的波斯阿契美尼德王朝以高加索山脈及黑海、裏海為界，呈現南北對峙狀態。在旁邊的是希臘。自古以來，大家幾乎都在談波斯對希臘的「東西對立」，而未曾將目光放在這樣的「南北對峙」上。豈止如此，說不定大家根本連想都沒有想過。

所謂的人類，是種容易過度相信的動物。若在腦中已經置入了某一個前提，就很難從那個框架中脫離。在這裡，希望可以摒除無條件地將以希臘為中心的西洋人所說的話直接囫圇吞棗。或許，這也是近代「文明主義」以及西歐中心主義的遺產之一吧！在歷史過程中人們所謂的「常識」，在很多時候不如說只是以一種鮮明形態顯現出來的，過去所有偏見或誤解的「陳舊汙垢」。

斯基泰是民族或國家？

讓如同旭日般昇起的大流士及其帝國一敗塗地的斯基泰族，是個什麼樣的集團呢？更進一步地說，斯基泰族是指一個「民族」呢？還是一個以政治權力為核心之組織、也就是「國家」呢？

在此藉由松平先生的翻譯版來看希羅多德的敘述。他是這麼說的（〔〕及旁點為作者所加）。此外，這篇敘述是由西朝東前進。

> 「若將玻里斯提尼斯（Borysthenes）〔今聶伯河〕當作河畔居民的貿易起點──因為這個港剛好位於斯基提亞全國沿海地域的中央位置──首先是被稱為卡里披達伊的希臘系斯基提亞人居住在此，過去一點的地方則是住著被稱為阿拉佐涅斯的民族。不論是阿拉佐涅斯人或是卡里披達伊人，大體上都與斯基泰人及其風俗習慣相同，但是他們是以栽種及食用穀物維生，除了穀物之外還栽種洋蔥、韭菜、

扁豆及粟米等。

在阿拉佐涅斯人居住地過去的地方，住著「農耕斯基提亞人」，但他們栽種穀物的目的並非為了自己食用，而是為了賣給別人。再過去一點的地方住著涅烏里司人，但在涅烏里司居住地以北的地方，據我們所知是無人居住之地。

以上是居住在玻里斯提尼斯河以西、敘帕尼司河（現在的布格河（Bug），與聶伯河西側平行流動之河川）河畔的各個民族。

但若（朝東方）渡過玻里斯提尼斯河再沿著海邊北上的話，首先會遇到敘萊亞（「森林地帶」），從此處再更往上走的話，就是「農民斯基提亞人」居住地。住在敘帕尼司河畔的希臘人將他們稱為玻里斯提尼泰（玻里斯提尼斯），但他們自稱為奧爾比歐波利泰（Orubioporitai）（奧有比亞（Olbia）市民）。這些農民斯基提亞人分住在朝東方走需要三天路程的地域之間，範圍到達龐提卡佩司河（現今沒有可相對應的河流存在）為止。此外，向北的話則延伸到順著玻里斯提尼斯河而上航行需十一天的地域之間。

若再往前則是廣闊無人居住的荒野地帶，穿越過這個無人地帶之後就會到達昂多羅帕哥伊人（Androphagi，「食人族」）居住地。這是一個特殊的民族，與斯基提亞族完全無關。再更往前是真正完全無人之地，在我們所知範圍內，不論任何人類種族皆未曾在此地棲息過。

若從農民斯基提亞人居住地往東走並渡過龐提卡佩司河的話，那裡就是「遊牧斯基提亞人」的世界，他們對於種子及播種等農耕技術一無所知。在敘萊亞地域以外的地方，整片土地完全沒有任何一棵樹木。這些遊牧斯基提亞人居住在向東方走需十四天路程的範圍間，直至蓋羅司河（現今沒有可相對應的河流存在）畔為界。

蓋羅斯河的遠方是先前提過的（王領斯基提亞），這裡的斯基提亞人最為勇敢且人數眾多，因此將其他的斯基提亞人視為隸屬於自己的居民。」（《歷史》，希羅多德著，松平千秋譯，岩波文庫．中，十六－十八頁。）

在文章中提到的「斯基提亞」，就是「斯基泰人之地」的意思。就如同先前明確描述般，此地住著各種斯基泰人。不可思議地，甚至還有希臘系的斯基泰人存在。而且，若以現代用語闡述的話，還根據「職業」的差異而被區分成多種斯基泰人。

以非常簡單的方式來說，若要區分被稱為「斯基泰人」的人們時，西邊就是從現今的德涅斯特河（Dnestr River）開始經過聶伯河，東邊就是直到注入亞速海的頓河為止，從西到東依序有五種斯基泰人存在。首先是希臘系的斯基泰人，這些人一邊栽種穀物一邊經商。從當地擁有港口這一點，就可以明確地知道他們具有航海能力。

第二是農耕斯基泰人，特徵在於他們將生產的穀物轉賣到其他地域。以現代用語闡述的話，這些人可說是將農業的利益以「商業經營」方式活用。此地飄散著濃濃的近代化氣氛。

第三是被稱為農民斯基泰人的族群，在研究希羅多德的學者間則被認為其與先前的農耕斯基泰人沒有截然不同之差異。但若以外行人眼光來看的話，這個農民斯基泰人族群，就如同字面表示般，是將自己生產的農作收成物當作每日糧食食用之人們—總之可說就是「農民」，或許是由於知識淺薄所導致的獨斷。

第四是遊牧斯基泰人，這個族群相同容易了解。不只是不播種、耕作，就連土地上都沒有種樹。總之，據說就是一望無際的草原。亞速海北岸一帶的景觀，確實就如同描述般。

最後是王領斯基泰人，希羅多德在書中別處亦將其稱為「王族斯基泰人」。總之，就是斯基泰人中的斯基泰人。因為這個軍事集團以數量及力量支配著其他四個族群的斯基泰人們。

在此先做個回顧並再一次地將上述說明稍做整理，可被稱為斯基泰人的內容就如同以下說明：

一：①進行農耕、貿易及航海的都市居住民。

二：②進行商業的農業經營民。

③純粹農業民。大概不論哪一個都沒有建立都市，總之就是農村居住民。

三：④住在草原地帶的各種遊牧民集團。

⑤將斯基泰當作固定名稱的遊牧民支配集團。全部都在草原過著帳篷生活。在④與⑤之間有

著明確的階級制度，而且由4與5整體形成了一個大型的遊牧軍事聯合集團。

若以職業來說，有商業、農業及遊牧。而以居住方式來說，有都市、農村及草原。這些不同種類的人們，廣泛地分佈在黑海北岸一帶由西往東，並以接近完美具象徵性的多重構造橫向排列且連接在一起。

跨越了這些地域、職業及居住方法的「集團」整體，就被稱為斯基泰人。多重混雜的構造相當明確。而且，被用來綜合統稱整體的斯基泰人這個名稱，原本就與統治了這五種人的王族斯基泰人支配集團有關。權力的根源，當然就在這個集團。

總之，所謂斯基泰人，雖然是以構成權力核心之特定集團名稱為根源（但這個集團本身規模並非相當大，無論如何也不像現代被稱為「民族」等程度之集團），但在現實意義上，是指以該集團為中心連結而成的大型、範圍廣闊的政治聯合集團。若將其轉換成我們平常慣用的詞彙，大概最接近於「國家」吧！

不論是哪一個人種或職業，「斯基泰人」這個詞可說是各個集團、地域及人們都將其當作自己意識到所屬的最大政治、社會單位，亦即國家的名稱。這就是關鍵所在。

從以前到現在，一般都毫不在乎地將這個「集團」稱為「民族」。而且還將這個極度輕率地使用的「民族」與帶有現代相對沉重現實的「民族」放在對稱位置上，經常輕易地就以相同方式看待並且進行論述。更直接說，至今關於歷史上「民族」及「國家」之討論都太過輕率。

換句話說，人類原本就是以詞彙進行思考。即使是抽象的概念，幾乎也都是以詞彙作為媒介在腦

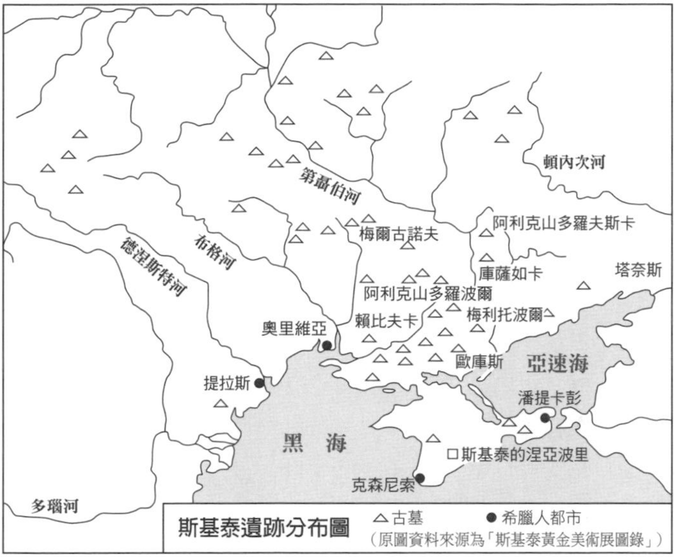
頓內次河
第聶伯河
阿利克山多羅夫斯卡
梅爾古諾夫
布格河
德涅斯特河
庫薩如卡
塔奈斯
阿利克山多羅波爾
賴比夫卡
梅利托波爾
奧里維亞
歐庫斯
亞速海
提拉斯
潘提卡彭
黑　海
斯基泰的涅亞波里
克森尼索
多瑙河
斯基泰遺跡分布圖
古墓
希臘人都市
（原圖資料來源為「斯基泰黃金美術展圖錄」）

圖三

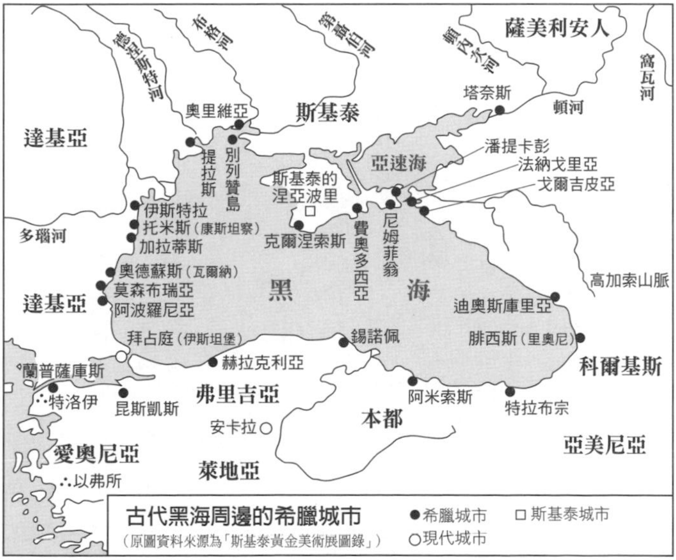
布格河
第聶伯河
頓內次河
薩美利安人
德涅斯特河
窩瓦河
塔奈斯
頓河
奧里維亞
斯基泰
達基亞
潘提卡彭
提拉斯
別列贊島
亞速海
法納戈里亞
斯基泰的涅亞波里
戈爾吉皮亞
伊斯特拉
托米斯（康斯坦察）
多瑙河
克爾涅索斯
費奧多西亞
尼姆菲翁
加拉蒂斯
奧德蘇斯（瓦爾納）
黑
海
高加索山脈
莫森布瑞亞
達基亞
阿波羅尼亞
迪奧斯庫里亞
拜占庭（伊斯坦堡）
錫諾佩
腓西斯（里奧尼）
蘭普薩庫斯
赫拉克利亞
科爾基斯
特洛伊
昆斯凱斯
弗里吉亞
阿米索斯
特拉布宗
本都
安卡拉
愛奧尼亞
亞美尼亞
以弗所
萊地亞
古代黑海周邊的希臘城市
希臘城市
斯基泰城市
（原圖資料來源為「斯基泰黃金美術展圖錄」）
現代城市

圖四

中進行思考。關於過去與現在的事情及事物，也是以「用詞」、「單字」進行區分及判別。但一旦以相同「詞彙」被命名、被表現後，早就再也幾乎不會意識到一開始選擇詞彙時的不用心、規定概念時的不可靠及曖昧。

這種似是而非的東西，很容易就會被當作是可能曾發生過相同事物，或是儘管事實上具有不確定性且輪廓也模糊，但卻成為人們口中話題並在重複傳述之間就變成「常識」、「定論」，最後被拿來與現今非常明確的事物相提並論。

於是非常不幸的誤解及雄偉的假說就誕生了，並且被不斷地擴大再衍生。從十九世紀開始，驅動許多人的歷史理論及歷史哲學論，在其間可看到「民族」一詞的亂用，就是前述說明的展現。

斯基泰正可成為該形態的反證。總之，因為是被當作「國家」的名稱，故也可說是「希臘系斯基泰人」。斯基泰雖然是以遊牧民為核心所形成的「國家」，但卻不是以斯基泰「民族」為單位的遊牧民族國家。此外，就算說是「遊牧國家」，但在世界史上由單一遊牧民集團所形成可被稱為「國家」之案例是相當稀少的，作為其開端的斯基泰是個集合各式各樣、種類眾多人類集團的聯合團體，總之這個「聯合」的本身才是其存在的關鍵，這一點在此也要重申。

正因如此，當約束、聯合的關節開始出現鬆動時，毫無疑問地這種聯合集團就會立即煙消雲散。歷史上遊牧國家經常是輕易地連結、輕易地瓦解之原因，也就在此。而遊牧國家的強項及弱點，也都在此。堅強及脆弱，是互為表裡之物。這種宿命，從一開始就深深地潛伏著。這一點，請務必先記在腦中。接下來的論述，此事會成為跨越時代及事例的主題之一暗藏其中。

大流士的政體論

趁著波斯帝國阿契美尼德王朝第二代皇帝岡比西斯二世遠征埃及途中，其弟巴爾迪亞（Bardiya）聯合高墨達（Gaumata）祭司叛亂並佔據波斯本土，再加上岡比西斯二世突然急病死亡，帝國一度面臨解體的危機。

對於此狀況，屬於阿契美尼德家族旁支如大流士等波斯貴族群體起而反抗，共同打倒由祭司們建立、可說是一種「宗教共產主義」政權，並鎮壓各種族的叛亂，再創帝國統一。這是西元前五二二年的事情。

在推翻祭司叛亂一事上建立功勞者們群聚在一起，共同討論今後的各種事項。焦點自然而然地集中在剛剛再度完成統一的帝國該立誰為王，以及新政權應該要採取何種政治型態等。

希羅多德具體描述了討論的情況及內容。希羅多德以彷彿獲得允許親身參與般寫下「主席，雖然有些希臘人表示難以置信，但討論過的各種議題確實已經如同議題般被傳述。」栩栩如生且充滿魄力的議論就此展開。若可行的話，希望讀者可以直接閱讀松平版的翻譯內容，在此則僅介紹其最精彩部分。

首先，歐塔尼斯（Otanes）表示：

「對於獨裁者這件事，因為在我們之中只有一位認為既不喜歡也不是好事，但我的想法是獨裁這件事早就不該存在，理由在於相信大家對於岡比西斯二世是如何可能地殘暴這件事都很清楚，此外，也都剛親身經歷過祭司的暴虐手段。不用思考必須負擔的責任而可允許其任意作為之獨裁制度，如何可以建立有秩序的國家政治呢？在這種政治體制下，即便是世界上最優秀的人物，一旦坐上了君主位子，就會忘記曾經有過的心情。因為在現有的榮華富貴引誘下，漸漸地就會產生傲慢心理，再加上還有人類生來具備的嫉妒心。在擁有這兩個弱點的情況下，漸漸地獨裁者就會出現所有的不良惡行。（中間省略）

相對於此，應該要將大眾統治列為第一優先，且可使用萬民同權這個在普羅大眾間可獲得稱讚之美名。第二是絕對不可進行任何與獨裁者相關之行為。職務的掌管由抽籤決定，公務員必須負擔責任執行職務，所有的國家政論都由大眾公論決定。

那麼就我個人的立場，在此提出應該要放棄獨裁體制而確立大眾主權的意見。因為所有的事情都與多數人相關。」

接著是麥加比蘇（Megabyzus）表達對於寡頭政治的支持。

「我對於歐塔尼斯表示要廢除獨裁體制一事沒有任何意見，但對於將主權委託給人民這件事，我認為並非最佳良策。沒有什麼是比毫無用處的大眾更加愚昧低劣且滑頭。因此若為了要免除獨裁者的暴虐，而讓其陷入狂暴民眾的暴戾手段，是讓人絕對無法忍受之事。一個是當在執行事物時是自己知道執行的理由而採取行動，若變成另外一種體制，則是連這個自覺都沒有。原本就未被教導什麼才是正當之事、連自己領悟能力都沒有的人，當然就不可能會擁有那種自覺。就如同奔流的河川，只會毫無思考一昧地蠻幹促使國家大事前進。因此，若是對波斯有二心的人就採取民主體制吧！我們認為應該要選出一群最優秀的人，賦予其這些權利。而我們這些人本身原本就該被列入其中，其理由就在於最佳的政策當然必須由最佳的人選執行。」

最後是大流士說話。

「我認為麥加比蘇對於大眾的評論是合乎道理，但對於寡頭政治的發言則並非正確。若將在這裡被提出的三種體制─民主體制、寡頭體制及獨裁體制都設定在最佳狀態下的話，我可以斷定，最後的獨裁體制較其他兩種體制都優秀太多了。原因在於比起由單獨一位最優秀的人進行統治，其他兩種較不可能出現最優秀體制，若是優秀人物的話，可以發揮其出眾見識完美地治理人民，且在對敵的謀略方面，若是在這樣的體制下可以達到最佳的保密作用。然而，若是寡頭體制，為了大眾利益而努力建立功績的少數幾位人物之間，很容易就會出現個人激烈的敵對關係。每個人都會將自己當作主導者，為了讓自己的意見可以得到贊同，結果在進行激烈爭辯的過程中產生內鬨，內鬨就會引起流血，經過流血之後就會成為獨裁體制。若是由這樣的過程觀之，可以判斷最好的還是獨裁體制。

另一方面，若是民主體制，最難避免的是惡意蔓延。當惡意蔓延在公共事務時，在壞人之間產生的不是敵對關係，反而是堅定的友誼，自然應該如此，因為要對國家做壞事的人會結盟合作進行。當這樣的事情發生時，就會有某個人出現站在國民最前方並將壞人置之死地。其結果就是這個男人會成為國民稱讚目標，讚美的話語會將其推崇到獨裁者的地位。由這個事例也可以看出，很明確地獨裁體制才是最佳政治體制。

一言以蔽之，總之就是我們的自由原本是從何處得到？以及是由誰給予我們？是從民眾處得到嗎？還是由寡頭體制呢？或是由獨裁體制呢？那麼我的見解就是，因為我們是藉由唯一一位人物得到自由之身，故我們應後要堅持這樣的體制，就算不管這樣的理由，但我們不可以放棄這個由先祖傳承下來的完美習慣。做出那樣的行為絕對不是一件好事。」（「歷史」希羅多德著，松平千秋譯，岩波文庫．上，三三六—三四二頁）

結論是七位出席者中，四人贊成大流士的想法。波斯帝國的政治體制，就決定維持在獨裁體制。這是多數的決定。

順著完美的松平翻譯版本，引用了相當長的內容後，作者應該不用再作任何自作聰明的評論吧！

總之，這是會讓人進行各種思考的討論。希望我們這些生於民主主義時代的人，具備可以從正面推翻大流士這些主張之精神及自主心。

此外，不知該不該說是託這些討論之福，大流士就以獨裁專制君主之姿登上皇位。但是若根據希羅多德記述，並非單純地就決定由大流士登基，扣除掉自己辭去競爭皇位候補者身份的歐塔尼斯外，共有六個人競爭。

王位繼承者的選拔方式是由六個人分別騎馬在城外進行長途騎乘，在日出的同時最早讓自己騎乘的馬發出嘶叫者，才可以成為王位繼承人。

結果，大流士在名為奧利瓦雷斯（Olivares）的機伶馬伕協助下，順利成功地取得王位。他們讓大流士的馬原本就中意的母馬（有另外一種說法是其局部氣味）靠近，藉此成功地讓大流士的馬發出嘶叫。不論是前述的政體論也好，或是這個「嘶叫競爭」也罷，雖然都很難斷定其真偽，但都是自古以來流傳的有名故事。

國家型態的二大源流

關於斯基泰，接著還有幾點要進行說明。首先，由斯基泰所構成的歷史記述表面看來，就算僅有一點點，但至少是關於首度登場的西北歐亞區域及在該地發生的大時代形勢。

若探尋斯基泰的起源，較「斯基泰—波斯戰役」更早之前，可能是在西元前七至八世紀間，就已經從東方來到窩瓦河流域。大概是從中亞方面過來的吧！

在中亞地域，住著被阿契美尼德王朝的「波斯人」統稱為「塞種人（Saka）」的伊朗系人。雖然並非是嚴謹的討論，但據說在漢文文獻中可看到的「塞」就是指這些人。

「斯基泰」這個來自希臘語的稱呼，必須要與「塞種人」做連貫的思考。這兩個詞彙的基本要素是共通的。在中亞地帶讓騎乘技術發揚光大的伊朗系遊牧民，其中一部分從裏海開始往黑海北岸地區移動的群體，就是被稱為「斯基泰」。

他們將原本居住於此的西美利亞人（Cimmerians）（關於這一點的詳細內容目前已無法得知。終究只能仰賴希羅多德記述的「斯基泰開國傳說」）驅離，並且形成「斯基泰國家」。大流士的遠征，反而只是讓其強大的斯基泰得到一舉「名滿天下」的機會而已。

之後，在經過前述「南北對峙」（是否能夠將這個稱為「冷戰」，因為沒有足夠的歷史資料故無從判斷）的兩百多年後，亞歷山大出現在馬其頓（Macedonia）。可被稱為「歷史構造的轉換期」之一的西元前四世紀左右，應該是曾經強盛一時的「斯基泰聯合體」似乎也漸趨衰退。南邊敵人阿契美尼德王朝的衰退是更加明顯。

斯基泰雖然擊退了亞歷山大大王的北征軍，但卻在來自東方進攻的薩美利安人（Sarmatrians）集團的壓迫下，一步一步地往西方移動。到了西元前三世紀中期左右，這個龐大勢力似乎已經完全瓦解。

關於斯基泰解體及其經過的詳細內容，很可惜不是相當清楚，在此不得不採用曖昧的說法。欠缺文獻資料這件事，果然是相當痛苦。斯基泰被大幅地記載在文獻中的大概就只有大流士的治世及亞歷山大相關事蹟等，或許這件事情本身就代表著不會進行自我表述之遊牧民的悲哀宿命。

正因此不可說因為沒有記錄、無人知曉，所以事實就不存在。單就此事，不論是關於過去或是現在，在這個書寫者「只顧自己」的世界中，不用說絕對有必要再度思考我們存在著的這件事。

取代了斯基泰人的薩美利安人長期支配了包含黑海北岸一帶的南俄羅斯草原，有時也會進攻羅馬帝國疆域。其強盛勢力，明確地成為周邊地域的威脅。說不定薩美利安也是「斯基泰型」的國家。在遺跡及遺物方面，薩美利安也是被歸類到來自斯基泰「文化傳統」之中。

然而，在西元四世紀時，這個薩美利安也遭受到來自東方中亞方面的勢力襲擊。因為匈奴現身了。「薩美利安聯合體」遭到瓦解，並被吸收到匈奴霸權之中。

由匈奴引起的「世界史轉換」，關於以合併薩美利安、掌握南俄羅斯草原階段做為其開端這一點，有必要進行再次思考。被稱做「日耳曼系多族群」大移動（在此刻意地不用「日耳曼民族」。所謂的「日耳曼民族大移動」—正確來說，在德語中僅用「Voelkerwanderung」亦即「民族移動」表述—因為這個歷史大命題與在十九世紀前半段時，期待「德意志民族」之統合及「統一德意志國家」之出現的趨勢，不可說毫無關係。）的「連環追撞現象」，就是其後之事。

若將這些經過概括而言的話，在西北歐亞大陸，以遊牧軍事集團為核心之政治聯合體相繼組成之型態正持續中。在此時，由東方來的新加入者所帶動的核心集團交替及聯合團組成等，也成為西北歐亞大陸的「政治傳統」。

更進一步地，若說到那些核心集團的主要根據地，絕對不是雖然會下雨但土地貧瘠的森林地地帶，也就是所謂的俄羅斯地區（以現今莫斯科市為中心之區域）等，而是雖然同樣少雨但土壤肥沃之草原地帶，尤其是從窩瓦河下游地域到頓河下游地域以及北高加索山脈一帶，也是被注意之處。

在歐亞歷史中，無論如何都會留意到從十五世紀開始的西風「壓倒」東風之現象，更何況總體而言由西而東的流動現象很容易被特別強調（「希臘化文化」及「絲路」就是其中一環），但至少關於在近代以前，由東而西的影響波潮確實相當顯著。

在十三、十四世紀時蒙古來到西北歐亞，其長期支配成為影響該地之最後波潮。在朮赤汗國（譯註：另稱欽察汗國）全盛期綿延三百年之和緩政治系統中誕生的俄羅斯，後來翻轉了這股傳統波潮，由西方往東方前進，並讓北方之雄俄羅斯向北延伸的「歐亞帝國」在近代前半段最末期出現（儘管如此，俄羅斯對於「東方領土」的實際有效支配是在西伯利亞鐵道通車後才達成之看法，應該是更為妥當）。

接著是與斯基泰及其社會、文化影響力相關之內容。根據至今的考古學調查，斯基泰最廣為人知的就是具有獨特動物圖騰特徵的青銅器文化。在這種「斯基泰風」的文化圈，向西延伸至現今匈牙利及德國境內。至於東邊，固然現在是不得不使用所謂「影響圈」如此曖昧不明的說法，但的確透過西伯利亞，影響範圍從蒙古高原一直延伸至雲南省。

經常會將這個向東延伸的廣大範圍稱為「斯基泰・西伯利亞型」文化。當然，在嚴謹的學術研究領域，可以預期今後會更加活躍的西伯利亞—蒙古—中國考古學發掘成果及討論部分，還需要更深入探究，但在這裡要先強調的事實重點是，以遊牧騎馬生活為前提的社會、文化型態（或者也可將其稱為文化類型）已遠遠地超越「斯基泰國家」直接管轄領域，而幾乎涵蓋了中亞草原地帶及其北側延伸之廣闊森林、哈薩克大草原地帶。

那是理所當然的，雖然有可能是某種程度長期的時間間隔所導致的結果，總之可以推論，至少在斯基泰以後，這個廣闊地域已被轉換成以遊牧民及其文化為共通點之「世界」。而這個歷史上最初的證據，原本就是將這個區域設定為「中央歐亞」之大區劃的理由之一。

此外還有一點，在某種意義上是與最為重大事物相關的要點。那就是在斯基泰國家成為所謂遊牧國家之根源的另一方面，與斯基泰並立的波斯帝國阿契美尼德王朝也是將具有多樣性的地域社會合併成「龐大國家」，並形成另外一種國家型態（而且是疆域廣大之國家）的源起。

事實上，形成阿契美尼德王朝這個大帝國核心的「波斯人」集團，本身就是個由十個小族形成的亞利安人（Aryan）遊牧民集團。在西元前七百年左右，以札格羅山脈中「法爾斯」（如先前已經說明過般，「Persia」這個以希臘語為根源、由別人以西洋語言給予的稱呼，就是來自 Fars）為根據地後，從西元前六世紀中期左右開始，走上消滅佔據伊朗高原大半版圖的米底帝國（Media）並步上霸權之路。

要說是轉換可成為根據地之土地也好，或是為了形成之後的「國家」也行，事實上在這個時期，幾乎已經與斯基泰國家沒有兩樣。從西元前八世紀到六世紀為止，在歐亞西半部相繼地誕生了南北兩個龐大的疆域國家。而且，不論是哪一個都是由遊牧民軍事集團構成國家的關鍵（阿契美尼德王朝在成為龐大帝國後，儘管步兵部隊佔了大多數，但組成關鍵部隊的還是「波斯人」騎兵）。只是，南北地域的地理條件（阿契美尼德王朝擁有較多樣且大規模的幾種「農耕文明」）以及在帝國建立前的歷史背景等兩點上有所差異。

在阿契美尼德王朝前有米底王國，而米底王國前則有亞述王國（Assyria）。亞述王國擁有以戰車馬軍為核心的堅強軍事權力，並藉此形成在歷史上第一個跨越了「地域國家」而擁有廣大疆域的「帝國」。

在亞述—米底—阿契美尼德這樣的順序中，雖然有戰車及騎馬的差異，但都是以機動性高的騎兵戰力為基礎之一連串「帝國」系譜。埃及、腓尼基（Phoenicia）、呂底亞（Lydia）及巴比倫（Babylonia）等古代「文明國家」群體，都相繼地被列入這樣的系譜當中。

眾所周知，阿契美尼德王朝擁有數個首都。國王擁有數個「王權所在地」，並讓成為支配團體的「波斯人」軍團全軍在其間移動。即使只是暫時性，但當停留駐紮在某地時，該地方就成為所謂的「首都」。

如同舊米底王國的埃克巴塔那（Ecbartana）、舊巴比倫王國的巴比倫（Babylon）及舊埃蘭王國（Elam）的蘇薩（Soesa）等，該「王權所在地」都分別是各個王國的「舊都」。在另一邊，「法爾斯本土」雖然曾經有過帕薩爾加德（Pasargadae）及波斯波利斯（Persepolis）等，但王權在此停留的時間反而相當短。

根據留存至今的奢華遺址及在亞歷山大大帝時代被縱火燃燒的這兩點來看，在大流士登基後重新塑造的波斯波利斯，一般都強烈地認為該地是阿契美尼德王朝的「首都」。然而實際上，該地是具有紀念象徵的神殿建築集合體，並非「居住城市」。對於發展成大帝國的阿契美尼德王朝來說，該地反而是帶有濃厚的紀念神聖偉大王權之精神象徵色彩。應該是個「展示用城市」。阿契美尼德王朝的君主會將自己視為「王中之王」，應該也是立足於這些局面上。的確是因為這個城市是由本身已經各自擁有其謀生方式及歷史之許多國家、地區團體所聯合組成之集合體之故。

在廣大疆域之內的各個地方，阿契美尼德王朝將原本各個王國的既有首都再次當作自己的「王都」，因此而擁有數個「王都」的阿契美尼德王朝就如同其文字表述般是個「多核心」聯合帝國。王權就在這種成為帝國支配據點的複數核心之間持續巡迴遊歷，並保持其龐大版圖。反過來說，不僅無法只停留在一個地方，甚至也不該那麼做（此外，當作現實的政治機能來說，位於接近帝國整個疆域中央位置、中央政府機關設施集中的蘇薩，反而更接近於現今認知的「首都」）。

大流士一世不僅將這樣的多核心國家再次統一，並且對外進行擴張，對內正式整備建制國家機構。可說大流士才是作為「世界帝國」的阿契美尼德王朝之實質建設者。

大流士在其龐大的構想根基下，以驚人的廣泛及多樣化，持續擴大進行國家、社會建設事業。例如將全國劃分為二十個州並且設置總督（satrap）進行統治之著名的分割委任方式、但人事任命則由中央管理（總之是同時具備地方分權與中央集權）；作為種族主義淡薄的和緩聯盟之政治、行政組織；不推崇特定宗教的寬容文化、社會政策；但對於做為政權支撐的核心集團「純波斯人」及作為

「準波斯人」的米底人之禮遇（總之就是對於屬國之在地主義的尊重及對於中央核心「波斯主義」的堅持）；更進一步地在帝國全境推行的和緩統一稅制及統一度量衡；另一方面，被稱為「王之道」的主要道路及驛站傳送系統的整備；經濟方面則有金銀貨幣的鑄造及貨幣經濟的正式導入；由政府主導的貿易、交易活絡化，及以其為基礎的充實國家財政（總之就是跨越地域及屬國架構的「社會基礎建設」整備及由中央權力進行的各項統合政策）等等措施。

同時兼顧中央及屬國兩個面向為基礎組成的大流士各項政策，幾乎完全網羅了在整體意義上的國家、社會、經濟、文化建設各個要點。在這之後人類史中所謂「國家」的原點，尤其是可被稱為「帝國支配的原始樣貌」之大半型態，幾乎都曾出現在大流士的國家建設事業中。

將目光移轉到約三百年後的東方，在後繼會說明的由秦始皇進行之統一化政策，可說幾乎完全是這個的翻版（或者可說連其一半都沒有達到）。幾乎在一代之間就被完成的這個國家建設之龐大，就其根本性而言，在世界史上能與大流士相提並論的，或許可說大概就只有後面會闡述的忽必烈吧！兩者的共同點相當多，例如同樣都不是國家的創立者而是復興者；都是在爆發政變後奪得權力；各自都將當時所知的「世界」進行整體的組織化建設；在重視軍事、政治的同時也極為注意經濟。對於海洋的關注及海軍的建設，也都是如此。但是在軍事方面波斯人遠較蒙古人弱，以及大流士較忽必烈更為傾向經濟、甚至可被稱為「商人」等，兩者之間還是有其差異點。

極端來說，在大流士之後古今中外東西方的所有國家、政權，事實上也包含現在，甚至可說都是受到大流士影響。在這個意義上，如亞歷山大大帝等，也可說都只是大流士的追隨者或是憧憬他的一種「迷（fan）」而已。

以這樣的觀點來看，許多有時看起來僅僅專注地高舉希臘城市文明意義的主張及學說，當然也有相符之理由，但也不可否認有其稍微偏頗且自以為是之面向（若更嚴謹地看待，西洋中心主義的「宣教行為」甚至可算是其中一類）。

在「歐亞世界史」開頭，共同出現的斯基泰與阿契美尼德王朝這兩種「國家型態」，給予我們幾點討論。最重要的是，不論是遊牧國家也好，或是農耕帝國也罷，當大型國家形成時，其開端是意外地相近。終究不論哪一個的權力核心都是具備豐富移動性、集團性、機動性及戰鬥性的軍事集團，若缺少這樣的威力就無法建立帝國。再加上，為了讓權力及疆域更加擴大，無論如何都必須具備「聯合體」這一面向，更進一步地做為其結果的廣大國家中，理所當然地會強調超越種族主義及地方主義的混合性格，這些與在近代被編織出、所謂「民族」等狹猛艱澀的架構完全不相符等等，這些每一個都是不可忽視的重點，就在此範例中同時展現。這些事情就是研究「歐亞世界史」的關鍵所在。只是單純地以一種顏色塗劃的「國家」及「民族」，不管在哪裡都未曾存在。

2 司馬遷眼中的當代史

匈奴是弱者

東方世界的遊牧國家原型，就是匈奴。關於匈奴，在司馬遷的《史記》中除了有匈奴列傳之外，也在許多地方留下詳細記錄。

其理由在於司馬遷生存的時代、也就是西漢（或稱為前漢）武帝統治時期，開始與匈奴之間進行激烈戰爭。司馬遷本身也曾為「匈漢戰爭」的指揮官李陵辯護反遭武帝處以宮刑，忍下這樣的屈辱並寫下《史記》。

直到武帝即位前，匈奴這個國家一直是西漢朝的主人。漢朝始祖劉邦被匈奴帝國創建者冒頓單于打敗後，大約半世紀的時間，漢朝都以匈奴附屬國之身分對其進獻貢物及公主，換取和平。雖然也有中國史研究者不同意這一點，但就客觀事實而言應該是沒有第二種可能。

漢武帝決心要打破這種關係。包含被世間稱為「西域開拓」等，全部都是以對匈奴作戰為主軸所展開的行動。總之，司馬遷關於匈奴的敘述，幾乎就是該時代現場實況的「現代史」。

若就在長期戰爭的晚盛時期持續思考自己存在的「現代史」，將直到「現在」的歷史道路全貌回溯到太古時期而以「通史」記述的這一點來說，事實上希羅多德的《歷史》及司馬遷的《史記》有令人驚訝的相似處。兩者都是為了「現在」而有歷史。

若根據司馬遷的記載，從漢朝建立一開始就成為其頭上重擔的匈奴，在以前不過是個於鄂爾多斯

（Ordos）地方過著窮苦生活的小集團而已。

專欄

何謂鄂爾多斯

這一段是純粹閒談，所謂的鄂爾多斯在蒙古語中是「天幕、宮帳、遊牧宮廷」之意的ordo之複數形態。其來源與明代蒙古時期，在內蒙古各地散居的成吉思汗家族血脈中，承襲強勢家族的遊牧集團將主要根據地設在被稱為鄂爾多斯之黃河大彎曲處腹地有關。在這裡應該是具有「宮闕所在地」之自傲意涵。反過來說，現今所謂的ordos，因為沒有其他適當稱呼，故在無可奈何之情況下被輕率使用在歷史、地理方面詞彙。但是鄂爾多斯這個地名說不定事實上並非起源於明代，而可追溯到十三、十四世紀的蒙古時代。

距離匈奴所在地相當遙遠的東方、蒙古高原最東邊自然界線的大山脈—興安嶺，有一群被稱為東胡（應該不是依據原文發音的音譯字，而是具有「東邊的胡人」之意義的漢字詞彙）、規模龐大的遊牧民集團。在相反方向，匈奴的西邊、從連山北邊山麓到塔里木盆地，則有強勢的月氏在此處進行遊牧。

此外，匈奴的遠北方向、從貝加爾湖南邊到葉尼塞湖上游流域，以突厥語發音近似丁零（或作丁令）及被認為接近於吉爾吉斯（Kyrgyz）族之鬲昆（或被稱為堅昆）等在其間活動。總之，有許多集團聚居於此處。

在這些族群之間，除了被稱為伊朗族系的月氏外，其餘全部都是使用突厥語系或是較晚出現、接近於蒙古語「祖語」的人們。若觀察歐亞中間整體狀況可以發現，西半部為印度、亞利安語系，尤其是伊朗系的遊牧民廣泛分佈其間；東邊則主要是由阿爾泰系人散佈其間。

在此重要的是，東半部的遊牧集團全都不是強勢組織。雖然當時的「中國本部」大致上來說也並未完全脫離都市國家階段，但即使是這種從春秋時代末期到戰國時代初期、也就是西元前五世紀左右的列國諸侯，若想要也可毫不費力地對其進行征討。被稱為匈奴的小集團，最初似乎也只是這種程度的組織。

東半部遊牧國家的形成時間，非常明確地較西半部晚了許多。若以阿契美尼德王朝為基準，成立時期較晚的「中國本部」可說是與東半部遊牧國家形成的年代幾乎相當，就大局而言，幾乎可確定在延續相當長的一段時間中，斯基泰型及阿契美尼德的兩種國家型態以相當緩慢的速度向東方流傳。

但是在戰國時代中期過後，亦即西元前四世紀後半期左右，狀況有了急速的變化。位於「中國本部」北部的各諸侯國，分別開始建造壯大漫長的土牆。也就是所謂的「長城」，那無非就是為了防禦北方遊牧民的襲擊。

在此之前，儘管東方的遊牧民也有養馬，但因為欠缺足夠的騎乘技術及所需之各種馬具，故其畜牧移動範圍也只能停留在相當侷限的區域。雖說是遊牧民，但卻是用腳行走的遊牧民，其遊牧生活內容、集團規模以及理所當然地所謂軍團的意義，都是相當薄弱。但這樣的情況有了大幅度變化。其與都市居民的立場，開始有了逆轉。

這個轉變還可說明另一個現象。這代表著在歐亞西半部形成的騎馬技術及以其為前提建立且如同其廣義文字表現呈現的遊牧社會系統，也幾乎完全流傳到東方牧民之間。曾經是貧弱存在的遊牧民，學習到機動性、集團戰術後急速地軍事化。

對於在「中國本部」持續邁向軍事化及鞏固疆域的各諸侯國來說，也因為遊牧民已成為軍事上的威脅，所以開始在北邊國境線構築長城（雖然說是長城，但如同此處表述般，不管怎麼說都比較像是「北邊的防禦線」。事實上，位於揚子江流域的楚國在其北邊上方構築、位於現今河南省南部的韓國、位於山東省沿岸的齊國所建造的長城以及為了抵禦西邊強國秦國向東攻擊而建造的魏國長城等，都是在「中國本部」境內的長城）。

在這樣的情勢持續進行中，出現了著名的趙（以太行山脈東側、邯鄲為首都，國家疆域涵蓋太行山西側、也就是現今山西省北半部）武靈王「胡服騎射」故事。

從與變得幹練堅強的遊牧民間之戰鬥經驗中，深刻體會到以單騎自在馳騁的騎馬威力之武靈王，在既有的馬車戰鬥方式外，引入遊牧民的騎射戰術。為了配合這項轉變，武靈王認為沿用至今的誇張繁重武裝及拖拖拉拉的衣服是完全不適用於騎乘，因此改為穿著「胡服」──也就是袖管短窄的上衣、馬靴以及穿著繫腰帶褲子的遊牧民風格服飾。總之，可以想像是現今馬術競技選手的風格。

當然，「胡服」這個詞彙本身，包含了象徵性意義。不僅是服裝，還包含了要將軍隊系統整體都改為「胡風」之暗示。總之就是包含了新設立的「騎射」部隊，進行提升軍隊機動性、集團性的「兵制改革」。

導入以騎馬戰術為中心之新作戰方式的趙國，迅速爬升成為戰國列強中名列前茅的軍事強國。在這種情況下，其他各諸侯國為了與其對抗，也不得不開始採用騎兵。再加上轉變成「國民」總動員的情勢，自然而然地，戰國時代末期的「列國戰爭」也就變得更加激烈。

中華及草原成為「一個世界」的時代

遊牧民的軍事化，促使「中國」邁向統一之路。兩者在互相牽動的情況下進行。也就是說，兩者實為一個「歷史世界」。在此時，草原及中華、兩者之間明確的識別及分割界線，全都還未形成。

其證據就是，在此為了說明上的方便，而稱「中國本部」之處的內側，相對於自古以來一直是「壁內之民」的都市居民，也存在著應該被稱為「原野之民」的畜牧民形成數個集團而生活著。讓人意外的，司馬遷直率地說明了此點。對他而言他並沒有擁有像後代人的「中華主義」。

例如以春秋時代霸主之姿擁有高名望的晉文公，他做為公子時名為重耳，曾被祖國追捕而於四十三歲到六十二歲的十九年間，與親近隨從一同流亡列國。這自古就被當作「王子的遊歷」或是「貴族流浪記」類型的故事到為人所熟知。

在重耳四十三歲的時候，從刺客的手裡脫逃的他首先出奔到了「狄國」。也就是所謂的白狄。對於重耳來說，狄國是母親的出身國。事實上，重耳的同父異母弟弟、較重耳早回到晉國的晉惠公、也就是競爭對手的夷吾，其母親是重耳母親的妹妹，所以晉惠公也屬於狄國狐氏的血脈。對於首屈一指的強國晉國來說，狄國是個可成為通婚對象的重要存在。結果重耳在狄國待了十二年後，歷經從齊國到楚國，然後再前往秦國，最後在秦國的援助下完成歸國。不論從何種角度來看，這個白狄集團都與晉國非常接近，處於「中原各國」之間。若依據史料，絕對不會認為白狄屬於「塞外」等區域。

以寵愛「不會笑的女人」褒姒而導致死亡、讓周王朝走到東遷地步的周幽王之故事也相當有名，而攻擊周幽王而在驪山山腳將其殺害的犬戎，就位處在周王朝國都所在地豐鄗（現今西安市郊）的北方、渭水到涇水之間。原本周王朝本身應該就是戎狄出身。周的起源可以追溯到文王的祖父古公亶父居住於岐山山腳城鎮（順帶一提，日本織田信長在攻略葉山城後，將該地改名為岐阜、也就是岐之阜，其源由就在於此），但該地的居民原本就是住在幽地的西戎子孫。

事實上，恐怕誕生了秦始皇的秦國也是出自屬於戎狄範圍的集團。即使之後被列為諸侯國之一，其位置也是在各諸侯國中最西邊，看起來頂多只是「西戎」的變種。秦國獲得跳躍性發展的契機，就是秦昭王的母親宣太后與戎王「義渠」私通並將其殺害，因而得到渭水以北廣闊的義渠族領域。其結果讓秦國的版圖大幅擴張，成為佔領隴西、北地、上郡的國家。

但沒有必要將以上所說的這些全部都稱為遊牧民。以研究西藏史著稱的佐藤長認為，在廣義來說周及秦的出身應該都是羌族。這是一個分散居住在各個山谷間，分成小集團生活的畜牧民。事實上，這些數量不少的集團被統稱為「羌」族。

總之，成為周及秦等王國權力核心之根源，似乎都很難被稱為農耕民。若真是如此，在其根源面上，與西方的米底王國及阿契美尼德王朝等都沒有太大的差異。

回過頭來說，所謂的華夷之別，也就是相對於「中華」的「夷狄」之設定，如字面般將「中華」放於中央、在其外側的就成為「夷狄」之二元世界印象，都是相當後期的事情。在秦漢以前根本是連這樣的意識都沒有。儘管如此，至今所見之相關敘述及議論，都是因為在書寫者本身的腦中有某種「刻板印象」所導致。

理所當然地，「中國」在一開始也不是「中國」。而是將現在的印象反投射到過去、並決定其價值及評斷，只能將這稱為可怕的行為。

先完成從諸國並列到統一的是「中華」，西元前二二一年，秦國完成合併各諸侯國，秦王政自稱始皇帝。其後，由蒙恬率領的大軍進攻討伐鄂爾多斯地區匈奴集團，匈奴因此逃往戈壁北方。

連結各諸侯國長城而形成的「萬里長城」及四十四個縣城的建設，讓秦國一度完全統治陰山以南全部地區（在此要注意的是，此區域較所謂「中國本部」、尤其是北方部分範圍擴大許多）。雖然匈奴可說已經達到相當軍事化，但因此時仍屬於割據勢力之一而已，故無法抵抗「統一中華」的軍事力量。西元前二一〇年，隨著秦始皇的突然死亡，秦的統治體制面臨內外雙層鬆動，舊諸侯列國勢力再度恢復。因此延續數百年的割據架構仍深刻地殘留在各地，無法輕易地消滅。「中華」的統一，在短暫的時間內終結。

秦始皇的統一政策，包含統一度量衡、建設道路網絡、被稱為「郡縣制」而廣為人知的由中央管理進行全疆域重劃等，其中某些制度不禁讓人聯想到大流士的政策。然而另一方面，自古以來就多被討論的是其中到底實現了多少之疑問。不僅是對於實現程度的疑問，在統一事業的構想、規模及內容等方面更是完全無法與大流士相比。因為秦始皇原本就不是相當賢明的人物。而且帝國僅維持十一年的時間實在太短暫了。先不管秦始皇所代表的象徵性意義，他的政策在現實上非常接近於虛幻。至今所給予的高評價，實在有點過譽。

由整合復活的舊諸侯列國及新興勢力的項羽所建立之霸權，一度重建了「中國本部」。被稱為「西楚」的項羽政權，是個相當鬆動的列國同盟，若從至今漫長歷史的軌跡來說，或許此種形成方式較為自然。然而，保有獨立勢力的鬆動同盟體，想要取而代之的野心引發漩渦，以楚漢相爭為焦點再度陷入騷動狀態。其結果，由蒙恬確立的堅強北邊防衛體制，就在支撐的人為組織崩解之情況下，「萬里長城」及「四十四縣城」都失去了意義。

匈奴很幸運，若是「統一中華」之秦國依舊存在的話，匈奴根本就不會有之後的大發展，或許就在戈壁以北地方窮困終了。

然而，來自南方的巨大壓力在長城及縣城的防衛線及點的「牆壁」一同消失後，視野立即打開。在幾乎沒有來自戰亂之地華北的干涉之條件下，邁向「匈奴時代」的大門一舉被推開。

英姿煥發的英雄—冒頓單于

掌握新「時代」的手，就是匈奴的「太子」冒頓。關於冒頓首先掌握了匈奴內部的權力，接著整合高原地區的各種勢力讓遊牧帝國瞬間出現的經過，在司馬遷的筆下尤其充滿了躍動感，相當地戲劇性。透過整篇的《史記》，也成為可讓人心情激動的敘述。

《史記》匈奴列傳中有以下記述：

匈奴的單于，也就是王，名為頭曼（這個名字為突厥・蒙古語的「tumen」，也就是「萬」，自古以來也將其延伸解釋為「萬人隊」、「萬人隊長」的意思。但若直接地說，其真偽並沒有被確認。目前沒有證據可以判斷到底真或假）。他被描述成是個甘於小成就的人物。真是令人同情的角色。

他的兒子就是冒頓。但是後來又娶的閼氏（匈奴王妻子的稱號）生了一個么子後，單于頭曼就考慮要廢除冒頓，改立喜愛的閼氏之子為太子。因此就將冒頓當作人質送到月氏。在這種情況下，頭曼卻突然之間襲擊月氏。其根本的目的是為了讓月氏殺了冒頓。

冒頓在危機逼迫下，偷了月氏的快馬，並騎著逃回匈奴國。在此狀況下，頭曼也不得不讓冒頓壯大，就讓他帶領「萬騎」，也就是萬人隊的騎兵軍團。但對頭曼來說，仍為仇敵。只因為了要讓外人看起來冒頓是以王者之姿飛揚，而配給雖然身為兒子卻早已成為腹中之敵的冒頓武力。司馬遷在此想要表達的言外之意就是招致自己不幸的頭曼是個愚蠢者。

在此要說個著名的「鳴鏑」傳說。冒頓做了鳴鏑—也就是射出飛翔時會發出聲音的弓箭，並且重新訓練率領的萬騎讓其可在騎馬時一齊射擊。冒頓並發出「鳴鏑所射而不悉射者，斬之」的命令。

首先，當作軍事演習讓萬騎進行鳥獸的狩獵，此時沒有射向鳴鏑方向者全部都被立即處斬。過了一會兒，冒頓就拿起鳴鏑射向自己的快馬（但關於此馬是不是當初從月氏逃回時騎乘的快馬這一點，無法得知）。左右隨從若在射擊時猶豫不決者，冒頓也當下將其處斬。

過了一陣子，冒頓又拿起鳴鏑射向自己的愛妻。左右隨從中，出現明顯地猶豫不決而不射者，冒頓也再次將其立即處斬。再過了些時日，冒頓帶隊出行打獵，並用鳴鏑射向頭曼單于的快馬，其左右隨從全都一齊射箭。於是乎，冒頓知道左右隨從都已經會使用鳴鏑。

冒頓跟隨父親頭曼單于出門打獵，此時冒頓用鳴鏑射向頭曼。冒頓的左右隨從也全都直接用鳴鏑射殺了頭曼（總之，頭曼的全身就像刺蝟般掛滿了弓箭）。冒頓就直接將繼母、弟弟以及大臣中不聽命令者全都誅殺，自己登上了單于的位子。此時為西元前二〇九年，距離秦始皇死的那一年，只是隔年的事情。

「鳴鏑」的傳說，就像是「巴伐洛夫的狗」這個「古典制約」一樣。直接依據冒頓的指令進行條件反射的「萬騎」，明確地轉變成非比尋常、整齊劃一的精實強悍機動軍團。反過來說，可見至今匈奴都未曾有過具備組織性的軍隊行動。冒頓給予他們要絕對服從命令者的觀念。

最重要的是，冒頓藉由讓麾下的萬騎也全都背負了弒父篡位之「罪名」，而成為自己的共犯者。他們與冒頓成為生命共同體。冒頓的權力，也就是他們的權力。冒頓以擁有絕佳團結力的萬騎軍隊作為核心，首先確實地掌握了匈奴這個中等規模的政治集團。

接著，邁向整合高原的道路。司馬遷的文筆，在此也繼續展現生動緊湊感。冒頓成為匈奴王時，正是東胡勢力強盛時期。東胡聽到冒頓弒父自立的消息，便派遣使者向冒頓提出希望得到頭曼擁有的千里馬（此時的一里就相當於現今的四百公尺，故千里就是指四百公里。若以一天二十四小時、讓其不休息地持續奔跑，時速約十六公里。這個速度比馬拉松選手還慢。若是如此，所謂的千里馬，與其說是快馬，不如說是可以跑相當遠、具有持久力的堅韌馬匹）。

冒頓詢問大臣的意見，大臣們全都表示：「千里馬，匈奴寶馬也，勿與。」但冒頓說：「奈何與人鄰國而愛一馬乎？」於是就將千里馬送給了東胡。

過了一陣子，東胡認為冒頓懼怕其勢力，於是就想再次派遣使者向冒頓提出希望得到冒頓單于的閼氏。冒頓再次詢問大臣，左右隨從都生氣地表示：「東胡無道，乃求閼氏！請擊之。」但冒頓：「奈何與人鄰國愛一女子乎？」於是就將所愛的閼氏贈與東胡國。

東胡國王更加地驕傲自滿，進而向西進犯。在東胡與匈奴之間有片荒廢的空地，沒有任何居民，範圍廣約有千餘里。兩國都在這塊空地邊緣駐兵，該地被稱為「甌脫」（「甌脫」很明顯地不是中文，應該是匈奴語或東胡語。若兩國都使用相同名稱的話，或許匈奴語及東胡語是非常相近的語言。《史記》註釋書的《史記集解》中稱其為「界上屯守處。」而在《史記正義》中則說：「境上斥候之室為甌脫也」）。

東胡又再度派遣使者向冒頓表示：「匈奴所與我界甌脫外棄地，匈奴非能至也，吾欲有之。」冒頓再次詢問大臣意見，在群臣之中有人表示：「此棄地，予之亦，勿予亦可。」冒頓這次反而大發怒氣地表示：「地者，國之本也，奈何予之！」便將表示可以給的大臣全部處斬。

說完，冒頓跨上了馬，下令落後者將被處斬，而後隨即朝東邊前進，奔襲東胡。因為東胡國原本相當輕視冒頓，故未進行任何備戰。冒頓率兵而至並大破東胡國，他殺了東胡王，並且俘虜東胡百姓及牲畜。

冒頓在舉兵回國後，馬上著手征討西邊的月氏使其奔逃他方，並向南邊進攻併吞了樓煩及白羊的河南王（河南意指黃河之南，也就是指鄂爾多斯）。冒頓將當初被秦蒙恬奪取的匈奴故土全部都收復，與漢朝則以原本的河南要塞─也就是位於黃河之南的舊長城為界，疆域範圍擴及朝那和膚施之地（若以秦朝的行政區劃分來說，朝那是指包含北地郡、接近涇水最上游地區。也就是所謂六盤上區域附近，高原狀草原一帶。至於膚施則是指秦朝上郡的首都。兩者合併後匈奴佔領的區域範圍達到舊長城縣南側，此亦代表匈奴侵蝕漢朝領域之事態），並直接向燕國及代國進攻（燕國是指以現今北京市為中心的「中國本部」東北地方。代國則是位於現今山西省北邊。要言之，就是連從黃河彎曲部開始以東的「中國」北邊一帶，也都被納入了匈奴的版圖）。

此時，漢王劉邦正與項羽對峙，「中國」（接近中之央國之意涵）處於疲於戰爭狀態。因此，冒頓成功地強化自己的國家，成為擁有三十多萬名「控弦之士」（拉弓弦的戰士）的強國。

彷彿可以直接影像化、強弱分明的視覺及具速度感之場景展開，尤其是在「鳴鏑」橋段中展現、可以讓人聯想到莎士比亞的人物設定等，司馬遷似乎是反而將冒頓的浴血登場正當化般地精湛描述。握有統治權力後的冒頓，被描繪成具有冷靜、果斷天賦的軍事指揮者之姿（雖然實際上應該也是如此吧！），甚至有點被理想化。

在此可看司馬遷的明確意圖及訊息被包含其中。亦即關於描寫司馬遷自己所屬的漢朝始祖劉邦之筆觸，卻是完完全全不同。不論是誰，只要看到司馬遷在描述冒頓及劉邦的樣貌，就可很明白地看出兩者的優勝劣敗。毫無疑問地冒頓是英姿煥發的英雄。劉邦被描述成在無能之外還慢吞吞的呆樣，在整本《史記》中到處可見。

關於劉邦，例如被身為自己參謀的張良愚弄的場景等，在司馬遷的《史記》中，總覺得飄著一種原本應該被歌頌為王朝創始者英明君主的漢高祖卻被描述成愚蠢無知者的味道。另一面，還可見漢武帝的影像重疊其中。

人們動不動就樂於將項羽及劉邦對比為最終失敗者的悲劇英雄及愚蠢但幸運的最終勝利者，並容易將眼光全部關注在楚漢的交戰方面。然而，有時並非全是如此。處於秦朝的統一及崩解之間，項羽與劉邦以及冒頓三個人，超越了草原及中原的界線而浮上表面。至少到司馬遷的時代為止，冒頓應該才是最終最終的勝利者。

司馬遷對於真實狀況是了然於心，他以若用心注意閱讀就會明白的方式寫出。

不知道的反而是後代讀者。那就是說不定是因為司馬遷早已先將觀點設定在一個於當時現實中明確地不存在之所謂「中華」假想意識世界（當然司馬遷本身也具備該意識）後才進行總覽。只能說這就是歷史的倒置。

天下分界處的白登山

劉邦的漢朝在打敗項羽的楚國後大致上平定了中原一帶，劉邦並於西元前二〇二年稱帝。這是距離秦始皇死後八年、比匈奴完成整合高原稍晚數年的事情。但是這個「統一」，怎麼說都只是大致上的事情而已。其理由就是在群雄之中，還有許多擁有廣大疆域者仍然繼續生存。

其中較具勢力者就是從齊王變成楚王的韓信，同樣還有變成梁王的彭越，成為韓王的韓王信以及成為長沙王的吳芮，此外還有淮南王黥布—也就是英布、燕王的臧荼、趙王的張敖，此時都仍各自保有王號及領土之既有勢力。

戰國時期割據的「遺風」，仍舊相當濃厚。即使漢朝成立，但若是認為理所當然地變成家家戶戶都被染成同色的統一政權等想法，可就完全不對了。所謂劉邦漢朝這個出類拔萃的「王國」，反而該說是個作為其他大中小各個王國中央政權而暫且得到承認的「縫補手工物」，更為接近事實。如同後續會說明的，漢朝真正成為可被稱為漢朝者，終究是到了漢武帝時代才開始。

不過，若從儘管迅速地完成政治統一，但僅是「拼湊」這一點來看，其實匈奴也沒太大的差異。然而正如同司馬遷描述的，在「中國」疲於楚漢爭霸之際，匈奴得以有充裕的時間可以將國家統一並鞏固統治。再加上前述說明過指導者能力的差異，總之就是冒頓及劉邦這兩位權力者個人能力的極端差異。

這一點以近乎殘酷地被完美呈現。在歷史上著名的白登山之戰，開創了綿延七十年的「匈奴時代」。這是西元前兩百年的事情。在此也再次直接順著司馬遷的精湛敘述進行說明。

此時漢朝才剛將「中國」定調，並將韓王信從領有位於中國本部中央處的潁川，改封至山西太原郡（都城為晉陽）。韓王信原是出身戰國七雄之一的貴族，其根據地就位處「中原」正中央。將這樣出身王族的韓王信領地改成北邊，是為了讓其擔任守禦強大匈奴遊牧國家的最前線。若以韓王信的立場來看，劉邦這傢伙完全是個暴發戶，因此只會將其解讀為劉邦的「惡意防礙」、「欺侮」等。恐怕韓王信也是因此產生了反叛之意。韓王信上書表示希望將都城從改封後的晉陽移至遙遠北方、跨越一個山脈的雁門郡馬邑，此提案獲得了同意。而匈奴（當然是大一統後的匈奴）則大舉入侵該處並圍攻馬邑。冒頓看透了韓王信的心事。韓王信對匈奴投降了。雖然在表面上是韓王信多次派遣使者到包圍的匈奴處進行「和解」協調，但事實上是因為漢朝譴責其有「二心」，韓王信擔心會遭到誅殺而與匈奴約定共同攻打漢朝。但無論如何這都是表面上的事。恐怕韓王信是對於劉邦將自己推到危險邊境地帶以甩掉麻煩的態度，早就心生不滿。

冒頓加上韓王信（就如同計畫般）的兵力後，就直接揮軍南下跨越句注山，攻入太原郡並直至晉陽城下。高祖（劉邦）認為應該親自率兵迎戰就出發。在冬季時不巧遇到大寒又雨雪交加的惡劣條件，因凍傷而斷指的士兵，十個人中就有二、三人。司馬遷似乎想要表達這是一個沒有看清既存失敗要素而勉強進行的軍事行動。

此時，冒頓假裝戰敗撤退以引誘漢軍。這是遊牧民軍隊最為擅長的偽裝逃跑戰術。這個戰術天衣無縫地吸引了敵人。

漢軍持續追擊冒頓。冒頓將匈奴的精銳部隊隱藏，而讓羸弱（羸字是瘦弱之意。與弱字重疊使用表達軟弱之意）的部隊站在前方。

於是漢軍以步兵為主體的軍隊，共計三十二萬的兵力向北方追擊。這附近可被想成是斯基泰軍及波斯軍的決戰點。但是一旦被圈套引誘就深陷其中，且興高采烈地魯莽率領全軍進行追擊這一點，就可清楚地看出劉邦毫無領軍才能。

雖然高祖率先到達平城，但主力的步兵尚未到達（劉邦僅重視手邊的騎兵部隊。只能說是太過愚蠢）。冒頓派遣四十萬精銳騎兵將高祖圍困在白登山中（儘管在進行整合高原時據稱「控弦之士三十多萬名」，現在則增加到四十萬騎兵。應該是其後的版圖擴大及增加韓王信部隊後的數目）。白登山也可稱為白登台，山頂上是猶如桌面狀的要塞，位於今天的山西省定襄縣。

在白登這個天然要塞中，匈奴將好不容易脫逃的劉邦及其直屬部隊包圍其中長達七天。漢兵不論內外都無法互相救援以及把糧食搬入（劉邦的直屬部隊是為了指揮步兵的騎兵，本來就只攜帶幾天的糧食。此外，也因為一味太過輕率地進行追擊戰而此一計畫外之因素，因此到底帶了多少糧食，實在令人疑惑。若真是如此，七天應該就是極限了）。

高祖派遣使者偷偷地賄賂匈奴單于的妻子閼氏。閼氏就向冒頓說：「兩主不相困。今得漢地，而單于終非能居之也。且漢王亦有神，單于察之。」

冒頓聯合了韓王信的部將—王黃及趙利，但不論是王黃的兵力或是趙利的兵力都未使用。因為懷疑他們可能會與漢朝進行密謀，所以採用閼氏之話，於是就解開一段包圍網。

此時漢高祖就命令戰士將弓弦拉開並將弓箭朝外搭在弦上，以此姿勢一舉從被解開的一段空隙衝出脫逃，接著與漢軍主力會合。另外一邊，冒頓也率兵離去。漢軍也撤兵，並指派劉敬擔任使者與其定下和親之約。

事情的詳細就如同上述般。由這個事件中，可以得到許多啟發。被遊牧騎兵的自由展開力玩弄這一點，雖然與阿契美尼德王朝波斯軍相同，若與判斷應該要避免全軍覆沒而自己果斷地決定撤退的大流士相比，自己沒辦法脫逃而採用賄賂單于皇后才撿回一命的劉邦是有點過於狼狽。若當時冒頓沒有放棄的話，漢朝的「天下」真的就會如同朝露般消失（關於劉邦，雖然除了對於自己的無能毫無自覺外，至今還有如打敗過度信任自己的才能之項羽並成為「天下之主」、劉邦才是中國風格的王者等各種解釋，但若觀察此事的過程，實在讓人不得不側頸省思。身為漢朝記錄者的司馬遷，在此記錄下身份特別的王朝創始者之失敗。不難想像實際上有可能是更加悲慘、悽慘的狀況。雖然書中也進一步地敘述了戰後由漢朝派遣使者這件事，但若從之後漢朝對於匈奴的卑躬屈膝態度來看，反而可能隱瞞了不是以那麼簡單的形式懇請和平之處）。

作為饒過皇帝一命的條件，從此以後漢朝都要將公主（原本是指皇帝的女兒，但實際上漢朝是以宗親貴族的女兒或是後宮的女性做為替代品矇混）送到歷代單于處作為閼氏之一。此外，每年還要送給匈奴一定數量的絲綢、錦綿、酒、米及其他糧食。

漢朝藉由在名份上與匈奴王家結為親戚並在實質上提供經濟貢物，維持其存續。漢朝在剛成立時，就成為匈奴帝國的附屬國。雖然也有不少歷史研究者認為這只是當時的一時之事。尤其是中國史的研究者，強烈地傾向這種看法。雖然可以理解其想法，但畢竟還是有偏袒的成份。

漢高祖劉邦時代以後，其子也就是著名的「呆子」惠帝以及成為實際掌權者、惠帝之母呂太后（劉邦的皇后）的時代，還有發生「吳楚七國之亂」導致國內陷入混亂的景帝時代也包含在內，漢朝不論是在根本或是各方面都僅止於處理內政事務的背景因素中，事實上是在由匈奴帝國建立的安全保障傘下反而受到保護這一點也是不容忽視。說起來劉邦自己在與匈奴簽定「和平」條約後（也就是成為其附屬國後），在長安建都之事、將東邊的齊國及南邊的楚國等當地大族強制遷往到自己的腳邊的關中、肅清強勢諸侯韓信及彭越等，都是一步步地將權力集中之手段。在這段期間，匈奴幾乎都沒有介入。劉邦是假藉匈奴的「虎威」。若僅是以「中華」這個框架來看，真相是很容易越來越遠。

雖然這麼說，白登山之戰的意義，最重要的是統一遊牧國家與統一農耕國家之間且是兩個創業者間的直接衝突之世界史上少見戰役這一點，而其意義也就在此。

這個戰役以遊牧國家的全面性勝利終結。原本就具有充足的機動性、團體性且善於騎射的遊牧民騎馬戰士，在擁有適當的指導者且被有效地組織化、管理化時，很顯然地大規模步兵部隊根本就不能成為其對手。此點從當時一直到近代前期的歐亞大陸成為常態。

白登山所代表的意義不僅是單純地停留在匈奴與漢朝這兩個帝國，而在世界史中也具劃時代象徵意義。所謂的「遊牧民時代」正式揭幕。

這個也是「中央歐亞時代」的開始。直到由近代西歐國家建立的「槍砲時代」及「海洋時代」共同開始前，「中央歐亞時代」持續大約兩千年之久。

專欄

顏色統一的匈奴騎兵軍團

關於包圍白登山的匈奴軍，司馬遷記錄了有趣之事。也就是被配置在白登山四周的匈奴軍各隊伍，似乎是依據馬的顏色編列而成。西面全是白馬、東面全是青斑紋馬、北面也就是所謂像是烏鴉羽毛顏色般的黑馬、至於南邊則是帶有紅色的栗色馬。

很明確地，這是將四個方向與四種顏色組合之後的配置。東邊是青（或是蒼）、南邊是赤（在漢語為紅，或可說是朱）、西邊是白、北邊是黑之搭配。就如同眾所周知般，這樣的組合關係還可進一步地加上四季及四獸。其所代表的意義就如同後續說明。

東：青、春、龍

南：赤、夏、雀（雀並非指麻雀，相反地是種大型鳥。類似鳳凰、大雕）

西：白、秋、虎

北：黑、冬、玄武（玄武是龜與蛇的混合體。在古代印度思想中認為龜是潛藏在海底支撐著浮於大海表面大地的生物。另一方面，相當於印度那伽梵的蛇，若在中華地域也可說是龍或蛟，原本就與水有很深的緣分。此外，包含日本式五重塔在內，佛塔正下方都會有龜形仿製物被封印其中，這個前提就是龜具有大地支撐之形象。原本佛塔就與古代印度樹立巨木為信仰聚集地之習慣有關，也具有連結天地宇宙軸之意。在佛塔頂端的九輪、也就是做出九層圓圈狀，原本就是以九重天為想像，並與被埋在底部的龜產生連動，象徵天上與地下）。其中關於四獸部分，因為高松塚古墓的墓室內四面牆壁上都畫有四獸，因而廣為一般大眾所熟知。

回過頭來說，問題是包圍白登山的匈奴軍，真的是被以統一色彩的四種顏色編制而成的部隊嗎？現在當然無法有定論。或許也可以想成是司馬遷為了讓決定匈奴、漢朝兩個帝國命運分歧點的場面彷彿歷歷在目般呈現，也就是為了追求所謂的栩栩如生效果，而在敘述上玩了一點工夫。

但若該記述為真，容易被歸類為中華文明固有之四方、四色、四季、四獸的組合觀念，也不知該不該就將其稱為是停留在中華的框架中。但這應該要多加注意，例如：因為紅海位於南方故稱「紅水」、黑海位於北方故稱「黑水」等「傳說」。

此外，所謂的春，因為在語言的組合上怎麼都會變成青春。至於龍則一定是青龍或蒼龍（青龍除了所謂的青龍刀之外，也是許多中華餐廳的名稱；至於蒼龍，則會讓人聯想到在中途島海戰中與赤城、加賀一同燃燒並沉沒的悲劇航空母艦之名稱）。

雀則為朱雀（所謂的朱雀大道就是從宮城向南直線延伸，故以象徵南方的朱及雀來命名），秋則容易變成白秋（例如詩人北原白秋），虎為人熟知的就是白虎（當然就是會津的白虎隊）。

京都觀光景點之一的平安神宮，原本是為了活化在明治初期因為遷都而日漸衰微的舊都京都，故模仿古代平安京興建而成的建築。位於比擬正面大極殿的本殿東側迴廊上有蒼龍樓、西邊則有稱為白虎樓的小型樓閣。這個也是基於相同發想。

當然若以大方向觀察這些事，終究也只是一種文字遊戲。不用說於這個四方、四色中再加入中央、黃色的話，就成為五方、五色，並與陰陽五行說組合搭配後，就成為東＝木、南＝火、中＝土、西＝金、北＝水，雖然還可再加上一些說法進行說明，但畢竟太過於繁瑣，故在此就不多加闡述。

匈奴帝國的原貌

匈奴國家到底是什麼樣的結構呢？關於這點，在司馬遷的匈奴列傳中也與冒頓建國初期之事被共同寫出，雖然簡潔但卻是具有相當重點的記述。在此記錄了一個與西方斯基泰不同、另外一種的遊牧國家型態。

接下來的敘述無論如何都會變得較為繁雜，在此先請各位見諒，再次以近乎直接引用司馬遷原文的方式說明。為了說明上的方便，將內容切割為幾個部分。

①匈奴國家設置左右賢王、左右谷蠡王、左右大將、左右大都尉、左右大當戶、左右骨都侯。

②匈奴以「屠耆」代表「賢」，並且習慣上將太子列為左屠耆王。

③從左右賢王以下到當戶為止，大者有萬騎、小者則為數千名騎兵，凡二十四長分稱為「萬騎」。

④各種大臣皆為世襲制。呼衍氏、蘭氏，之後還有須卜氏，這三個姓氏為匈奴的貴族。

⑤大致上左方的王及將都位於東方。較上谷郡（從現今北京市越過八達嶺的西北附近廣闊地域）更東邊緣處、東邊與穢貉及朝鮮相接。右方的王及將則是位於西方。較上郡（位於現今西安市的遠北方向、在陝西省北半部的廣闊地域）以西一帶，與月氏、氐、羌相接。單于的王庭則是位於代、雲中（現今大同市一帶）。

⑥雖然各自擁有封地並逐水草而遷徙（徙也是移動的意思），左右賢王及左右谷蠡王地位最高，左右骨都侯則是政治輔佐者。

⑦大致上二十四長也是擁有千長、百長、什長、裨小王、相、封都尉、當戶、且渠等部屬。

綜觀①到⑦的說明可以知道，完成草原統一大業的匈奴國家建立了驚人且完整的軍事、政治、社會組織。

首先以縱切面來看整體，匈奴國家是以十、百、千、萬的十進位法體系貫通的金字塔結構組織。其中成為最大單位的「萬」，也就是萬人隊，實際上是可提供從數千名到一萬名騎兵的團體。當然其背後是各個騎兵們的家族。

這個最大單位集團的指導者（就現代風格而言，或許也可稱為領袖或首長）被稱為「萬騎」。這些人合計有二十四位。也就是在歷史上相當著名的匈奴「二十四長」。

接著以橫切面來看匈奴國家，被二十四名「萬騎」率領的二十四個萬人隊伍，被分為左、中、右三大部分（回過頭來說，就如同前述說明般，在太子時代的冒頓從月氏處脫逃、生還後，從其父頭曼手中接過「萬騎」。若從這件事來看，萬人隊的編制及擔任其指揮官的「萬騎」之地位，應該是從草原統一時代之前就存在了）。

站在蒙古高原朝南看的話，左就是東、右就是西。總之，左、中、右就是東、中、西。也就是說匈奴國家在東方、中央、西方進行大幅展開（若用後代的表現方式說明的話，也就是左翼、中翼、右翼）。

司馬遷在此將已成為漢朝宿命強敵之匈奴帝國當時的所有大致狀況做了精湛說明。例如：將匈奴帝國根據地蒙古高原的自然形勢以近乎完美般依據東方、中央、西方三個橫向結構形成國家的說明：以及用宛如鶴鳥張開翅膀般，描述這個由三大部分組成的整體從北方欺壓包圍南方中華地域所造成的龐大威脅及壓力。

另一方面，漢朝則是將包含首都長安在內的關中地區作為「內地」，而其以外的中華各地域作為

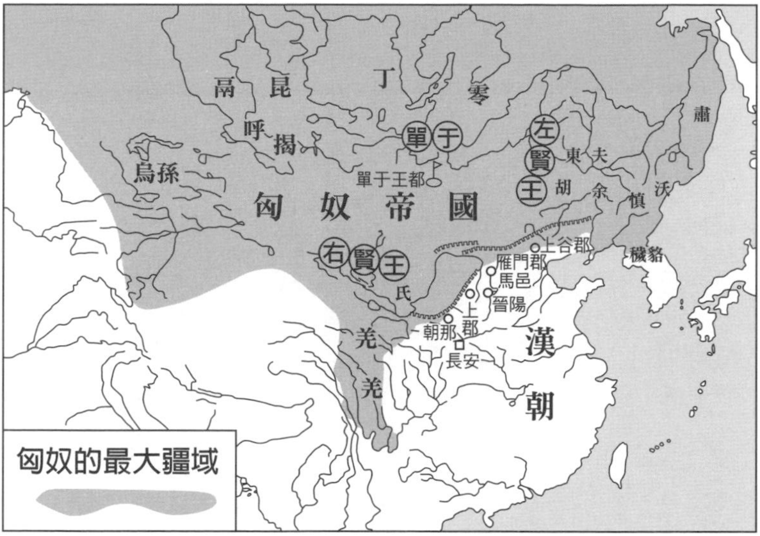

圖五

所謂「藩國」，並由此組成「內外」雙層構造。匈奴與漢朝這兩個並列的帝國，是具有完全不同景象及趣味的國家。

關於匈奴帝國的三大地區分別涵蓋的地域及其領有的「萬騎」們成員，雖然欠缺詳細內容，但還是可以從記述中看出某種程度的端倪。尤其是⑤及①的記述。

首先，左屠耆王也就是左賢王所指揮的東方部隊，從位於司馬遷生存時代之漢朝東北邊境的上谷郡邊界開始，延伸到相當東邊處，據稱居然包含到朝鮮半島北部地域。

以左賢王為頂點的匈奴國家「左翼」，是從蒙古高原東邊界線的大山脈—興安嶺一帶開始，並進一步地涵蓋整個滿洲地區的廣闊地域。在這個地域中，左賢王之下的左谷蠡王、左大將、左大都尉、左大戶等「左方」「萬騎」，持續統領以千長、百長、什長三階為基準組織的部族居民以及被翻譯成中文「分地」的遊牧領域，並分散成一排居住其間。

此外，西元前一〇八年，漢武帝消滅了位於朝鮮半島北邊的衛氏朝鮮，並設置樂浪以下的四個郡。《漢書》地理志記載此時分裂為一百多個國家的「倭人」中也有派遣使者到樂浪郡者之事例，這不僅是朝鮮半島歷史也與日本列島相關，因而成為廣為人知的事實。

然而若根據在此的記述重新思考的話，此時漢朝的「朝鮮經營」應該也是在匈奴已經先對東方大幅伸手歷史背景之下吧！西元前一〇八年是匈奴—漢朝戰爭開始後經過大約二十年的時候。初期的激烈會戰在經過一段時間後，直接戰鬥狀態開始進入稍微休止情況。但若就將近五十年的長期戰爭整體而言，此時還只能說是中期左右。

漢朝總之就是打算要推翻匈奴體制。關於朝鮮方面也是，在匈奴帝國影響下的這個時期，恐怕是先有匈奴帝國入主，並依隨其體制，而在這個前提背景下，漢朝才有出兵朝鮮的可能性，這一點被明顯地暗示，（根據朝鮮古代史專家田中俊明的研究，即使是在西元五世紀的百濟，也是使用左賢王、右賢王的稱號。匈奴帝國對於古代朝鮮的影響，令人意外地根深蒂固）。

總而言之，若將空間及時間界線模糊化、以更廣更遠的宏觀角度注視的話，不僅是所謂的漢朝「西域經營」，連「東方政策」應該也都是作為對匈奴戰爭（或稱對匈奴政策）的一環而進行，或許其結果就以設置樂浪郡以下四個郡之方式呈現（若與所謂河西四郡—武威、張掖、酒泉、敦煌的設置相比，相同地都是四個郡。有點不禁讓人聯想到此作法應該是具有在東西兩側平行設置的意識）。

相對於這樣的「左方」，「右方」也就是右屠耆王（右賢王）指揮的西方部分，從距離漢朝首都長安不遠的上郡邊界開始，向西廣泛地延伸。據稱涵蓋了被匈奴趕出連山原居地而跨越天山逃亡的月氏，以及屬於西藏系畜牧民身氐族及羌族疆域。

若真是如此，所謂鄂爾多斯地區是匈奴族最根本的領地，疆域範圍從現今陝西及甘肅兩省界線，自古以來就成為天然廣闊遊牧基地的六盤山開始，經過連大山脈（根據司馬遷的記述，連這個發音獨特的詞彙，是原為匈奴語的音譯字，其意為「天」）的南北兩個地區，恐怕連青海地區、甚至是西藏方面都被涵蓋，並達到塔里木盆地、天山方面。這是個比東方部分更大的廣闊範圍。

右賢王之下的右谷蠡王、右大將、右大都尉、右大戶等「右方」「萬騎」，在這個地域中建立營地。當然也分別保有部族居民以及遊牧領域。

進一步地，關於串起匈奴國家東西兩部分的聯繫物—中央部分的說明。據司馬遷記述，單于王庭—也就是本營所在地，以中華來說是現今山西省北部、當時相當於代及雲中的位置。

這個以「左方」及「右方」說明的作法，就相當於漢朝內使用「上谷郡」及「上郡」地名般。只能說這是向東西延伸擴張的匈奴國家，為了要顯示擁有位於其南方中華地域之作法。總之就是將被指定的地名，直接將其往北側平行移動就好。

在這裡若將代及雲中直接往「北方」移動的話（特別地在此畫蛇添足說明一下。雖然說是「北方」，至若嚴謹地以現代科學測量為基礎製成之地圖來看的話，事實上是位於西北方。在歷史上在蒙古高原的方向感，都有些微偏頗意識。這一點可以從歷代各種文獻中得到確認。再加上於此應該是從中華地域看到並被意識到的「北方」。例如：「朔風」也就是讓人們辛苦難忍的冬季季風，儘管現實上是西北風，但一般來說還是會認為是「北風」：再加上從中華地域前往蒙古高原時，從山西北部越過陰山後穿過戈壁沙漠的這條西北通道，在漫長的歷史時代中也成為往「北方」的主要幹道：這些不可忽視的要素也成為其背景因素。

反而在現實生活中原本就較少會明確地指出方向，只要說「大致上是北方」、「大約是東方」就足夠。這個現象，不論是在現今或是過去應該都沒有太大差異。這種生活感的方向和純客觀的方向多少會有差異，因此是否需要吹毛求疵地進行討論呢？總之，若能將此處所謂的「北方」想成是當時一般通用的「北方」即可。），就會到達鄂爾渾河（Orkhon River）、土拉河（Tuul River）、克魯倫河（Kherlen River）等三條河的上游地域，也就是蒙古高原的中央地區。

蒙古高原與一般印象不同，絕對不全是一望無際的大平原。除了南半部的戈壁地區之外，尤其是在北半部，從北開始就有山脈逼近且有許多連續的高低起伏小區域。但僅限於三條河的上游流域地區是大範圍的肥沃草原地域。此地屬於蒙古高原東西、南北的交通要衝，理所當然地具備了匈奴王將大本營設置於此之地理條件（單于的王庭似乎位於圖勒河上游的狼居胥山以及姑衍山。之後的蒙古帝國時將此視為聖山，相當於成吉思汗設置主營的不兒罕山（Burkhan Khaldun）。在這之後，突厥、遊牧回鶻、蒙古帝國全都將主營設置於此。

必須要稍加注意的是，司馬遷在此僅就單于王庭進行相關敘述。但關於由單于直接管轄的中央部分之整體範圍，也就是從哪裡到哪裡之相關事務並未被提及。至於匈奴國家的中央部份到底是什麼狀況呢？當然是指摒除「左方」及「右方」之後的中間地區。總之就是蒙古高原的大半部分都是由匈奴單于直接管轄。

匈奴國家是將蒙古高原作為中央部分，加上直達朝鮮半島的東方部分及涵蓋到天山的西方部分如扇狀般展開而成的廣闊結構。若將此樣貌以地圖顯示，就會如同下頁圖示。連結整體且左右對稱的結構、配置，實在讓人印象深刻。

但是從 1到 7的記述，也並非全然都可以理解。例如關於著名的「二十四長」各別被放在東、西、中三大區域的哪一區以及各自擁有多少部屬、封地等，其實都無法明確知道。至今日本、中國及歐美的許多研究者對於「二十四長問題」都相當有興趣，且出現各種見解。

雖然在此要避免就此問題進行太過深入的討論，但有些人相當重視左右賢王及左右蠡王亦稱「王」，並與其下位的左右大將、大都尉、大當戶有明顯不同。另外也有些人在此之外，將直屬單于、作為輔佐匈奴國政之左右骨都侯也視為同等資格並列入「萬騎」之中。

在這種情形下，若將東方的左賢王與左谷蠡王、中央的直屬單于之左右骨都侯以及西方的右賢王及右谷蠡王—以上六位視為特殊地位，在這六位「王」及「侯」之下，應該各自都還擁有大將、大都尉、大當戶等三人一套之配置。總之，全部加起來是六組、各為四人的「萬騎」，合計共二十四人。

乍看之下，真是巧妙萬分的思考。但司馬遷在 3的記述中明白表示從左右賢王到當戶（或許可將其當作大當戶）為止都是「萬騎」。骨都侯並未被列入其中。若要將骨都侯也一併列入「萬騎」，實在有其困難度。

關於單于直接管轄的中央部分，司馬遷原本就未對其構成進行說明。此外，被配置在左右的大將、大都尉、大當戶的人數等，其實也沒有相關記述。若不知道人數，要怎麼解釋都可以。總之，根據解釋者之「想法」，有其自由推測各種組成結構及配置圖之曖昧空間。「二十四長」這個數目，可以用二、三、四、六、八等數字除盡。容易出現各種推測的幅度及空間，也就在此。在這個意義上，雖然這也是個會引誘人們進行「解讀」挑戰、富有明顯魅力的數目，但反過來說正是因為如此，越是精巧地思考越容易出現憑空想像之事。關於「二十四長」的內容，過度的臆測具有其危險性。

接下來要將以上的敘述進行總整理，可說匈奴國家的特徵有以下三點。

（一）以十進位法連結及貫通的軍事．政治．社會組織。

（二）以面朝南邊的方向將帝國區分為左．中．右三大分割體制。也可將此稱為是以君主為中心的左右兩翼體制。

（三）由持有領地居民及分地的二十四名「萬騎」組成之聯合權力體。再加上補充說明的「異姓」裨小王及由他們領導的多族集團，匈奴國家是個多元、多種族的混合型國家。

在此最重要的是，這三點被認為是與之後於歐亞中間大陸興起滅亡的許多遊牧國家共通之處。由十進位法體系構成的牧民組織化，在突厥．蒙古系的遊牧民國家．社會成為一個理所當然的普遍現象。事實上，甚至古代西藏王國也是這種體系。

不僅如此，當以遊牧民為核心的權力體進入中國及以農耕．定居生活者占多數的如西亞等地域，並於該地建立政權或國家後，甚至經常對當地居民進行類似十進位法的組織化行動。

左、中、右三大分割體制，也在歷史上廣泛地受到確認。尤其是以蒙古高原為根據地或是至少以該處為起源地之遊牧國家，幾乎毫無例外地都採用中央及左右兩翼的體制。

例如在約西元二世紀後半期，匈奴帝國體制出現根本性鬆動、接著到達崩壞狀況後，取而代之並將匈奴舊疆域都納入支配的就是在匈奴帝國草創時期曾被打倒並吸收的東胡後裔—鮮卑王檀石槐。在他被各色傳說妝點出符合英雄般的動亂生涯末期，採用了將該疆域分為東、中、西三部份，自己立於其上發號司令的結構。

然而在歷史上，最明顯的例子是蒙古帝國。十三世紀初期，開創者成吉思汗將建立於蒙古高原的新生國家，無條件地分為中央及左、右翼，此外，後代的準噶爾遊牧汗國之名稱，就是以左翼為基礎轉變成準噶爾。因為這是在由瓦剌等集團組成之鬆動聯盟中的「左翼」。在蒙古帝國擴大發展成世界帝國後，這也成為所有的模型。

統率廣闊龐大帝國之宗主國元朝當然也在位於西北歐亞的欽察汗國、西亞的伊利汗國及中亞的察合台汗國等各自確立穩固的政治權力體後，使用左、中、右三極結構將其完全地連結。

理所當然地，繼承蒙古帝國傳統及記憶的後蒙古時代歐亞各地政權，也深深地受到其影響。

回過頭來說，關於（一）十進位法組織、（二）三極結構，在較匈奴國家更早的斯基泰王國又是如何呢？很遺憾地並沒有留下相關記錄。若是如此，現在不得不認為關於（一）及（二）應該是匈奴的獨創並成為原型，而被後期出現的遊牧型各國家承襲沿用。

然而，關於剩下的（三）聯盟、混合型國家這一點，理所當然地是斯基泰王國以來的傳統。不僅如此，在生活型態、遊牧文化、戰鬥技術等方面，都可以有匈奴國家中看到斯基泰的影響廣泛且深刻地存在。

在此會變成重複先前的敘述而深感惶恐，但所謂的匈奴，無論再怎麼說都是國家的名稱，絕對不是民族或人種的稱呼（拙著《大蒙古的世界—陸與海的龐大帝國》（大モンゴルの世界—陸と海の巨大帝國）角川亞書、一九九二年、四十至四十一頁）。關於這點，因為怕會再度產生誤解，故特意重複說明。

遊牧國家中的聯盟組織及多人種混合這兩個面向，實際上可說是幾乎必然存在之事。只能說假設「純遊牧民族國家」等存在這件事本身就是背離現實、背離歷史。詞彙及思考方式都是毫無道理。

在秦帝國崩解後，在冒頓一代就一舉完成的這個國家之樣貌，成為之後約四百年匈奴國家的原型，而且就如同已經說明過般，其影響不僅如此，也在之後長達二千年期間成為遊牧國家的源流。

人們常說之後二千年的中國帝國之骨架，是由秦朝確立。這雖然不是錯誤的想法，但卻不充份。至少也該想到由匈奴帝國建立的遊牧國家基本型態，也幾乎就在同一時期被確立。更進一步地，在其後的歷史展開中，也可看到在這兩種國家型態相互交錯出現中，中華及草原共同創造出新的型態，這一點當然也該被提及。

這兩種國家型態在之後的歐亞世界中，成為屈指可數的巨大潮流。且該說不論哪一個，幾乎相同地成為不可忽視且跨越時代的「歷史現象」。

即使如此，更有趣的是不論哪一個都以秦帝國的出現及瓦解之變動作為契機，且跨越草原及中華之框架在同時期出現，互相糾結而發展。歷史就是在自然演變及必然的相互交錯中發生，最後藉由定格在某處的事態中而成為無可否認的歷史事實。

回過頭來說，關於成為龐大歷史展開切點的西元前二一〇年開始到前兩百年這約十年期間，將空間及時間以中國本部及垓下之戰（亦即西元前二〇二年楚漢攻防的英雄項羽戰死，決定兩者勝負的知名戰役）切開，若從這個角度來看，就算是有人將看似繼承秦朝而出現的漢朝，視作是立即就成立了一個明確、鞏固的大帝國而將以謳歌，或者也是莫可奈何之事。

但這是侷限了視野的結論。絕對無法說是以坦率且均衡、寬闊的心胸及眼光將當時的現實做出整體觀察而得到之說法。

特意來說，或許這是僅將「中華」作為文明之固定觀念所形成的圈套。「中華主義」不僅是在文獻中出現，也在該領域的歷史研究者意識中不知不覺地發芽茁壯。

但是想想看，不論在任何時代，歷史並非是在被侷限的空間或時間中變動。被侷限的是歷史學家。歷史上的假象，雖然是無論如何都無法避免，但即使說那是一種在熱情與單純之深信中的心頭產物，與過去配合政權及體制需要而作出歷史敘述的許多事例相比，在事物的核心及負面影響的層面上，也沒有太大差異吧！

專欄

進一步地探討《史記》匈奴列傳

雖然會變得有點囉嗦，但圍繞著在本章中引用①到⑦之匈奴列傳記述，在此要特別就幾個注意焦點及疑問點進行討論。

首先，關於皇太子及與其相關事物。在匈奴國家，就如同②之內容，單于太子、換言之就是下一任君主候選人為左賢王。在匈奴國家的三大部分中，單于與該名兒子擁有東方及中央兩個部分。若僅就這點來看，單于這個王權可說是相當強勢。

但是，可以單就這點，簡單地下定論說在匈奴國家中左邊較右邊為尊貴嗎？這個就會與剩下的西方代表右賢王所具有之立場及力量相關。

根據《史記》、《漢書》及《後漢書》所記述，右賢王具有相當大的勢力，並且反而較身為太子的左賢王更有力量。不僅如此，有時看起來甚至比單于更為強勢。

右賢王當然應該與單于有血緣關係，但不是如同左賢王般的直接父子關係。總之，在與王權沒有直接關係的領袖群中，右賢王是具有最高地位及實力者。

對於單于來說，根據情況不同有時右賢王甚至會成為競爭對手。若根據實際狀況來說，右賢王麾下握有西方部分，與單于及其子左賢王率領的中央部分及東方部分相抗衡。在此情況下，或許可說在匈奴國家反而就是因為右邊較高，才會配置實際上為第二高權力者的右賢王。

讓人想起「皇太子」是承擔東方部分統治者的是後代蒙古世界帝國中，以伊朗方面為中心的旭烈兀汗國之例。同樣由左、中、右構成的三極結構中，以伊朗西北方亞塞拜然高原為根據地的中央部分有一段稱為「伊利汗」的旭烈兀親王在此，左翼也就是東方呼羅珊（Khorasan）地區則依照慣例由波斯語稱為「繼承者」或「代理統治者」之「皇太子」以總管理者之姿在此駐留。

或者可能另有在基本處與此相通之事物存在。在蒙古帝國，一般來說是以右方較為尊貴，右翼較左翼、右丞相較左丞相地位高（總之就是與中國相反）。儘管如此，旭烈兀汗國卻將後代的繼承候選人配置於左翼。左、右到底哪邊比較尊貴？就匈奴國家而言也不能捨棄尊右之可能性。

接著是關於匈奴國家的權力支配階層司馬遷在第④點中說明二點，一是大臣為世襲制；二是呼衍、蘭及須卜這三個姓氏皆為貴族。

然而在涵蓋了司馬遷《史記》的〈匈奴列傳〉並幾乎全文引用、另外再加上一些獨自記錄的班固《漢書》（當然是在東漢時代完成）匈奴傳中，則留有「單于的姓氏為攣鞮氏」之敘述。

不管是攣鞮或是別處記錄之虛連題，全都是將匈奴語名稱音譯後之中文詞彙。

故有這樣名稱的集團，就是堪稱匈奴中之匈奴的王族階層。在這個階層之下，就是司馬遷記錄的三個姓氏貴族們。

對於司馬遷來說，也許匈奴王族的姓是太過理所當然的事，或者認為匈奴這個國家名稱就是王族集團名稱。不管是哪一個，司馬遷大概判斷不用在此特別說明。但這些匈奴國家的王族及貴族階層們，在匈奴解體後也改變姿態繼續存留，並在其後的歷史展開中也成為不可忽視的存在（請參照第四章、第五章）。

進一步地，透過①到⑦還是有些無法解決的疑問。其中最大的問題就是在最後一點⑦的記述中，該如何看待「裨小王」以下的文字內容。問題的重點尤其集中於⑦中假設讀為「封都尉」之「封」字上。

原本至今為止，將⑦的全文直接看做是一段完整的文章的話，可以讀作「二十四長也是各自擁有千長、百長、什長、裨小王、相、封都尉、當戶、且渠等部屬。」若是這種解讀方法，則幾乎不會有任何疑惑（在本章中⑦的解釋，是以至今為止的通用解讀方式展現）。

然而，將到「千長、百長、什長」為止當作是二十四長可以自行任命的十進位法體系縱切面組織部屬們，還可以簡單地理解，但「裨小王」以下很明顯地是屬於別種體系名稱，直接解讀時不論怎麼看都有很明顯的不自然之處。

若照著既存方式全部接續閱讀的話，就會變成二十四位「萬騎」各自除了有直屬的千長、百長、什長之外，還擁有「裨小王」、「相」、「都尉」等各階層部屬。但是真實狀況是如何呢？

簡單來說，關鍵在於「裨小王」。所謂的「裨小王」到底是什麼樣的人呢？雖然在《史記》及《漢書》中這個名稱並非很多，但也經常出現。而在此雖然不可能將這些記述內容都一一列舉，但將這些做個綜合思考時，會發現就算「裨小王」是屬於匈奴國家，但似乎自己也擁有相當勢力。

總之，「裨小王」是在左右賢王及左右谷蠡王外擁有「王」之稱呼者，而且也許是應該要從二十四長的「萬騎」框架中被剃除者。一言以蔽之，這是個不屬於匈奴王族攣鞮氏之「異性之王」集團。若是如此，可以判斷至少在 內文中到「什長」為止的前段記述以及從「裨小王」開始的後段記述，要不是完全無關的內容，不然就是其間有某種的緩衝。

在此就「裨小王」以下的各個階層再度進行檢視，可以想像這是歸屬於裨小王這個「王」階層的一系列人員組織或是垂直領導結構。亦即首先是以「相」為第一層官員（因為「相」與左右大將對應，故說不定是「將」的誤植），關於其下的「封都尉」及「當戶」很明確地是與左右「大都尉」及「大當戶」相對應。

相對於匈奴國家的主要支柱、佔據「萬騎」一角的左右的都尉及大當戶，相對於「外族」的裨小王組織下的封都尉及當戶僅是個「臣對之臣」而已。因此，故在其名稱上不加「大」來稱呼（也許「大」是表示敬意或尊稱。而且，單于的「世臣」、「宿老」、「譜代」等，或許都具有某種特別立場）。

原本裨小王這個稱呼本身，就具有強烈的「歸屬稱臣的低階王」之暗示。

在此要注意的是至今被讀為「封都尉」的「封」字。事實上這個「封」字，在此部份的文章記述幾乎與《史記》完全相同之《漢書》匈奴傳中並未見到。班固的《漢書》中沒有「封」字這一點，應該不是偶然的遺漏，毫無疑問地應該是特意刪除。所謂的「封都尉」到底是什麼？實在無法得知。

班固認為有「封」字是不適合的，故明確地將其剃除。但是這無論如何都只是一種解釋方法。但若要直接閱讀《史記》文章且將「封」字留下時，有一種可以自然而然地解讀「封都尉」之方法。那就是將「封」字當作動詞就好。亦即在此處，將成為問題的「裨小王」以下的文章變成「裨小王．相擁有都尉、當戶、且渠等部屬」。這就成為與「萬騎」各自擁有「千長、百長、什長」文章完全不相關之內容。

當然，這也僅是一種解套方法。然而，若勉強地根據既有的「封都尉」閱讀時，就無法依據其意義及內容進行完整且明確的說明。此外，就如同班固般，認為直接依據《史記》內容則無法解讀，乾脆就將「封」字刪除，也是一種輕鬆作法。

在此可以想到的是，就如同前述般，由冒頓完成大一統的匈奴國家，包含了大量不分集團規模大小各不相同的如東胡、樓煩、白羊、堅昆、丁零等各種「異族」們。在日本，因為中島敦的名作而一躍成為知名人物的漢朝降將—李陵，也是在投降匈奴後被封為王，廣義來說也是「異姓之王」之一。

想到這類各種「王」們的存在，在《史記》匈奴列傳中「裨小王」以下的文章，可作為是關係到匈奴國家整體結構的關鍵記述，這也是個具有相當討論價值的部分。

第四章　貫串草原及中華的變動波潮

草原と中華をつらぬく変動の波

1 互相爭執的兩個帝國

漢武帝挑釁的戰爭

漢朝到了第七代本名為劉徹（但由於是身為皇帝，所以不可直呼名諱）之武帝時代，才開始對匈奴帝國進行反擊。這也是放棄了長年的臣屬關係（當然就漢朝的立場來說，先前的和親和饋贈只是和睦政策或是和平政策）。

從王朝建立後經過約七十多年，漢朝終於以相對應的安定及政治統合體之樣貌開始成為具有雛形的「中華」，在西元前一二九年到前一二七年之間，漢朝以舉國之力投入全面戰爭。這可說是國家方針的大逆轉。

戰爭是在以少年皇帝之姿即位的漢武帝於具備帝王自信並開始親政的二十歲後開始，直到他死時都持續進行。簡而言之，漢武帝在以自己的意志執政期間，全都是持續向匈奴挑戰的歲月。

持續將近五十年、在歷史上屈指可數的大戰爭，就是「匈奴—漢戰爭」。戰爭是在漢朝持續挑釁下展開。這是事件的一個重點。漢武帝政府接連不斷地進行各種對匈奴作戰。這在中國歷史上也是罕見的熱衷於對外戰爭的時代。

漢朝的作戰中，結果對匈奴帝國來說打擊最重的就是漢朝將手伸進很久以前就是匈奴蕃屬的塔里木盆地綠州都市國家群。從漢朝立場來說的話，這就是所謂的「西域經營」。

在此更早之前，由冒頓率領的草創期匈奴於之前提過的白登山讓漢朝屈服後，就驅馬往西邊天山以南的塔里木盆地前進。這個紀錄中有二十六國的小規模綠洲都市群（在當時的漢文文獻中會將這些綠洲都市稱為「國」的理由相當清楚。眾所周知般，國這個字的意思就是由口＝城牆、口＝人口、一＝土地、戈＝武力組成。總之「國」這個字原本就是意指都市國家），當時如旭日東昇般新興勢力的匈奴輕易地就完成征服。作為服從及和平的代價，這些國家都被賦予各種進貢的義務。

若從至今動輒以漢朝立場來看，亦即大概可稱為是「親中國」或是農耕文明至上主義之感覺來看，只會輕率地將這個事件解釋為是被匈奴這個強大粗暴勢力強壓征服這一點，也是相當地自然。但在中央歐亞史上的政治、經濟基本結構，換個說法就是以成為在歷史大洪流中構成及展開基礎之型態，反而是將其視為自然而然生成較好。

也就是說，遊牧國家與綠洲都市群是必然會有的連結。當然對於如同浮在大海之島般存在於乾燥地區的綠洲都市來說，以中小綠洲為單位分開的「國家」，與其各自擁有微弱的武力且互相攻擊，不如依附在具有強大軍事力量的廣大權力之下獲得共同安全保障，在政治及經濟兩方面的優點都多。

串連點與點的綠洲之間者，除了由各個綠洲組成的商隊外，也不可忽視以面生存的遊牧民。這些遊牧民被統合在單一政權之下這件事，對綠洲都市來說就代表著安全商圈的出現。在此，遊牧民軍力與綠洲民經濟力的互補共生關係就成立。

簡單來說，與以經濟供給約定的漢朝「中華」不同，匈奴以與其有著相當緊密相互關係基礎之姿，進入到綠洲地域的國家之中。在疆域之中，涵蓋接近遊牧地區的農、工、商地域這一點，與曾經存在的斯基泰國家具有共通性。

如此，即便是遊牧國家，也不僅是遊牧生活，整併農業、工業、商業等多樣經濟基礎才是自然的型態。事實上，不論是任何國家，一旦成為國家或政權，不管名稱為何，若不組成相對應的權力組織，就必須要具備相對的財源及經濟力。而這更是自然的演變過程。

漢帝國停止對匈奴進貢、開始挑起全面對決時，對於匈奴帝國來說擁有塔里木盆地綠洲都市的意義反而變得更加重大。但是，當初漢朝判斷對於匈奴本土的直接攻擊無法取得太大的戰果，於是改變作戰計劃而從祁連山方向開始朝塔里木盆地進攻的結果，導致匈奴在綠洲都市的支配體制鬆動崩解。

漢朝的目的達到了。然而，這不代表漢朝確立了在塔里木盆地以點狀存在的綠洲都市之永久支配體制。但光是漢與匈奴之間形成拉距拔河狀態這件事，在戰略上就具有十足效果。

匈奴喪失了財源及各種物資的安定供給來源，忽然之間陷入苦境。在這之前，漢朝試著與天山方面的烏孫，甚至進一步地與遷移到西方的月氏合作這件事，也是要對身為盟主的匈奴從側面襲擊之行為。這兩個想法有其相似處。

必須說漢朝相當熟知匈奴帝國的架構及弱點。於是形勢就產生了逆轉。聯合體之箍鬆動了的匈奴，加上軍事面的漢朝攻擊、經濟面的困境，以及其必然引起的結果——內亂之相乘效果下，呈現急速衰弱狀態。

但是戰爭卻異常地長期化。豈止是中國歷史，就算是在全部的歐亞史中，類似的長期戰爭狀態真是非常罕見。

這不是在歷史上經常可見的日常化、慢性化的內戰型態戰爭。此外，這也不是如同英法百年戰爭般以偶發性戰爭為主之輕鬆戰役。南北對抗的兩個完全異族大帝國，正面激烈對擊的正式大戰爭持續了將近五十年的時間。可說這件事本身就毫無道理。

兩個帝國以全力進行的長期戰爭，結果不僅造成匈奴疲累，漢朝也呈現疲憊狀態。被攻擊的匈奴之聯合王權型態本身大幅地鬆動，並產生許多縫隙。

另一邊，主動進攻的漢朝，在國家、社會內側開始出現混亂。其中最直接的就是龐大的軍事支出導致國家財源瀕臨破產。

漢武帝時期，除了極度的重稅之外，並採行貨幣改鑄、鹽鐵酒專賣、均輸及平準等物價調節政策，用各種方式嘗試解除危機。甚至，在漢武帝時代展開的一連串專賣制度，被日後的中華王朝所繼承，最終成為佔了將近一半的稅收。

在這之間，嚴格執行法律及刑罰的法家官僚們，在漢武帝王朝內外成為相當醒目的焦點。被稱為「酷吏」的這些人，當然並非全部都是苛刻殘酷、暴虐無道的人物。然而，無可否認地大多是毫無道理的鎮壓。

而這一切終究都是為了支撐一團混亂的長期戰爭。武帝時代的漢帝國，漸漸地朝向嚴峻的土地所有權集中以及隨著此制度產生的農民流亡化、之外，加上籌措戰爭經費導致之當然結果—經濟傾斜，於是社會不安更加地擴大。而實際上，時代狀況接近於黑暗時期。

但是時至今日，史家筆下的武帝時期是漢代國威的全盛期。若將所有事物都以具有「發揚國權」之全體主義、國家主義、擴張主義意涵進行思考的話，或許可以這麼評價。但是若就當時的現實狀況來看，就如同經常會使用「絲路」的開拓等不切實際之印象語言來美化般，這絕對不是一個快樂時代。

幾乎所有的戰爭責任，都在漢武帝這個人身上。這件事在他死後，成為其繼承者的昭帝（武帝的嫡長子也是皇太子的戾太子，在巫蠱之禍引發的冤獄事件受到牽連，於武帝去世前四年就遭到肅清）的治世時（雖然這麼說但實權還是在著名的霍光身上。霍光就是對匈奴戰爭的軍事英雄霍去病同父異母的弟弟。這就成為他發跡之根源。此事也可讓人知道對於漢帝國來說，匈奴戰爭是如何地傾其所有之國家大事），立即派人與匈奴進行和解就是明證。由漢朝破壞協定而引起戰端的「匈漢戰爭」，又在漢朝提出協議的情況下朝向戰爭終結。這一點，應該要被深刻銘記。因為不留下紀錄這一方，無法提出藉口或是將自己正當化。

專欄

可怕的帝王──漢武帝

能夠實現「匈漢戰爭」這個非比尋常長期戰爭之最大要素，就在於漢武帝這個人。漢武帝將打倒匈奴作為生涯主題，並為達成此目的而做出所有犧牲。

與其這麼說，不如說他不在意任何的流血、負擔及不幸。而他本人卻一直留在首都長安，沒有任何想要到前線體會戰爭艱苦之意思。是一個純粹下命令的人。

身處後方的民眾聲音，都未曾到達漢武帝的眼耳中，甚至不如說漢武帝根本也沒有想過要看或是要聽。不僅如此，對於他身邊的將軍或是大臣幕僚等親近者也都是毫不猶豫且毫不在乎地用過就丟。

真是可怕的帝王！李陵及其妻子、家族，還有司馬遷自身的不幸，也全都在此。但是，關於他們遭遇的慘禍（雖然直接的原因或許是李陵投降匈奴這件事本身，亦或是在李陵投降被誤會將漢朝情報流出，但不管是哪個原因，都不會改變李陵整個家族都被處刑之事實），並非漢武帝的責任，而較傾向於是漢朝的這個法治國家體制所導致法制面上的當然結果等。

但是，讓國家方針維持在異常長期的舉國全力作戰狀態，並將其犧牲強加於全部臣民身上者，就是漢武帝。悲劇的源頭，就是漢武帝。這也是所有重點之所在。

若將這一切以「法治」這個乍看之下具有現代風格之自作聰明主張，做出最符合的辯護又會如何呢？漢武帝這個帝王本身、還有漢朝這個帝國本身的不慈悲、殘酷無道及苛刻暴虐，不管是用什麼樣的謬論都無法掩飾吧？

人不是為了「法治」而存在。「法治」是為了人而存在。更何況在這個時代，成為「法治」之「法源」者，不是別人就是漢武帝本身。因為完全遵循以推進戰爭者為「法源」之國家法律，將滅族也作為體制上之當然結果的主張，真是愚蠢至極的論述方式。

的確，要將近代西歐風格的法治概念套用在原本就是由絕對專制者統治支配的古老中國之事物這個行為本身，就是相當奇怪。在絕對專制者統治支配下的「法」，到底是什麼樣的東西呢？這與以羅馬法為起源的西歐「法的精神」，到底又有何種程度的連動關係呢？關於這一點應該要進行認真探討。

只要武帝將目光稍稍轉移到由自己強行推動的戰爭慘狀上，稍微反省並且進行國家法律的改革，這些以李陵事件為代表的許多不幸就可以避免。但是，在武帝身上完全看不到反省心。雖然是囉嗦的重複說明，異常執著地推動長期戰爭、帶給人們莫大不幸者，就是漢武帝本身。但是，帝王不會被罰。

在這種情況下，他持續施加在大臣庶民及萬民身上的傲慢、惡毒狠辣，已經超越人性。而打算將這種行為以「法治」這個名詞進行正當化，只能說是誤解「法」這個東西的虛空言論。

問題終究在漢武帝這個人。在漢武帝心中，對於我們這類生存在市民社會者，有超越想像的部份。在武帝的心裡面，所討厭的恐怕不光是臣屬於匈奴帝國這個狀態。對匈奴國家本身，還是有匈奴王單于的存在這件事，應該也是厭惡至極吧！

漢武帝對於在這個土地上，除了自己之外還有可相抗衡的權力者存在這件事，應該是無法忍受。在他一個人身上展現出人類本身具備、或者說是可能具備之最大限度的支配慾、征服慾、權力慾。在這個層面上之意義，可說是相當少見的人。

在中國歷史上具有高知名度的漢武帝，不論是好是壞，不得不說他異於常人。西元前一四一年，十六歲登上皇位的漢武帝，直到西元前八七年去世為止，他在位時間長達五十四年，光從在位期間相當長這一點來看，就已經有別於常態。

透過之後的歷史來看，被稱為「中華」也被稱為「漢土」的這片廣大區域，由秦完成統一大業後，不論是在政治面上或是其他方面，總之在意識上變成一個整體後，直到漢武帝為止，沒有任何一位帝王的在位時期與漢武帝一樣長。

即使稱為始皇帝，但秦始皇作為中國帝王的歲月，就如已經說明過般，事實上僅有十一年。另一面，跨越半世紀的漢武帝，只能說是天生的帝王。不僅如此，在悠遠的中國歷史上，若論治世之長久，能與漢武帝相比的大概就只有清朝康熙、乾隆等少數幾位帝王。

實際上，就漢武帝在其長期統治中所發揮的權力之大及其總量來看，可說是凌駕秦始皇的絕對權力者。換個說法的話，在善惡相伴之間，總之，就是一位權力相當大的專制君主。但是，畢竟還是黑暗面的印象較深，不論好壞，都很難將他歸類為如同少數人所說的是具有「明君」穩健形象之人。

原本在「中國」這個政治傳統上，看起來似乎有與政體變化無關且跨越時代、動輒就會創造出唯一至上的絕對權力者。說不定將此說成是某種「文明體質」會更為恰當。這種形象的根源，通常會被追溯到秦始皇。但是就現實面來說，應該可說是由漢武帝開始才確立該型態。

此外，司馬遷是於西元前九十七年（在此兩年前發生李陵之禍）終止寫作《史記》。總之，《史記》是於漢武帝仍在位時就已經停止記述。也是在匈奴戰爭的最盛期。當然，在《史記》中並未寫出整場大戰的最終結果。

司馬遷去世的年份並沒有明確記錄。但是可以推測應該是在《史記》停筆後不久之事。就如同《史記》最後一部分內容所顯示，恐怕司馬遷並不知道兩國最後的和平結果。他大概並沒有看到為自己命運帶來激烈變化的大戰爭之最終始末，而是在現實越趨深不見底之黑暗狀態中死去。

若是司馬遷能親眼見到漢武帝之死及和平的到來，且能重新修改《史記》的話，他到底會如何記述這段歷史呢？至少《史記》的主題，也就是從漢朝開國始祖劉邦以來的匈奴專權時代以及欲推翻匈奴而強迫推行「匈漢戰爭」之漢武帝時代這一段現代史，應該會被以更簡潔明瞭的方式寫成。雖然，這不過是作者的一個想法。

歷史上罕見的和平共存

漢昭帝政府的路線轉換，不只為漢朝，也為匈奴帶來幸福。更不用說兩國大臣及人民。與將近五十年前為止的「匈奴時代」不同，這次的和親是建立在兩國對等狀態中。歷史有了逆轉。

皇帝的不同以及其所作出的選擇不同，改變了至今為止的時代。這樣的事情應該更值得被記憶。至此，匈奴及漢這兩個大帝國，正式進入南北和平共存的時代，並維持了很長一段時間的和親。

廣義來說，整合了突厥・蒙古系的匈奴以及由之後被稱作漢族的人們為主體組成的漢朝，被定調為遊牧世界及農耕世界兩個不同的型態。這成為貫穿之後長遠時代的大架構。

但是漢朝在被外戚王莽篡位並改朝換代約十五年間（西元八年－二十三年），開始有了變調。雖然是稍微復古風，王莽以儒家思想之理想政治為目標並推行即使就現代來說也是讓人刮目相看、相當大膽的國家改革，而在與匈奴的關係方面，也計畫採行新策略。

就是對匈奴策略轉趨強硬。停止對於匈奴的禮遇，煽動位於匈奴體制下東邊的烏丸（烏桓）並且唆使其叛離匈奴。將匈奴改稱「恭奴」、單于改為「善于」等，雖然看起來有點孩子氣，但總之王莽熱衷於將由自己建立的新中華王朝變得更加強盛莊嚴。

其結果就導致匈奴也不得不重新檢視對於中華的和親政策，並且經常性地侵襲新的北邊地區。雖然王莽接著派遣二十萬大軍對匈奴進行全面作戰，但幾乎是完全地失敗。反而是相當諷刺地，當初在王莽的對外採取強迫政策下而被唆使叛離匈奴的烏桓及同族系鮮卑又再度回歸到匈奴體制下，匈奴帝國反而恢復到曾有的強盛狀態。這就是不論是漢武帝或是王莽，只要出現具有發揮中華威信「銳氣」

的專制君主，就會進行沒有用途的對外戰爭之型態。

王莽的新政，即使是在國內也是太過於理想化而未符合時代之現實狀況，所以導致豪門貴族及農民的反抗而崩解滅亡。之後，儘管是由豪門貴族建立聯合政權，但總之還是以漢朝這個名字擁立劉氏宗族後裔再度復興漢朝（被稱為東漢或後漢），經過許多曲折後匈奴與再興的漢朝之間關係，幾乎回復到舊有狀態，儘管在國界線還有些小衝突及紛爭，但大致上仍能一直維持以合作、和親為主的基本立場。結果若以大局觀之，在中國史上的西漢及東漢兩個朝代，由戰爭與和平共同組成的狀況中，實際上大概都是與匈奴共同存活的歲月。

當然，偶爾還是會有一些衝突及事件。但是若不論表面的波瀾，大體上來說和平共存廣泛涵蓋了亞洲東部的草原及中華。

雖然依據看法不同而會有些長短差異，但可將這段時間看作大約三百年。這在世界史上，也是相當罕見之事。（當然在此關於匈奴帝國解體後的時期這一部分，也僅是概算。被招降至東漢疆域內的匈奴集團，涵蓋了後續將說明的南匈奴及由其轉變而成的山西匈奴王國。即使解體後，漢王室與匈奴王室仍維持友好關係。）

有趣的是，在此久違的和平共存中，不管是匈奴或漢朝兩方都自然而然地在其內側產生自我崩壞，但都未對對手進行強勢攻擊。兩個王朝就在各自崩壞的情況中，持續互相往來。

由血統建立的和平

在世界史上也屬特殊案例的這個共存關係，若更加深究，可說是匈奴王室與漢王室兩者的共存、通婚關係。說的更深刻一點，就是攣鞮氏與劉氏的互相扶持。

國家間的合作關係，藉由兩個王家的互相關係及連結而得到保障、證據及代表，此點即使是在近代歐洲也可見到。當然在近代之前，不論在哪裡都可以見到。

尤其是在近代初期，即使稱為國家，也無法將其想像為如同近現代的西歐型國家（總之就是現代一般的國家）般，是個作為公權力而被完全地整合、統治狀態之機構。儘管原本就會因為時代及地域而有程度上的差異，但不論是公權或私權，一般來說社會中的各種團體、組織原本就各自具有相對應的力量。而且在實際狀況中，大致上是如此，但更重要的是，在多數的情況中，作為最高私權機構的王朝都會成為帶有公權性質的權力核心。總之，無可否認地國家與王朝是處於近似相等的狀態。

也就是說，在近代前期，無可否認地大多數事物都具象徵性地集中於由王朝支配之面向。這是一個無法用近代知識作出結論，超越常理的世界。

所謂王權本身的重點，就在於此。王權具有宗教性、神祕性、權威性，是件理所當然的事。因為這是一條讓私權看上去像公權之捷徑。

藉由匈奴與漢兩個帝國的長期共存狀態趨於穩固，在亞洲東方的王權，就集中於攣鞮氏與劉氏。繼承王權的兩個血脈，漸漸地被視為神聖，且成為下個時代的記憶。

生業理論還是國家理論

在說明遊牧民集團的軍事活動及遊牧國家的擴張，有一個普遍的說法：因為遊牧生活是一個不足以自給自足的生產型態，故除了向其他人進行掠奪外別無方法，因此向「定居世界」及「文明地區」後裔的人們來說，因為有某種情感訴求，反而更具有「說服力」。

然而，真是如此嗎？對事實的掌握只有這樣就可以嗎？坦白說，這只是簡單直接的結論。或許某種程度來說都還是事實。但是，超過的部分就不是了。若過度解釋的話，就會變成謊言。

在此要說的是，就算是看來有些謬論，但為了反證之目的舉個特別極端例子，若是以單一家族或由約二、三個家族組成的非常小規模集團，事實上要靠遊牧生活達到自給自足維持生計，並非是完全不可能之事。蔬菜等就拿取路邊之物即可。事實上在歷史中，若認真探尋的話，確實可以找到數個此種案例。就算簡單地說遊牧，其實也有各種樣態。在前述的「因為不足夠所以掠奪」這句話，原本就忽略了一個重點。

就像前面說明過的（第一章），遊牧民以交易買賣方式購入生活必需品、器具及耗材等各式各樣「不足夠的東西」。這是相當普遍之事。「因為不足夠所以掠奪」這件事，在平常是幾乎不可能。

以上的說明方式，也就是所謂的「掠奪理論」。遺忘了非常理所當然的「交易理論」而坦然自若，真是太厲害了。不管是提出這種主張的人或是點頭贊成的人，恐怕都僅是將遊牧民當作「搶匪」或「小偷」般對待。

那麼若將焦點環繞在「交易理論」，並僅從遊牧民的生活面上，是否能解釋在歷史上讓人瞠目結舌、範圍廣泛的軍事行動呢？這種從生活面上解釋所有事物者，可以說就是「生業理論」。根據人類學家們所做的遊牧民研究可以發現，大多數都傾向於此。關於在歷史上顯眼的遊牧國家，也是引用此種見解對所有事物進行說明。這個有其理所當然之處。但是，問題是「生業理論」真的是萬能的嗎？

焦點在於集團的規模。商是遊牧民集團大到某一種程度規模之前，「生業理論」當然是有效。甚至可說非得靠此才能維生。

但是，當規模變大後，情況就產生變化而無法維持這種狀態。在對外方面，遊牧民集團本身是具有政治力的存在。至於內部方面，集團規模越大，就越發需要為了維持串連整個集團的經濟力或統治狀態而需要的各種固定設施等各式各樣「政治裝置」。可說這就是超越了「生業理論」的「集團理論」。

若根據由林俊雄從關於中央歐亞各地的遊牧民文化歷史文獻，以及考古資料等兩方面進行多樣分析的研究，匈奴在原本的遊牧區域中，以點狀散佈方式擁有數個這種固定設施。其中大多數都具有城牆，而且在城牆內外也挖掘出各式各樣的手工藝產品。很明確地，這是純遊牧生活以外生產物的據點。而且，甚至也有農業生產地。

遊牧民與都市原本就不是背道而馳的存在。更有甚者，不如說遊牧民需要都市。當然，根據集團規模及作為政治、軍事集團的實力，其存在型態也有差異。若是小規模集團，遊牧民反而會緊挨著都市，有時還會寄居都市籬下生活，甚至可說是靠其維生。阿拉伯的貝都因人（Bedouin）就是其典型代表。現代非洲的遊牧民也是這種類型。

然而隨著集團規模變大，其政治面的存在意義當然也變大，此時遊牧民與都市的力量關係就會呈現逆轉。在歷史上，於廣大遊牧草原分佈其間的中央歐亞大陸，當某個遊牧民集團達到可發揮相對政治力量的規模時，大致上的情況都會由該集團自行在其牧地範圍內的重要據點建立聚落或都市。這種狀況接近於必然之結果。

在六到八世紀的突厥及八到九世紀的回鶻遊牧帝國之後，尤其是契丹遼帝國等，遊牧地區內的都市建設相當普遍地都是由構成統治階級的牧民集團及其首領（稱為頭目或頭項），分別建立各自的草原都市。根據當時的漢文文獻資料顯示，這些都市被稱為「頭下的軍州」。也就是頭目管轄下的城郭都市之意。事物的呈現方式，原本就該是如此。反而是將其視為特殊者才奇怪。而特意地使用「遊牧都市」或「牧地都市」等稱呼，讓其散發出宛如特異有趣事物之奇妙組合般氣氛，似乎就有點太過做作。將理所當然之物以特殊方式對待，反而可能會招致其他誤解。

關於匈奴，很遺憾地至今僅有相當少數之確實案例報告。再加上全部都是質及量均相當不足之蘇聯時代的考古調查資料（雖然一般都相信只要今後進行更多調查，包含整個蒙古高原地域，一定可以找出更多實際案例報告）。

然而這一點也如同前面說明過，已經找到了數個城牆聚落遺址。這些遺跡都位於河川及湖泊沼澤畔。更進一步地從周遭環境、地勢及自然條件分析發現，其中有幾個遺跡可以被判定是用來跨越冬季的營地或是被發展為該用途之地。

回過頭來說，輕易地將遊牧國家理解為「對於不足物之征服欲」的傾向，應該就是印象聯想之技倆吧！

這就是在腦中將單純的遊牧民過度想像之結果。然而在這種想像的深層底部，卻是隱藏著對於遊牧民之莫名蔑視。

在現實生活中，存在著各式各樣的遊牧民。

生活方式也相當多樣化。若就語言的真實意涵來說，所謂純粹無雜質的遊牧生活，原本到底是多少比例呢？

例如：持續進行遊牧但在其以年度移動範圍內進行農耕及栽種蔬菜者，此種事例相當多。此外，原本遊牧與商隊，自古以來就有想切也切不斷的關係。不論哪一方，都處於可被稱為「兼職牧民」狀態。更進一步地，若用道理來說明的話，也有事例是因為夏天時不論是人類及家畜全部都出去放牧，而在應是空無一物的冬季營地，則會有一部分牧民因擔任留守任務而留在該地，故在該處進行農業及交易。也有一些情況是當這些被固定化後，就會形成店鋪及商業據點。當然隨著集團越來越大、時代越加變遷後，不用說在這種集團內部的「分工化」就會更加顯著。

在此提出一個問題，反過來請試著想像純農耕民的存在方式。回溯歷史，事實上，自盤古開天以來僅有少數人類是單純靠著農耕維生。不得不說單純地僅靠農業生活的人類，是隨著時代變遷在強烈人為操作下的產物。在這個意義上，就不是原本自然形成之狀態。而將這個比擬為純遊牧民，到底有多少合於現實呢？

若將遊牧民定義為僅因「不足夠」這項理由而從他人掠奪或出擊征服其他區域，那麼應該是「足夠」的農耕民、都市民及其國家就應該不會進行對外遠征及征服行動吧？中華帝國、伊斯蘭國家甚至是西歐各國的對外遠征、侵略及擴張，應該與遊牧國家的行動有所差異吧！

乍看之下應該是以「生業理論」說明最為相符。不管看起來是否為了添加現代風格的理由等，但都較易為人所接受。但是，這也是依時期及狀況而異。首先，在歷史上，反而是較少見到僅依靠單一生業就產生連結的集團及社會。

若想要光靠「生業理論」就解釋所有事物，一定會在某處產生無法說明的狀況。事實上，當集團達到一定規模後，就會以「政治理論」及「統治理論」優先。這才是較為一般的情況。

再回到原點，讓人目瞪口呆的遊牧國家擴張，與其他國家相比，除了擁有出眾的軍事力量外，因為原本就是具有豐富融通性的複合體，故更容易成為歷史上顯著焦點。而其國家結構、構成及特質面，也是容易擴張的型態。再加上中央歐亞大陸的自然環境，也有助於其成長。這些要素早已遠遠超越「生業理論」。恐怕必須要說是「國家理論」。

2 逆轉的時刻

草原及定居世界的大變動

在和平共存中，匈奴與漢這兩種帝國，均走向解體之路。這是因為體系的崩解，並非是一夕之間的雛覆毀滅，而是緩緩地在漫長時間中，伴隨著傾斜逐漸變大而發生。

時間稍微往回推，在前一個世紀的中期左右，當時西漢處於雖然有些動搖但仍舊存在的時期，匈奴帝國首先分裂為東西兩個國家。

涵蓋蒙古高原的東半部匈奴帝國，也就是東匈奴，繼續維持與漢的同盟關係。至於移動到西海的另一半匈奴帝國，也就是西匈奴則是遷移哈薩克草原一帶。之後，西匈奴的狀況就不被列入漢文史料的記錄範圍內。

在一度滅亡但又以東漢復興的漢朝再生後的一世紀中期左右，剩下的以東匈奴為名的重新整編的匈奴國家又再度分裂為兩個國家。直接導致的原因就是天災引起的打擊及趁勢而起的內亂。這次是以戈壁為界線分裂為南北兩個國家。一般稱之為南匈奴及北匈奴。當然，這樣的稱呼方式也與先前稱為東匈奴及西匈奴的相同，是以漢朝的視角來命名方式。恐怕分裂的兩者不論是哪一方，想必都認為自己才是正統匈奴政權，而對方才是反叛者。

這就是所謂的斷代史觀念。其基礎就在於將歷史依每個不同王朝切割之斷代史之上，還有一個將各個分開朝代串連的中國正史。依據漢文文獻的癖好及架構來看，直至今日的中國歷史圖貌還是有未被完全解放之部分。

就如同前面說明過的，遊牧國家是由大小不一、各種權力組織所組成的聯盟。作為一個國家，具有可輕易被整合、也可輕易分裂之宿命。

尤其是當以一己之力將大大小小地方勢力整合的君主面臨世界交替時，多多少少都很容易出現派系奪權活動。這也是一種權力重組運動。較劇烈的情況，確實會導致近乎分裂。

然而，到底會接近於何種程度的龜裂狀況，就要視情況而異。關於中國以外的事物，在漢文文獻中對其呈現方式會有所偏頗也是情有可原。問題是關於偏頗的文字表現，要如何界定其實際上偏頗的程度。

然而這卻是相當困難。關於在此種狀況下的匈奴帝國也是，到底是否可以將就將其切割為東西分裂、南北分裂即可嗎？這無法下定論。但不論是哪一個，總之匈奴國家這個架構本身並未消滅這一點是明確無誤。

有趣的是，在匈奴處於「南北分裂」的形勢中，東漢政權的影響力延伸到了塔里木盆地。也就是由著名的班超主導之統治帕米爾高原以東綠洲地域。然而就如眾所周知，班超的「西域經營」是建立在綠洲各都市的勢力均衡狀態之上，非常脆弱。甚至可說是由班超這個罕見的個性所創造出的短暫雲煙。因此，當年華老去的班超回到中國本部後，就立即消失了。

原本就體質孱弱的東漢政權，可以僅靠一己之力掌控綠洲地域，果然還是歸因於有了匈奴國家內亂這個好條件。若將這個「西域經營」與以漢武帝時代為極盛的西漢時代傾其全力進行的「西域經營」同等視之，確實是有點奇怪。

所謂的「大秦國」在哪？

這是一段閒談，班超屬下甘英前往「大秦國」之事，也是發生在這個時期。關於「大秦國」是指何處這一點，自古以來就眾說紛紜。東洋史的著名學者都進行各類爭論。但簡而言之，不變的大致上都是指羅馬帝國，更詳細來說就是其境內的東邊區域。另一方面，就「大秦國」這個名字的意義方面，幾乎沒有人反對是指較秦朝更為偉大的國家之意。對於具有強烈自尊的中華王朝，至少僅就其文字表現來說的確是件有趣之事。

中國對於西方世界的憧憬，是跨越時代的體質之一。在這一點上，也可以明確感受到這種性質。大體上來說，包含東夷、西戎、北狄、南蠻等，中國對於周邊區域都是採取蔑視說法，但在這種情況中的「西域」一詞，卻是個具有特殊氣氛之表現。無可否認地，明確地飄散著正面含意。

「絲路」這個近現代的浪漫與「西域」這個中華自古以來的浪漫，具有相似的印象及迴響這一點，或許緣由就在於不論哪一個都是浪漫的產物。最根本在於就漢土來看，或許因為大地是與朝向西方串連，故自然而然會向西方探尋。

此外，以班超及甘英行動象徵為依據，很容易就會誇張地將其說成是東漢時代的東西方兩大帝國的交往。「絲路」這個浪漫，也僅是「若真如此就好」的程度。然而，不論在文獻或是物證方面都沒有類似內容的才是實情。

被通稱為南匈奴的集團依靠著東漢，最後終於臣服歸屬其下。在匈奴與漢往來的漫長歷史中，這次匈奴首度完全寄身歸屬於漢朝之下。他們定居在原本應該是兩國國界線的長城地帶，尤其是先前提過的鄂爾多斯地區東邊。後來更進一步地進入到中國本部內側、山西一帶。在持續地接受東漢政府提供的經濟援助同時，並擔任東漢帝國的邊境防衛以作為回饋。

在當時被稱為「屬國之騎」的就是指這個匈奴集團。不管其僅為原先匈奴帝國的一半或是一部分而已，匈奴向漢朝靠近，而漢朝則是將匈奴拉近自己身邊。由匈奴與漢朝清楚草原及農耕兩個世界的型態，終於崩解。將其一半以上的身軀放置在中華世界中的匈奴國家殘骸，很快地就會成為大幅改寫中國歷史的起因。逆轉歷史的芽，就在這裡種下胚胎。

另一方面，剩下的半邊被稱為北匈奴，也沒有在戈壁以北的蒙古高原停留太久。天災頻繁地發生。無庸置疑地，自然環境的惡化帶來了損傷。但是，造成環境惡化的原因是什麼呢？很可惜地並不清楚。

體質弱化的北匈奴，在一世紀末遭到由南匈奴與漢朝共同組成的聯合軍隊攻擊後，其中一部分往西邊遷徙，並於二世紀後半期抵達錫爾河下游地區。或許就如同過去的西匈奴，北匈奴也在哈薩克草原建立了勢力範圍。然而這也沒有定論。在這之後，其身影就突然消失在中國史中。

在亞洲東方，曾經是匈奴帝國主要根據地的蒙古高原，成為政治上的空白地帶。在匈奴體制下遭受到欺壓的人們，開始進行成為新一代草原主人之角逐競爭，不久後鮮卑就在轉瞬之間再度整合，朝向下一個世代的整編運動，草原較中國更早一步採取行動。

但在此要先說明的是，以上的敘述內容都是根據漢文文獻為基礎所寫成。至今僅有這些文件可以使用。

例如：若要用更嚴謹的說法，即使是北匈奴也只能說是隨著其漸漸遷移遠離中華，因此在漢文文獻其身影就漸趨淡化。被稱為北匈奴的匈奴帝國大型殘餘，到底是否真的變微弱了呢？或是雖然變得有些衰弱，但只是逐漸將重心移到西邊而已呢？這也沒辦法下定論，因此在文獻中被記載內容多寡，並不是直接反映其在現實中的重要度及勢力大小。文獻的絕對數量越少的古代，越是如此。尤其在這裡的情況，絕對要用心警惕不要出現草率大意的判斷。

也就是說，北匈奴消失身影的阿爾泰以西、天山、帕米爾以北及多瑙河、黑海以東—也就是從現今俄羅斯到哈薩克大草原的西北歐亞一帶，因為在當時處於東西方文獻記錄範圍的縫隙之間，故無可奈何地成為歷史資料的黑暗處。因此，即使不論再怎麼努力擴張範圍翻找歷史，就算是片毛麟角也不容易找到。

而且在一段時代後，也可將其稱為歷史空白之空窗期中，當羅馬帝國陷入解體的這個板機扣下後，改變時代的匈人（Hun）便突然現身。近代西歐學者會針對北匈奴與匈人的關係進行各項討論，也不是沒有道理。因為若把來自東方的匈人之到來作為改變狀況的起因時，自然而然地就會想知道這個匈人到底是什麼人以及為何要向西方遷移。換句話說，也就是對於這個大規模「連環追撞現象」根源處到底為何之疑問。

然而，當然不可能提出明確的結論。若沒有證據，就只是無限的推測及想像而已。關於一這一點，直接地講就是在所謂「古代史」中，只要看起來像是玩笑般具有浪漫空間之處，多多少少都會任意地講述。

不論是直接或間接，北匈奴與匈人之間是否都有某種關係？不管是肯定或否定，作者都不準備回答。但無可否認地，匈奴與Hun這兩個名稱具有相似性。雖然現代漢文將匈奴這兩個字發音為「匈奴」，但恐怕其發音在過去更接近Hun。

此外還有一點，無可否認的就是，在稱為北匈奴的這般大規模集團向西移動波潮中，四世紀後半期在南俄羅斯草原出現了來自東方被稱為匈人的集團。在這樣的壓力下，日耳曼等族開始緩慢地遷移，接著讓羅馬帝國陷入混亂、解體，並且讓歷史大幅逆轉進入新的時代—這樣的一連串歷史大變動也是明確的事實。

總之，若以廣角眼光來看時代及空間的話，從三世紀到四世紀之間，歐亞西半部（也就是涵蓋中央歐亞到地中海世界的這個廣闊地域）由東到西產生的大規模力量推移運動導致歷史變動。換句話說，變動的波潮是以連結草原地帶與定居地域之型態進行。

另一方面，當依靠對象的東漢因黃巾之亂等而崩解（二二〇年），直到三世紀後半期中國整體都陷入分裂時代後，沿著中國邊境遷移的南匈奴也在動亂的時代漩渦中再度挺立。即使在東方，變動也是連結著草原及農耕兩個世界而發生。

此外，在稍後的五世紀，被稱為匈人（Hun）或是白匈奴（Huna, Hūna）的軍事集團，也出現在印度次大陸的西北地區——包含犍陀羅國等地區，為乾燥與濕潤、畜牧與農耕的交接地帶。

若就整體來看，變動的規模是發生在整個歐亞大陸。至於變動的型態則是相似。

分散在歐亞大陸各地的匈奴及被稱為匈人、匈那這些群體，到底是不是相同種族呢？這是理所當然的疑問。然而，這也沒有答案。

其實這個問題原本就不是有太大涵義。也就是說，所謂的匈奴，就如同前述般並非種族的名稱，而是國家的名字。因為若摒除確定曾隸屬於匈奴國家一部分的北匈奴及南匈奴之外，其他名稱都只能說是將曾經形成強大帝國並統治草原世界的匈奴這個名稱，配合個別情況及需要而使用。但說不定也真的是匈奴國家的一部分，或許也有可能是擅自使用這個輝煌的名字以承繼匈奴帝國的記憶。更進一步地說，或許也有可能是被侵略者自行使用赫赫有名的匈奴這個名字來稱呼侵入者。是自稱呢？他稱呢？還是僭稱呢？不管答案是哪一個，被統稱為匈奴、匈人或是匈那這些名稱的人們，就曾一齊掀起席捲歐亞大陸的風暴，其意義在此。

無可否認地，在這些一連串現象的根源處，有著匈奴帝國的解體以及伴隨而起的中央歐亞大陸混亂局面。這些也波及到周邊地域。並終而引起歐亞大陸的巨大變動。漢朝及羅馬帝國這兩個東西方「古代帝國」，也在這場巨大變動中崩解。但是其崩解及歷史的重組，並非僅限於漢朝及羅馬帝國。

歐亞大陸的巨大變動，絕對不是偶然發生的現象。因為有共同的重要因素。稱為歐亞的這個「世界」，可說是隨著時間而變動生存。從草原而起的波潮不僅僅連結了歐亞大陸，更是讓其變動的開端。

中華王朝中的小型匈奴國家

在匈奴與漢朝這兩大帝國分別統領草原及中華的時代過去後，東方亞洲成為混亂地帶。這個混亂打破了草原及中華一分為二的架構，以連結兩個地域的方式持續發生。

偶爾，似乎可以看到些微的新時代曙光。但是，距離其成為統合樣態並確定出現，還有一段相當長的時間。時代必須要跨越幾個階段並循序漸進。

在中國史裡，經過黃巾之亂後，從割據中國本部的各地貴族、軍閥間，浮現了曹操、孫權及劉備，曹操的兒子曹丕從東漢獻帝手中接下華北地區並建立魏國（二二〇年—二六五年）、孫權在江南稱國號為吳（二二二年—二八〇年）、劉備則在四川建立漢（二二一年—二六三年），形成三強鼎立，史稱三國時代。不久後，最強大的魏國併吞了蜀漢，但其部將司馬氏卻漸漸侵轉魏國，並於司馬炎篡位改稱國號為晉（二六五年），並打敗吳國建立了統一王朝。

這就是在中國史中最受到歡迎的三國時代。這些內容並沒有錯。但只是將視野侷限於中國本部的故事。若只看這些，並無法完全掌握當時的歷史實情。而且，三國時代終究只是漫長時間間隔中的微小通道口。對後代歷史的大局勢，幾乎完全沒有任何影響。關於這一點，頂多只有約五十年的三國時代，也可說是粉飾緊接著長期的變動及混亂開端的一段傳說。

關於以這段時間為界，居住於中華區域的人們之精神及價值觀，甚至可說是人類民族融合類型開始慢慢開出現大幅改變，這個層面的意義絕對不可忽視。

如果想要以這個時期來觀察從「古代」到「中古世代」的變化樣貌，有一部份可以用此時間點為基準。再加上，若不將其當作真實歷史，而是當作被意識化的歷史圖像對於後代的影響力，讓人熱血沸騰的三國志演義這場戲劇，跨越了明清、民國時期，即使到了現代也讓許多人情緒沸騰。

下一步的開展是伴隨著晉朝在相當短的時間內崩解為開端。一步步蠶食魏國王權，接著以表面上看來是相當漂亮的禪讓形式，但實際上卻是以陰謀篡取王位的司馬氏之晉國，為了防止類似自己的篡位者出現，所以在中央權力之外也佈署幾位擁有軍事力量的司馬氏宗族諸侯。但這卻出現反效果，幾位有實力的宗族諸侯立即針對帝位發起內戰。

在八王之亂（二九〇年—三〇六年）中浮出檯面的是先前提過的南匈奴後裔。他們在雖說是中國本部，但卻是完全近乎畜牧區域的山西一帶，建立一個幾乎與曾經出現的匈奴帝國結構相同之小型國家。在該處出現的劉淵王子，成為時代展開的推手。

被列為中國正史之一的《晉書》中，除了記錄統一王朝的晉國本紀外，也有關於在華北各地興起滅亡的各諸侯政權、國家事蹟之敘述，被稱為〈載記〉。這部分的開頭就是劉淵傳（正確名稱為劉元海傳。因為《晉書》是在唐朝被編撰，為了避免冒犯到唐朝第一代皇帝李淵名諱，故將劉淵傳也改稱為劉元海傳）。劉淵傳中有針對南匈奴樣貌之詳細記錄。

劉淵是前述冒頓的後裔，屬於單于王室血統。但是沒有辦法確認出明確的直系族譜關係。而他會冠上漢朝風格的劉姓，其背景是因為漢朝第一代皇帝劉邦將皇室公主嫁給冒頓之後，藉由與漢朝公主的通婚讓漢氏血統也流入單于王室。

包含劉淵在內的南匈奴王族，在匈奴語中大家都是攣鞮氏，漢姓則為劉氏。而且這個具有漢朝王室神聖血脈的劉氏本身，因為在東漢獻帝之後，包含蜀漢（蜀也就是在四川的漢室王朝之意）劉備一族在政治上的存在也斷絕，正由於其兼具匈奴王室的身分，故也成為具有相對應政治重要存在的劉氏。

在此有一個重點，劉淵身上同時承繼了逝去的兩個帝國，也就是匈奴及漢朝的血統。在當時草原及中華的框架消失、互相侵入攻擊的亂世之中，他也就成為貴族中的貴族，王子中的王子，劉淵並不是偶然出現的個人英雄。而且，也不是單純地僅因其所率領的匈奴集團以堅強的武力而浮出時代檯面。因為在當時的東亞，可被稱為是兩個王權混血兒劉淵的存在本身就是超乎尋常的神聖象徵。

若將劉淵想像成兇猛蠻族的領導者，對於事態的解讀恐怕會有大偏頗。另一邊，作為當時王室的晉朝司馬氏等，即使說是名門貴族，頂多也不過是數代前突然竄起的現成暴發戶。王室的神聖、傳統、聲望、經驗及智慧等，都無法與劉淵家族媲美。人們並不是因為司馬氏所以跟隨，僅是因為他握有兵權才不能不低頭。

若說到暴發戶這一點，三國時代的曹氏及孫氏也不遑多讓。關於曹操的家族，據說其祖父曹騰為宦官出身（也就是說曹操的父親曹嵩為養子），這也是相當不可思議之事。不得不說曹操正是以一己之才能迅速升起的傑出人物。還有孫氏也頂多只是江東的士族豪傑，總之，就是當時的鄉下武士首領程度。

劉備的家世也是類似狀況，雖然他自稱是漢室後裔，但卻是從窮困的環境中崛起。而他會主張自己是劉氏血脈的理由，在於當時還殘留著漢室王朝四百年的幻影。相應地，劉氏這個姓氏（恐怕是鑾鞮氏也是相同情況）總殘繞著王權印象。也就是奠基於統治者的神聖，或是被認定為神聖血脈的領袖魅力。若不非常清楚地認知這一點，就無法了解劉備能浮出檯面的原因。

至今為止，對於這一部分的理解較為淺薄的原因，就在於無論如何都只把中華王朝視為文明，相反地若說到匈奴，立即就會心安理得地將其歸類為蠻族。不只如此，漢文史料的華夷思想，真的相當可怕。甚至連細微的文字表現，都有差別觀念。但相當可悲地，使用漢文文獻的人都受到每個漢文字所包含的華夷思想之束縛，而且無法輕易地擺脫。

在這些困擾之外，於近現代出現的西歐型「文明」觀念，意外地有部分與華夷思想相當接近。或許也可說是某種「民族主義者」及「文明主義者」。無論是哪一個，都在歷史研究者的意識中形成共鳴，造成混亂的結果就是偏離了現實歷史，產生以不可思議的差別觀妝點而成之虛幻現象假說。但若真是如此，或許該說這也是一種文化現象。

關於劉淵崛起之過程，儘管資料有點不足但也試著敘述。若能藉此將當時現實中以跨越華夷之別等型態出現的行動，就算不多但能舉出一些例子說明就是相當幸運了。

將場景稍微回溯，東漢中期左右，南匈奴盤據在山西一帶。根據《晉書》劉淵傳，由單于直接領導的中央部份以離石的左國城附近作為王庭所在地。由左賢王率領的左翼及右賢王的存在，也都可以被確認。

雖然勢力及疆域無法比擬逝去的大帝國時代，但即使在這個小國家，可能也承襲了左、中、右三大分割體制的結構。若是如此，當然應該也是維持了以十進位法建構的軍事、社會組織。

即使國家規模變得相當小型，但在東漢帝國中，是個雖小卻〈戰力〉仍相當強大的匈奴獨立國家。當世局變得混亂，保有自古以來的團結力及奠基於遊牧生活的騎兵戰力之山西匈奴王國，自然而然地就以屈指可數的軍事集團之姿成為注目焦點。

漢獻帝中平年間（一八四年—一八九年）開始，在東漢也進入尾聲的時候，為了鎮壓黃巾之亂，單于羌渠就命令兒子於扶羅出擊。於扶羅率領匈奴軍隊以協助漢室。因為匈奴王室與漢朝的合作互助關係，在此刻仍舊存在。

於扶羅在成為單于並逝世後，由其弟繼位為單于，同時立於扶羅之子豹為左賢王。也就是將哥哥的兒子立為太子。這位豹的兒子就是劉淵。此外，羌渠和於扶羅這兩個名字很明確都是匈奴語。但另一方面，豹和劉淵卻恐怕都是漢式風格的名字。在中國本部進行活動時，擁有漢名一定是較為方便。

從黃巾之亂開始到經歷由董卓引起的動亂，迅速升起成為華北地區統治者的曹操，他將這個雖然危險但強悍的匈奴軍團作為最佳戰力而併入。而且，更進一步地將匈奴王國分為五個新的部份。

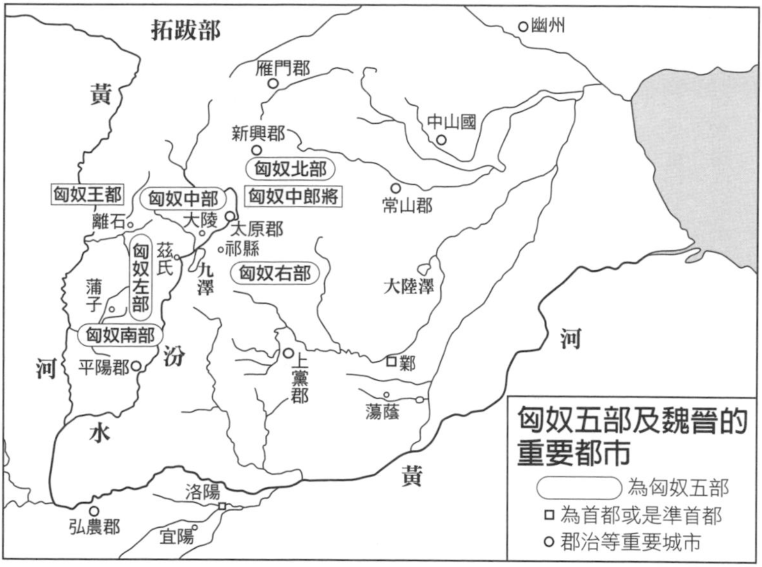

圖六

此時，根據紀錄，豹被任命為左部元帥。但是，他原本就是左賢王，因此這樣的分派應該也是理所當然。剩下的四部分別為中、右、南、北各部，但不論是哪一部，皆由劉氏也就是匈奴王族為統帥。

若說到由曹操進行的匈奴五部切割，聽起來似乎在曹操麾下的匈奴集團被重新組成且完全受到統治管理。但總覺得這是從中央政權端看到的型態，亦即應該是在原則及現實折衝後取得的表面組織，在其底部的真實現狀應該是既有的王國體制並未受到太大改變且依然存續。新設立的南北二部，只不過是配置在山西這塊稍長型土地之南北二處。

於是，進入晉武帝也就是司馬炎的統治時代。匈奴的五部體制，也繼續維持原樣。在《晉書》中記錄的五部之各別所在地，請見圖六。

豹的妻子為呼延氏。在司馬遷《史記》中所記載的三種匈奴貴族姓氏，就是以呼延氏為首。在這一點，果然可見到匈奴帝國的傳統仍然存續。

劉淵是由呼延氏所生。在血統上為純正匈奴王子的劉淵，從小就愛好學問，師事匈奴王國東邊鄰處、上黨郡的崔游，學習毛詩、京氏易、馬氏尚書，尤其喜歡春秋左傳及孫吳兵法，不論是哪一個皆是琅琅上口。此外，《史記》、《漢書》等諸子百家，皆是綜覽無遺。

即使將上述內容稍微打折來看，劉淵對於基礎漢文化教育大概也是有所心得。不只會說漢語，應該也是可以讀漢文書籍。似乎喜歡歷史及兵書這一點，應該是心存敬愛之意吧！總之，劉淵絕對不是個粗俗的匈奴人。

更厲害的是，據說劉淵原本是個文人，但聽說同門的朱紀及范隆這兩位應該是漢族的人表示相當惋惜他非文武兩全，因此發起念頭也開始學習武術。若真是如此，就好像劉淵是個完全不懂世事的貴族公子。

然而，當他學會武術後，就擁有超越眾人的戰技。利用長長的手臂而擁有絕佳射箭技術，肌力（指腕力及體力）也超乎常人。再加上，身高有八尺四寸。鬍鬚的長度超過三尺。而且，鬍鬚的正中央有三根紅色細毛，據說長達三尺六寸。因為此時的一尺大約是二十四公分，故身高超過二公尺，鬍鬚下垂長達七十公分。真是堂堂挺立的身軀。因為一般漢族包含鬍鬚在內的整體體毛都較少，故劉淵的外觀可說是血統純正的匈奴人。

將匈奴與漢朝王室血統集於一身的劉淵，事實上擁有相符之外貌儀表及教養，也是個武功高強的人。同時會說匈奴語和漢語這一點更是不遑多讓。

雖然說各列傳通常都會美化主角，但《晉書》中記述的劉淵樣貌，讓人不禁擔心是否被過度理想化。《晉書》的編纂者，是在中國史上以作為名臣代表被並稱為「房杜」的房玄齡（另一位為杜如晦），以及唐太宗李世民的大臣幕僚。

熱衷於建設唐朝這個新型大帝國以及創造由李世民自己帶頭做起的明君形象之李世民政府，有著特意樹立劉淵正面形象之理由及氛圍。就如同後續會說明，唐朝也是以王朝接力賽方式承繼數個鮮卑拓跋部血脈之一連串「拓跋國家」的最後一棒，鮮卑族成為中國之主的道路與劉淵興起開展的客觀事實及對其之想像，恐怕就投射在對他的記述。

魏元帝曹奐咸熙年間，也就是魏國在名實方面皆被司馬氏篡奪而滅亡前的最後兩年間（二六四年—二六五年），劉淵作為「任子」而身在首都洛陽。所謂的任子，就是根據父親的官位而被任官。總之，就是人質。

當時中央政府的實權者，就是擁有晉王稱號的司馬昭。繼承父親司馬懿及兄弟司馬師之位，是司馬氏權力集團的第三代。篡奪王朝之日就在眼前，是個僅差正式登基成為皇帝的掌權者。

司馬昭真不愧具有這個家族傳統，是個軟硬不吃的傢伙。西元二六〇年，魏國第四代皇帝曹髦被禪讓革命這場鬧劇所迫，試著進行希望渺茫的抵抗。這就是「前所未聞由天子發動的政權革命」（吉川忠夫「竹林七賢」世界思想社、一九九六年）。

然而，司馬昭輕易地就壓制住了行動。曹髦雖為天子，但在死後卻被視為毫無價值的王族，故被稱為高貴鄉公。

冷酷無情的司馬昭，則是給予匈奴王子劉淵「厚重的對待」。當然並不是害怕少年劉淵本身，而是熟知其背後山西匈奴軍團的厲害。為了成就帝王之日，而慎重地給予對待。比起同樣身在洛陽也可說是「被束縛的人」、雖是皇帝但不過是囚人的曹髦，劉淵反而相對是更重要的存在。

但在這之後，司馬昭在尚未登上念茲在茲的皇位之前就突然病死。司馬氏的「大業」就由司馬昭的嫡子司馬炎代為完成，即位稱晉王並立國號為晉。此時為公元二六五年。

在成為天子後的晉武帝身邊，不斷地有人針對此時仍舊不得不被限制在洛陽的劉淵進行推薦或警告其要嚴加戒備。事實上，在重視、評價劉淵這件事情本身並沒有任何變化。但是，深深地讚賞劉淵潛力的人反而轉為警戒論者。

簡單來說，大家一致認可的就是當劉淵的才幹與匈奴五部群眾搭配組合在一起時，這個力量將相當可觀。問題就在於要用或不用。警戒論者就是擔心使用之後會發生的事情。

首先，晉武帝咸寧五年（二七九年）開始對吳國發動作戰之前。對話內容：「若任之以東南之事，吳會不足平也。平吳之後，恐其不復北渡也。」

也就是說，恐怕將在江南地區出現匈奴政權。武帝不得不沉默地點頭認可。

接著，到了咸寧十年，晉朝西北邊境持續發生獨立運動，把進行討伐的晉軍各個擊破的鮮卑族禿髮樹機能（禿髮是部族集團名稱，樹機能則是名字）轉移到涼州（武威）。為了進行對其鎮壓，與之前相同的人物又再度開始倡導警戒論。

對話內容：「元海若能平涼州，恐涼州方有難耳。蛟龍得雲雨，非復池中物也。」

在此狀況也是，推薦論僅就其有用之處而言，警戒論則是擔心在成事之後的獨立。武帝果然放棄起用劉淵。

劉淵就在洛陽被養而不用。若持續下去，終將在洛陽直到老去腐朽死亡，年輕的劉淵開始感嘆自身命運的不幸。在送別即將離去洛陽這個都市的朋友時，劉淵就一邊低聲啜泣一邊高歌，同在一旁的人也不禁跟著哭泣流淚。

然而，最終出現一個契機，開始有人出面倡導若一直將劉淵安置一旁不加以利用，反而會是晉朝的損失之意見。尤其是與劉淵同鄉、出身太原王氏且為朝中重臣的王渾更是積極推薦，他與劉淵從以前開始就結成莫逆之交。武帝的想法改變了。重要的對外戰役仍舊不予起用，但判斷若持續養而不用，恐怕會招致匈奴集團的暴動。

而且剛好劉淵的父親豹去世，武帝就讓劉淵返回故鄉山西。在匈奴五部中的左部元帥，不僅是父親舊有職位，同時也繼承過去左賢王的名號。於是，縱虎歸山。《晉書》的編纂者們應該是想這麼說吧！

由匈奴族建立的漢朝

此後，英雄故事在當地實現。終於回到山西同胞身邊的劉淵，發揮了完美的指導者姿態。「輕財好施」等品德，與其說是表現氣派大方的領導者風範，不如說是為了這一天而準備。

在劉淵身邊，不僅有五部的俊傑，就連山西及今天北京一帶的名儒秀士也都不遠千里來這歸附，《晉書》有以上的記載。雖然是既定的文字敘述，匈奴集團熱情地期待久候的「統治核心」出現，而這也波及到了周邊的漢族。應該可以這樣思考。

在繼承武帝之後的惠帝（司馬衷）統治時代開始，劉淵曾經一度被任命為五部大都督，甚至被授予漢光鄉侯之封號。也就是晉朝政府正式承認劉淵為山西匈奴集團的首領。「漢光」這個封號，大多是意識到劉氏的漢族身分。

但是到了晉惠帝元康年間末期（二九九年），匈奴部族群眾發動反叛動亂並出塞。此處之塞，就是指長城。在匈奴部族群眾之中，也有人離開山西，往北方蒙古高原而去。劉淵因此受罪而被削去官職。

在此，劉淵在形式上被惠帝政府解除其身為匈奴首領之地位。但是時代的風雲出現了告急狀態。惠帝之弟、成都王司馬穎上表請求立劉淵為監五部軍事。這是為了劉淵而出現的調停動作。

此時，在司馬氏一族之間，身為屈指可數力量者的成都王，駐守在太行山東側要衝之地鄴。實質上，成都王陣營是希望藉由這個好不容易想出來、同樣具有匈奴集團首領地位意涵的別名，將關鍵人物劉淵拉攏進來成為自己人。

另一方面，惠帝真的是一位無可救藥的笨蛋。在中國史中，死後被冠上惠帝的天子，原本就全部都是窩囊沒用的人。在思考謚號方面遭遇到相當困難時，因為若是天子的話，只要具備該身分，在位期間最少最少都應該會施恩於民吧！基於這樣的原則就用惠帝之稱。

再加上，不知是討厭惠帝還是其他原因，皇后賈氏一族及同黨就將笨蛋惠帝作為傀儡掌握政權，並且毫無節制地放肆作為。對外戚干政發動反叛戰爭的趙王司馬倫（武帝的叔父）終於揭兵而起。此時正好為公元三百年。

從此開始，司馬氏同族變成家族相戰的大爭亂源頭。也就是所謂的八王之亂。在此就不對爭亂的過程逐一詳述。因為沒有間隔段落，而且顯著地亂七八糟（詳細經過請參見福原啟郎《西晉武帝：司馬炎》白帝社，一九九五年）。

此時，劉淵將上表舉薦自己的成都王視為貴人，為了回報其恩德，於是演變為被挽留在其駐守地鄴之形式。這樣的動作應該就相當足夠了吧！當然從成都王陣營的角度來看，因為已經進入了軍事力量會說話的爭亂時期，能將匈奴集團的象徵劉淵持續掌握在手中所代表的意義，就更不用多說了。劉淵再次成為「囚人」。

然而，司馬氏王族的爭亂，對於長期被逼出關外的山西匈奴集團來說，可是個回復獨立的絕佳機會。正是期待已久的時機到來。

根據《晉書》劉淵傳記載，此時身為劉淵大叔父的右賢王劉宣及山西匈奴群眾，聚集在一起並說了以下的話：

「昔我先人與漢約為兄弟，憂泰同。自漢亡以來，魏晉代興，我單于雖有虛號，無復尺土之業，自諸王侯，降同編戶。今司馬氏骨肉相殘，四海鼎沸，興邦復業，此其時矣。」

由此段話可清楚地得知其欲表達之意。彷彿親耳聽見匈奴族領導階層的聲音。這可說是經歷匈奴王室及漢朝王室長期共存的歷史，但在魏晉兩朝卻受到相當屈辱待遇的匈奴王族之自尊呼喊。

於是，匈奴一族決定採取自立行動並推舉劉淵為大單于。因此派遣名為呼延攸的人前往鄴，向被挽留在成都王麾下的劉淵祕密傳達此消息。

擔任使者的這位呼延攸，並非一般人物。是前述三個匈奴貴族之首的呼衍氏。衍及延只是同音異字而已。而且根據紀錄，劉淵的母親及妻子都是呼延氏（由此事也可以得知，對於匈奴王族攣鞮氏來說，呼衍氏是成為外族聯姻對象的姻親集團。就如同後世，蒙古帝國時代的成吉思汗王族與弘吉剌姻親集團的特殊關係）。不僅如此，呼延攸還是劉淵妻子的兄弟。被任命留守在山西匈奴集團的劉宣所派遣的這位擔負命運任務之祕密使者，除了原本就是匈奴中少數的傳統貴族之外，對於劉淵來說還是母系親戚的姻親兄弟。

聽到傳話後的劉淵，立即以參加葬禮為由，提出返回故鄉山西的請求。但是成都王沒有答應。這也是理所當然的事情。

在沒有辦法之下，劉淵就派遣呼延攸先行回鄉。並且轉告劉宣們，立即招集五部匈奴並宣稱是為了呼應成都行動而共同引進宜陽諸胡，但事實上卻是為了反叛（總之就是為了獨立運動）所做的準備。

在此所言之宜陽，位於鄰接東漢以來歷經魏晉兩朝皆為首都的洛陽西邊。從西到東流過並貫穿洛陽的洛水之稍微上游處，以直線距離來說頂多只有七十公里之處。

對於成都王來說，現階段是敵人中敵人的東海王司馬越（與武帝司馬炎同一輩份。總之，總是惠帝及成都王的上一代長輩。稍後會出現的東嬴公騰之兄長）挾持惠帝作為傀儡並佔據洛陽，可說是位於背後的威脅性存在。但在洛陽不遠處則有諸胡的存在，這是一個具備移動性、集團性及肯定具有軍事力量之非漢族集團。

專欄

中華正中央也有牧民世界

順帶一提，此種景象是當時的真實狀態。不僅如此，事實上直到現代也沒有太大的改變。若試著在洛陽周邊的山野林地間漫步，經常會遇到邊追趕著形成小團體的羊群而逐漸趨近的穆斯林牧民。他們不住在城鎮街道上，而是居住於山野之間。

洛陽周邊一帶正是中國本部的中央部位。也正因為如此，自古以來就把洛陽當作「中土」也就是大地的正中央思考，故能在此定都者就是真正的中華王朝。即使在貨真價實的中華之中的中華也是如此。若以現在的省來說，甚至是河南、山東及山西，廣佈於城鎮與城鎮之間的山野林地，經常都是牧民世界。在中國本部，一邊是漢族的文明世界，另外一邊則是長城之外由沙漠與草原交織而成的牧民質樸世界——這樣單純的二分法，就如同已經重複說過許多次般，真的是很奇怪。

扼要地說，劉淵為了對應變動頻繁的情勢，所以讓山西匈奴集團採取作戰體制，做好準備隨時都可以進行獨立行動。與此相伴的就是命令大家目前要假裝是從背後威脅首都洛陽的異族集團也起而呼應，表面上是站在成都王陣營這一邊給予聲援。這當然是為了讓自己能平安無事地脫離成都王麾下所做的準備工作。

時間來到了永安元年（三〇四年）七月，自立為大都督的東海王越，以擁戴惠帝之名義從洛陽發兵，進行討伐成都王穎的征戰之旅。一路上號召徵兵共同參與的結果，軍隊勢力擴張到近十餘萬，一直延伸至司馬穎所在地鄴南方之蕩蔭。隊伍前後距離長達約四十公里。

史稱此為蕩蔭之戰。戰鬥以出人意料之外的形式展開。僅只一天的會戰，政府軍就完全崩解。而且連具有大義名分的惠帝也都被成都王所擒，並將其迎入鄴城內。這一幕讓被稱作「八王之亂」、激烈反覆且亂七八糟的動亂出現逆轉。

在此時，成都王將劉淵任命為輔國將軍、負責北城防禦。不僅沒讓他到前線作戰，還讓他擔任離戰場最遠、鄴北方之守衛。恐怕是擔心劉淵會叛逃到亂軍之中。

緊接著，擊破東海王部隊、於此時得到正統政權之名的成都王，甚至將劉淵從為冠軍將軍封為盧奴伯。這可說是破格提升的待遇。因為這次的任命是以惠帝之名義進行，故劉淵成為晉朝政府中的重要人物。

當然，這只是形式上的作為。對於連作戰都沒有參加的劉淵之禮遇，是以禮遇之表面形式讓其繼續留在身邊的手段。「人質」是劉淵無可避免的宿命。命運在離開劉淵之處，又自動地回到劉淵身上。

但是這並非最後結果。這次換從鄴的北方開始，強大的軍事勢力逼迫而來。并州刺史東嬴公司馬騰聯合安北將軍王浚，以打倒成都王鄴政府為名而發兵。所謂并州，就是以太原為統治機構所在地而管轄整個山西北半部地區。也就是說，與山西匈奴集團主要根據地，幾乎完全重疊。司馬氏一族的最後支流司馬騰為該處的刺史，也就是當地行政長官。

另一方面，王浚則為以現今北京地區為中心的幽州一帶之軍事司令官。從以前開始就與鄰接的鄴之成都王陣營不合，而成都王就以象徵正統性的惠帝為後盾，開始進行剪除王浚的動作。對他們來說，已經是刻不容緩的時刻了。

若從晉朝之立場來看，這兩方勢力都是為了防備北方邊境所安置的軍團。而這兩個卻同時相互發兵進攻。情勢可說是更加混亂。

若從司馬騰及王浚的立場來說，為了防守北方邊境，即使在八王之亂越加深刻之時，也沒有採取任何行動。但是否能簡單地將此行動當作是為了觀察情勢變化呢？若當他們也出動軍隊的話，對於已經在長城線內外大張旗鼓的各種非漢族集團來說，就會出現眼前的牆壁消失之局勢。必定會讓變動更加驚天動地。

但是，當局勢變得差點連自己都無法保全時，早就已經不是可以談論長久未來之事。司馬騰及王浚雙方都認為個別單獨採取行動將會不利。故聯合雙方的邊境軍團，並認為若能以其威力介入帝國內亂的話，應該可以握有局勢之決定性一票。

在此之外，這兩個軍團還有一個無法輕易忽視的重點。那就是其中包含有遊牧民騎兵部隊。也就是司馬騰所率領的并州軍團中之鮮卑拓跋部、王浚所率領的幽州軍團中之鮮卑段部及以羯朱為首領的烏丸部隊，都分別參加其中。總之，這兩批軍隊都是跨越漢族及非漢族框架的混合部隊。

關於鮮卑的兩部及烏丸，將於別處進行說明。但同樣都是突厥・蒙古人，尤其是鮮卑拓跋部，將成為背負下一代使命的集團。八王之亂不僅是單純皇室內亂的分歧點，更可說就在這個時刻，雖然一部分看起來是以下犯上，但更接近現實來說，混合了草原及中華、漢族及非劉族的時代，就在這之後，以清楚的姿態出現。

專欄

鮮卑與烏丸

在一世紀中期，匈奴國家的「南北分裂」之後，在蒙古高原出現兩個來歷非常相似的集團，即鮮卑與烏丸（或是烏桓）。不論哪一個都是繼承了在過去匈奴帝國成立初期時，身為最強敵手勢力的東胡血統，是其同源。

東胡就如同其名，是以蒙古高原東邊界線的大山脈、興安嶺一帶為根據地。其後裔的鮮卑及烏丸也都相同。西拉木倫河（蒙古語為黃色河流之意。指遼河）流域的大草原以北為鮮卑，稍微南邊的老哈河流域（也就是清代以後所謂的熱河地方）則為烏丸所在地。

可能這個所在位置的差異，就是帶給這兩個可說是近族集團命運大不同的要因之一。也就是說，鮮卑享受到時代的光芒，但烏丸卻是受到時代陰影的逼迫。鮮卑是區分成數個集團的龐大勢力。在漢字文獻裡是以「部」來表現這種集團。但是，他們長期以來卻無法整合成統一集團。

鮮卑族在二世紀中期左右，出現名為檀石槐的英雄。將北匈奴的一部分合併、聚集高原各種勢力，實現東從滿洲西至準噶爾盆地的龐大版圖。史稱鮮卑帝國。但是由檀石槐進行的草原世界重組，只是非常短暫的一瞬間之事。伴隨著他的死亡，鮮卑帝國也就一口氣地瓦解。好不容易才被合併的鮮卑系各集團也在這之後，分別選擇了各自的道路。依據漢字的「部」為單位，各自出現了世襲王朝。

在此之後，東漢也崩解了。三世紀開頭，就在由董卓、袁紹、袁術、曹操等群雄進行的中國再整合主導權爭奪戰日漸擴大之際，即使在高原地區也同樣由鮮卑族中相繼出現步度根及軻比能等權勢者進行合併運動。草原及中華，就算是草原的起步較早一點，但兩者幾乎是以相同方式變動。

然而不論是步度根或是軻比能，兩者皆是漢字音譯名字，多少也可以用其推測出原本的突厥．蒙古語名字，但也不過是一種推測。

順帶一提，關於以鮮卑為首的多種族，若要進行確認其為突厥系或是蒙古系，事實上是不可能的，也是沒有概念的行為。不可能有人種方面的確立證明。在語言方面終究也鮮少能有突厥・蒙古語這種曖昧的解釋方式。因為我們根本不知道在蒙古語正式成為可被判定的一種語言之蒙古時代以前，原本這兩種語言之間到底有沒有有可能畫出清楚分明的界線，或是甚至連這條界線根本都不存在。

在晉朝面臨崩滅問題的三世紀後半期，鮮卑族之拓跋、宇文、慕容、段及乞伏等各「部」，都幾乎在同一時期分別南下出擊。在這一段時間，若以廣義的角度觀看整體時間流動，從匈奴及漢朝這兩個時間悠長的大帝國時代開始，經歷過鮮卑、魏晉的短暫統合時期，更加龐大的分裂、再組成、統合漩渦已經席捲了整體的草原及中華。

另一方面，烏丸則不像鮮卑形成一個龐大集團，一個問題就在於他們的居住地實在太接近中國本部。老哈河流域幾乎就在現今北京地區的內側。

烏丸具有強烈的獨立意識，隨著匈奴國家的動搖，經歷過隸屬於匈奴及漢朝兩國時期，更進一步地歸屬於東漢。終於在東漢末期的群雄爭霸時期，出現名為蹋頓（這也是漢字音譯）的英雄豪傑，成功地合併將近大半的部眾。

然而這樣的局勢變化，對於迅速升起成為華北霸主的曹操而言，卻是相當危險之事。因為蹋頓和曹操的敵人、河北之雄袁紹結為同盟。

在思考曹操的霸業時，有一個重點是於建安十二年（二〇七年）對於烏丸的攻擊行動。曹操抱著必死之決心對抗這個豈止是眼前毒瘤，甚至已經成為重大軍事威脅的烏丸。其軍隊攻進了烏丸主要根據地的柳城，而烏丸首領蹋頓也在此役中戰死。

不論是對曹操來說或是對烏丸而言，這都成為一個分歧點。烏丸聯盟就在正要從自立朝著發展茁壯之際崩解。大多數的烏丸族都被編入曹操勢力組織中，變身成為其機動部隊。也就是在歷史上享有盛名的「烏桓突騎」。

關於山西匈奴集團也是同樣狀況，很容易就忽視這些遊牧民騎馬戰士存在於曹操的軍事力量之中，實在是件很可惜之事。如果換一個角度重新觀看，相信「三國志」這個歷史會有更不同的呈現。

至於烏丸的殘餘勢力在鮮卑族逐漸南下的波潮中繼續生存一事，就如本篇所述。但是，對於已經失去大半勢力的烏丸來說，要在紛亂的時代中以一己之力建立地位之路，幾乎沒有被留下任何空間。

回到之前話題，面對屢次襲擊而來的龐大軍團，成都王感到相當困惑並找劉淵商量。此時成都王與劉淵的對話，充分說明了當時的狀況。

想要回歸山西的劉淵，話中有話地向司馬穎說。

對話內容：「今二鎮跋扈，眾餘十萬，恐非宿衛及近都士庶所能禦之，請為殿下還說五部，以赴國難。」

但是司馬穎沒有同意。

對話內容：「五部之眾可保發已不？縱能發之，鮮卑、烏丸勁速如風雲，何易可當邪？吾欲奉乘輿還洛陽，避其鋒銳，徐傳檄天下，以逆順制之。君意何如？」

面對完全感到膽怯甚至連逃亡計劃都想好的成都王，劉淵持續進行爭論。

對話內容：「殿下武皇帝（指司馬炎）之子，有殊勳於王室，威恩光洽，四海欽風，孰不思為殿下沒命投軀者哉，何難發之有乎！王浚豎子（小傢伙之意），東嬴疏屬（王族的末流），豈能與殿下爭衡邪！殿下一發鄴宮，示弱於人，洛陽可復至乎？縱達洛陽，威權不復在殿下也。紙檄尺書（也就是書面之徵兵文），誰為人奉之！且東胡之悍不踰五部，願殿下勉撫士眾，靖以鎮之，當為殿下以二部摧東嬴，三部梟王浚、二豎之首可指日而懸矣。」

成都王輕易地就被說服。他非常高興地任命劉淵為北單于、參丞相軍事。

在此處可見到成都王的毫無自尊，但這也是沒有辦法的事。認為只要逃入首都洛陽就總會有辦法這一點來看，終究也不過是個愛撒嬌的年輕王子。而這般貨色都被認為是八王之中最具權勢者，可以想像司馬氏一族之狀況。成都王能有今日成就，是託至今為止運氣都不錯以及麾下有優秀的參謀幕僚這兩點之福。然而，在內部暗鬥之下已經失去了支撐的參謀幕僚，而且好運也急速地消失。當回到什麼都沒有的處境時，他也就成為可以與其兄弟惠帝比擬的蠢材。

但在此時此刻，這已無關緊要。應該要注意的是，不論是成都王或是劉淵都清楚地共同認知到五部匈奴的精實以及位於其後方的鮮卑、烏丸之恐怖。

只要有「勁速如風雲」的鮮卑及烏丸在敵方陣營，五部匈奴就不會輕易地草率行動。即使行動了，鮮卑及烏丸的騎兵軍團就會從背後襲擊。而且會更進一步地就進攻到鄴吧！——就算是愚昧如成都王，也知道這些狀況。或許不如說是對於鮮卑及烏丸的強勁騎兵有相當程度的恐懼。

相對於此，劉淵的回答就相當有趣：「不對，鮮卑及烏丸者，終究也不過是過去的東胡，絕對不是我們五部匈奴的對手。」當劉淵自信滿滿地說出這些話時，接受這種說法並且感到高興的成都王也是相當有趣。

劉淵會故意提出過去的事情並表示頂多不過是東胡罷了的這想法，應該是意識到匈奴帝國的光榮歷史而說出的話語。也就是我們自已匈奴可是主人，身為僕人的東胡怎敢做出違反情勢的這種氣度。

事實上，這一點出乎意料地重要。也就是說，在這之後當山西匈奴集團開始採取打倒晉朝並自行建立帝國的行動時，不論是鮮卑各集團或烏丸都靜觀不敢出聲。當然，應該也有觀望的成份。但應該是因為他們對於舊匈奴帝國仍然記憶深刻，並且殘留著尊重攣鞮氏血統的氛圍。

以中華風格統稱為五胡十六國的這個大分裂時代，為何會由匈奴集團扮演其開幕角色呢？對於這個問題的回答，除了現實上具備的傑出軍事能力之外，也不可忽視非漢族群體們的共同意識。

總之藉由這些話語，劉淵博取了成都王的愉悅，進而離開鄴並回到思念已久的主要根據地山西左國城。該處是東漢時代以來南匈奴單于的王朝所在地。劉宣等人恭奉劉淵稱號為大單于。在短短的二十天之內，集結了五萬匈奴軍團。

另一方面，幽州的王浚命令將軍祁弘率領鮮卑騎兵軍團進攻鄴。此為迅雷不及掩耳的快速襲擊行動。成都王無法沉住氣，就只帶領少數的隨從而與兄長惠帝一同以洛陽為目標落荒而逃。採取了劉淵說絕對不可行之行動的成都王之命運，也就瞬間急速下滑。

接到鄴已經淪陷之通報的劉淵，不屑地而出「穎不用吾言，逆自奔潰，真奴才也。」也就是說真是個混蛋的意思。雖然口中那麼說，不過劉淵認為約定就是約定，故預計前往救援。分派給右於陸王劉景及左獨鹿王劉延年兩萬步騎兵，命令前往討伐鮮卑。由這一點可以知道劉淵是相當重信重義，或是當時仍未下定決定確定要打倒晉國。

此外，在此處見到的劉景及劉延年，因為以劉氏為姓故應該是攣鞮氏。而其王號也正是以左右兩翼並列。

相對於此，擔任山西匈奴集團整合角色的劉宣，態度堅定地進行諫言。《晉書》中以戲劇性方式記載劉淵與劉宣的對話。

劉宣說：「今司馬氏父子兄弟自相魚肉，此天厭晉德，授之於我。單于積德在躬，為晉人所服，方當與我邦族，復呼韓邪之業，鮮卑、烏丸可以為援，奈何距之而拯仇敵！今天假手於我，不可違也。違天不祥，逆眾不濟；天與不取，反受其咎。願單于勿疑。」

劉淵回答：「吾又漢氏之甥，約為兄弟，兄亡弟紹，不亦可乎？」

於是永興元年（三〇四年），劉淵決定自立並登位稱為漢王。更進一步地，在與晉國的對抗戰爭趨於有利狀態、逐漸可以看到最終結果的四年後永嘉二年（三〇八年）時，宣告登基成為皇帝。這是由匈奴建立的漢朝。

到這個階段，不管說是漢王或是漢朝皇帝，其所代表的意義應該不用再多加贅述。以過去悠遠的歷史及經過為背景，在某種意義上是該出現的局面終於出現了。

被中華斷代史觀念遺漏

成為漢帝的劉淵，在短短的二年後永嘉四年（三一〇年）時去世。此時為打倒晉朝作戰的最盛時期。比起享受個人的榮華富貴及幸福，開展新時代的命運才更為符合具備該象徵性血統及才幹所被賦予背負的生涯。說不定他的英年早逝，是該匈奴王國以短命終結的原因之一，並且進一步地成為造成政情再度陷於混亂的遠因。

儘管如此，失去劉淵之後的匈奴族漢朝，依舊繼續追擊漸趨貧窮的晉朝。永嘉五年（三一一年），晉朝首都洛陽在漢朝匈奴軍前陷落。通常將這個時期前後的動亂稱為永嘉之亂。事實上，則是政權交替。然而，將此形容以對晉朝施予暴虐般「異民族之反叛動亂」說法，是拜中華思想所賜。

以晉為名的這個王朝國家，在此滅亡。而推戴該王族的一位人士、在曾經是吳國之地「重建」的東晉，雖然在名義上繼承了相同血統，但作為一個政權或是國家卻是完全不同之物。

輕易地將它以相同國家般對待，就是傳統的斷代史觀念。雖然為事實但卻拒絕承認由匈奴族漢朝所進行的交替之觀念，大多是受到華夷思想、正閏論、正統史觀的影響。

那是一個在現實狀況中無法明確區隔「異民族」或「漢民族」的時代。時代就是這麼樣地在超越了近代主義偏狹又小家子氣的「民族」侷限下進展。

原本在這個時代，「民族」等都未被明確區分，也根本什麼都沒有。直接一點地說，就算是「漢民族」的成立也是在相當久遠以後之事。再者，這是經過融合、吸收以及變遷的過程，況且以「漢民族」為前提之下作為其相反詞的「異民族」及「少數民族」等詞語，亂用在這個時期，這件事本身就只能說是毫無道理。

總之，一個時代在此終結，下個時代已經展開。這就如同常言道一般，確實是個大分裂時代。但在另外一面，卻也是個大融合時代。在人種、文化、生活、地域、政治、社會、語言、風俗及習慣等，在各個面向上都有交流。

在這一點上，沒有必要認為那是黑暗的分裂時代。反而不論是在草原或是在中國，構成其後歷史基礎的許多部分，可說是在這個時代中慢慢地形成樣貌。

關於由晉漢交替開始的各種轉變，已經不用在此嘮嘮叨叨地說明。只需要將焦點集中在時代及歷史的基本構圖。

從四世紀初開始到五世紀初中期左右的中國分裂時代，通常將其稱為五胡十六國時代。所謂的五胡，就是指匈奴及其旁支的羯、西藏系的氐及羌以及鮮卑。因為他們接連地在華北各地建立政權，合計共有十六個國家的興起與滅亡，故得此名。

然而，這也又有不得不說是中華思想產物的一面。想像來源之一是《晉書》的記載。在該書的序中，房玄齡將這個「時代」總括說明，總計是以劉淵宣告建立漢朝的永興元年（三〇四年）開始到戰國時代（五胡十六國）共計延續一百三十六年。

這很明確地是根據存在於甘肅的匈奴系弱小政權北涼於西元四三九年滅亡為終結。而且，真的是太過巧合，隔年四四〇年開始，就剛好以北魏英主太武帝之全盛時期年號太平真君元年為基準。在這之後，華北地區北魏的「北朝」及江南地區繼承了東晉之宋朝以後的「南朝」接續，也就進入了所謂的南北朝時代。

但是若稍微冷靜地思考的話，北魏早在西元四四〇年以前就已經存在。而且，若更進一步地思考回溯到被稱為代國的建立於山西北邊、長城地帶之弱小割據政權時期的話，幾乎是在五胡十六國時期的一開始就已經存在。儘管如此，這個代國仍舊未被列入十六國中。

相反地，這次將時間往後推，這個由鮮卑拓跋部集結而成的代國，在成長至稱為北魏的華北地區統一政權之後，又分裂為東魏及西魏，並且各自更換國名為北齊及北周，而這個北周又從隋改換成唐。總之，這些政權全部都是以鮮卑拓跋系集團為主要核心建構而成的一連串朝代。不管要從哪裡開始到哪裡結束做出明確截然的切割，真的是件相當困難的事。

從代國開始經歷北魏，接著到唐這個朝代，雖然中華風格的王朝名字不同，卻是個連續的國家。但若將目光放到權力實體本身的繼續性、共通性的話，在現實中反而有部分面向是將其統一視為「拓跋國家」會更為恰當。可說是在其共通的基礎、架構之中，各王朝各自展開其獨立性。關於這一點，西方人將五世紀左右到九世紀之間的中華一帶稱為「Tabgach」或是「Tabgac」，真的是太正確了。所謂的Tabgach就是拓跋的訛音，正是將「拓跋國家」就是中華帝國這個現實直接地表現。不僅如此，正因為是由外觀之的角度，反而更能以直率的眼光直接呈現出事實及實際狀況之樣貌。

筆者敢說，包含西元四四〇年即太平真君元年前後，直至九〇七年唐王朝滅亡為止，可以說五胡中的突厥、蒙古系鮮卑的血脈在「拓跋國家」的中心連綿延續。

所以說，將其稱為五胡十六國，除了如同先前所述是便於時間設定之外，也是相當取巧的文字組合。五胡之中的羯是匈奴，實在沒有必要將其特別分開列出。總之，就是因為「五」這個數字太好了，故想要這樣組合。還有，就算說是十六國，但事實上也包含了由漢族建立的政權。這也又是因為「十六」這個數字聽起來較順，才故意這樣搭配。此外，在劉淵的漢朝之後，其血脈改稱趙，故其部下石勒當然使用國號為趙，但因此而將這視為完全不同之物，並區分為漢、前趙、後趙這一點也是相當奇妙。若簡單地說成是斷代史觀念的話，直到這一階段為止，實際狀況應該都是以匈奴王朝為一個國家吧！總之，「五胡十六國」這個稱呼本身，帶有濃厚的人為意圖成分。老實說，是個從漢語語句的順耳程度及政治上的思想作為，而特意做出的用語。

然而，如果我們以毫不懷疑的率直想法聽到「五胡十六國時代」的話，會被誤導為好像只有這個時期是「周邊蠻族」在中國橫行的時代。但事實上，觀察整個中國歷史發現，可以被稱為純粹的漢族王朝的頂多也只有漢、宋、明這三個朝代。

此外「十六國」這個表現方式也是展現出蠻族們的各個政權是如此地在短時間內興起滅亡，亦即如何地粗野欠缺永續性，是個乍看之下名副其實的證據。那麼關於之後的五代十國時代又是如何呢？至少南方的「十國」，全部都是短命的漢族政權。

首先，即使是非漢族政權，拓跋的北魏及唐也都相當長命。將這個北魏及唐稱為中華王朝，但將五胡十六國稱為異族王朝，真的能說他們截然不同嗎？

簡單來說，這接近於欺騙，也就是隱含了特別意圖的區別作為。就如同後面將說明般，當然就是鮮卑拓跋聯合體出身的唐朝之「意圖」。因為討厭被指指點點是出之「異族」，可說是為了想要讓人看起來像是正統中華王朝的唐朝所演出、根據中華思想的幻影。不管是在所謂的「五胡十六國」或是在北魏之後的各國家，純正無瑕疵的「異族政權」及「中華王朝」等，原本就事實上不可能存在。無論是政權方面或是民眾方面，雖有程度的差異，但都是漢族、非漢族混合的狀態。當時就是如此。

但是，要特意說明的只有一點。成為樹立政權的關鍵是軍事力量這一點不容忽視，不管集團規模大小，任何政權主要的核心部份是軍事集團，包含拓跋國家在內幾乎都是如此。但為了避免誤解，「漢族」被吸收進入異族政權的也並非全部都是文化人、知識人、地主、農夫，也有不少是明確地武裝並成為戰鬥集團者。但是，非漢族與生俱來的騎馬戰鬥力，較漢族更為強大。

從流亡離亂的三世紀開始到五世紀間，只要有部族單位的集團團結力及武力的話，就可簡單地建立政權或國家。總之，在中國史中從東漢、三國時代開始，已經進入這樣的時代。事實上不管是草原或中華皆為相同狀況。

回過頭來說，若站在漢族中心主義的歷史觀立場來看，就可以了解想要使用「五胡十六國」的心情。即使是作為敘述上的語彙，確實有其方便之處。再加上我們重複地從歷史教科書等聽到這個詞彙，所以也已經聽習慣了。人對於感到熟悉的事物會抱有肯定的情感。但是，不可以忘記這是隱藏了誤解結構的詞彙及概念。

為何至今會對於這個「五胡十六國時代」稱呼沒有太多疑問而一直使用呢？關於這一點，最好與之後的南北朝時代及隋唐時代這些稱呼合併一起思考。

答案相當簡單。因為中國歷史就是這麼被創造出來的。如同已經說明過般，中國正史是以個別王朝作為一個段落的歷史結構，也就是所謂的斷代史。只要王朝改變了，就會被寫成不同的正史，故會有個別分開為不同歷史般的錯覺。

「拓跋國家」就是這樣的典型代表。例如北周、隋、唐等，不僅統治階層相通，各別王室互相通婚，雖然會依發展、成長有所差異，但就連政權、國家的型態及制度也大致上相同。反而將其分開思考，甚至是較為不自然。若將從北魏開始的這個時代歷史以「拓跋國家」時代作出貫穿性敘述的話，也許能更清楚地理解所有事態。

然而，事實上在這裡還有一個被隱藏的真相。就如同礪波護在《隋唐帝國與古代朝鮮》（世界歷史六，中央公論社、一九九七年）書中的明快敘述般，將所謂的「五胡十六國」以載記另外統整，以「正統王朝」晉的附錄般處理的《晉書》也全部都是在唐朝由國家編纂而成。非常謹慎注意地，關於南北朝這一段歷史，在唐朝還依據個別王朝編纂了《梁書》及《陳書》（以上為南朝）、《北齊書》

及《周書》（以上為北朝，事實上《隋書》也被視為此系列。在唐代並未將前朝的隋視為「統一王朝」，而僅將其當作北朝之一）。

這些正史全部都集中在從太宗開始到繼任的高宗時代唐朝初期編修完成。詳細情況是太宗時期首先編撰所謂的的《五代史》也就是《梁書》、《陳書》、《北齊書》、《周書》及《隋書》，西元六四六年時編纂《晉書》（以上在李世民時代完成的史書被統稱為《六史》），接著高宗時期分別完成了《南史》及《北史》。從被視為中國正史的《史記》開始到《明史》為止的二十四史之中，佔據三分之一的八個正史，就是在這個時期被完成。

高宗這位如同影子般極其淡薄地存在的第三代皇帝之治世，基本上是在前任皇帝、父親太宗留下的基業中繼續。簡單來說，就是以太宗李世民統治為中心完成了歷史及正統史觀，可說是在皇帝親自主導下舉國完成的計畫。若在這層面來看，初期的唐朝政權可說是個具有異常高度歷史意識的政權。

我們一般的想法，姑且先不論是否有所意識，幾乎都是因襲了唐朝初期政權的這種「政府見解」。而且也有部分是不這樣做不行。歷史真的是有留下紀錄者為強。在明知這些因素下而不得不使用的歷史研究中，自然而然地會有明確界限這一點也是沒有辦法。

但是，如果假設當初正史是以「拓跋國家」這個觀念被編纂而成，不知會是什麼樣貌？關於這個，有問題的「五胡十六國」也是，若當初不是使用特意地將每個弱小政權分別列出為「十六國」等欺騙方式，而是將幾個主要王朝、國家個別統括，並個別編纂適當的歷史書籍的話，不知會變成什麼情況？

以各別王朝記錄的斷代史，確實較難適用，在完成正確的正史這一方面也有些難度。但是只要換個想法就好。在當時對於正史一定必須是斷代史的這一個規則，應該沒有非常強烈意識（反而是在唐朝完成六種斷代史的編纂這件事本身，決定了後代的這種觀念）。而且，唐朝不是也寫出《南史》及《北史》嗎？

也許在這個情況，更加微妙的就是關於一連串「拓跋國家」前身之代國時期的記述。若將這個時期編纂為「代史」或是「代書」的話，「五胡十六國」等想法應該就不會存在吧！

但是，唐朝想要表明「真正的統一王朝只有唐」這件事。尤其李世民更是這種想法。不僅在中國史，就算是在世界史上也沒有類似李世民般希望自己在後世留下完美形象的人。殺死兄弟並拘禁父親而掌握政權（玄武門之變）的李世民，確實是唐朝的實際創建者，雖然是這般具有能力的君主，但他在世時卻持續地打造讓自己成為明顯地超越其實之明君形象。

有關三世紀中期到六世紀為止的東亞歷史，我們是受限於唐朝，尤其是李世民的作為及述作之中。要將這個時期編纂而成的歷史，直接當作當時的歷史狀況，是困難的。因為這是被一層薄膜覆蓋的「歷史」。

唐朝的正統史觀，創造了《晉書》以後一系列的正史史書。在其過程中，唐王室盡其可能地淡化自己是「異族」鮮卑拓跋部出身這件事。大到從正史本身的架構，小到每個字的表現，都可以見到這樣的思考及留意。

在以《晉書》為首，於唐朝著作完成的正史中，尤其是關於非漢族王朝的部分，若認為該敘述內容是接近於個別王朝自身立場的事實及見解，就是太過於樂觀主義了。尤其是以大分裂及大融合時代為開端的《晉書》，應該可以探討當中被特意地扭曲、刪除之部分。在這當中，意義最為深刻而且因描述方式不同而有可能帶來危險者，絕對就是關於劉淵及其建立的匈奴族漢朝這一部分。

不用說，最具人為意圖的，絕對是沒有被記錄下的部分。沒有留下記錄，就完全沒有辦法。而且在這種情況，足以代替《晉書》之後由唐朝編纂之正史的文獻資料，現在都沒有被傳承保存下來（其原因大多數是在於唐朝政府不承認由自己編纂而成的正史以外之歷史，故採取棄置不理之方針。而且在後世正史及明朝的《永樂大典》等大型的國家編纂時，也經常性地會同時消滅其他史書、典籍及記錄）。

直接一點地說，現在不得不將這些正史當作主要資料來源這件事，實在非常痛苦。從一開始就承擔了龐大的限制。在這些正史中的華夷思想本身，也許深刻地反映了唐朝初期的政治立場。但是在另一方面的現實歷史中，就如同前述，是在幾乎完全沒有華夷之別的情況中展開。

現在，若要觀察從三世紀開始的東亞歷史，應該要說是持續約四百年的跨越草原及中華框架，重整及合併的波潮。這是超越華夷的新國家運動。其結果之一，就是由突厥．蒙古族統治支配的「拓跋國家」，而唐朝則是最後一個版本。

第五章　撼動世界的突厥・蒙古族

世界を動かすテュルク・モンゴル族

1 龐大的突厥世界

柔然的趣味性

這是草原世界之事。在戈壁以南的內蒙古、長城地帶，在拓跋政權之芽的代國稍微浮沉之後，以北魏（當然他們自稱為大魏）之稱趁勢興起的西元四世紀末到五世紀，在鮮卑族南下而出現權力真空的蒙古高原，出現了稱為柔然的遊牧集團。柔然也是曾經出現的東胡之遙遠後代。

柔然也可寫為蠕蠕。還可見到茹茹及芮芮的看法。原本是以某種原始語言，在此當然應該是指「柔然語」——音譯而成的漢字名稱。因此，事實上僅有漢字的發音才具有意義。但是稱為漢字的這個非常不可思議的文字，不僅是文字本身具有意義，就連看起來的美觀程度及帶來的氛圍等也有其獨特含意。柔然（很柔弱的樣子）這組漢字，不知為何總覺得有種優雅的感受，應該是個還可以的名字。但是蠕蠕（蟲軟軟黏黏粗魯地蠕動般。再加上蠕這個字也讓人聯想到懦，因此與柔懦相通）這個疊字組合，就有點過分了。

另一方面，茹茹（茹字原意為燙過的青菜。由此轉用為指一般青菜，並進一步地指貪婪地吃、柔軟易腐爛，還更進一步地指腐臭等，產生許多字義）這個名字，則很明確地有著強烈的污辱蔑視感。相反地，芮芮（青草茂盛樣）這個名字，雖然具有不正不反的中性語感，但兩個字都在深層具有草原印象這一點，的確有其可取之面。

關於「芮芮」以外的名字，原本就是基於華夷思想被選出的語彙。雖然有程度的差異，但無可否認地具有輕蔑的情感。儘管如此，總覺得各個名稱都有點文字遊戲的感覺。尤其是茹茹這個名字，其怪異感及辛辣感，可以感覺到選字者的半開玩笑之戲謔及壞心眼，應該可說是個傑作吧！

根據《魏書》的蠕蠕傳記載，柔然這個名字是他們的「自稱」。但據說之後的北魏太武帝認為柔然是個無知集團，並將其狀態比擬為蟲，故改稱為蠕蠕。

但這是個有點微妙的傳說。首先，柔然不可能自己選擇「柔然」這個漢字組合。故說為「自稱」是有點奇怪。「柔然」應該只是單純的音譯字組合。

可是被柔然帶來相當大困擾的太武帝，無法忍受雖然多少具有污辱輕蔑含意但仍屬平穩的「柔然」這個文字組合，將其改為包含了更強烈的藐視之意、與「柔然」文字發音相似但極端低卑的漢字「蠕蠕」之組合。真不愧是在憎厭及惡意之下的選字。若不這樣解釋的話，就無法知道蠕蠕傳要表達的意思。

污辱蔑視程度更強的另一個「茹茹」是在《北齊書》及《隋書》中出現的選字用語。由北齊代替北魏立場完成的《魏書》以及在唐朝由朝廷編纂《北齊書》、《隋書》中的選字，全部都是表現出強烈敵意情感的文字。因為對於在發展中的初期北魏政權來說，激烈對立的敵人柔然是如此地痛恨憎惡之存在。

這也再度成為從北魏、北齊開始到北周、隋、唐為止，拓跋國家的架構組織存在的一個證據。甚至在柔然消失已久的唐朝，對其仍抱有如此強烈情感這件事，反而是讓人更為吃驚。對於柔然的憎恨厭惡情感，應該已成為拓跋國家的傳統之一。

但沒有必要將此認為是中華王朝與遊牧國家一定會有的情感對立。不論是北魏王朝的拓跋氏或是建立柔然遊牧聯盟的柔然氏，兩者原本就都是東胡的後裔。尤其各別的創業期都是在戈壁南邊的內蒙古草原完成，因此是屬於相當鄰近的地緣關係。然而，或許也正因為如此，反而招致更多的憎恨情感。

其證據就是最為中立的「芮芮」這個詞彙，是在所謂南朝的《宋書》及《南齊書》中出現的用字。對於以江南為主要根據地的南朝各個政權來說，位於被華北隔開相當北邊的柔然，是個超越直接利害關係的存在。或許倒不如說是對從北邊威脅其正面敵人北魏的柔然，南朝反而是以具有好意的方式呈現。讓人聯想到青草茂盛景象的「芮芮」這個詞彙，甚至可以感受到對於遠方草原之雄的些微好感。

僅僅是兩個字的選擇之間所包含的憎惡、諷刺、冷笑嘲諷及好意。與其說是中華思想等等，不如將其看作是對於個別政治立場的表明。反而是對於太過直接表明該王朝情感的這一點，不禁讓人擔心就中華王朝來講是否有點太過粗野。

柔然在一開始不過是蒙古高原南部的弱小集團。同樣也還不是很強勢的拓跋部與代國從這個時候開始就互相激烈爭戰。但是到了西元五世紀初始，身為族長之一的社崙往北越過戈壁將勢力擴張至外蒙古高原。

在《魏書》蠕蠕傳中用以下內容記述此事，「社崙遠遁漠北，侵高車，深入其地，遂并諸部，凶勢益振。」

雖然說柔然往遙遠的戈壁北方逃跑，但卻又說其凶勢越加擴張這種自相矛盾的敘述，實在是很奇怪。將敵人的擴張勢力以「遠遁」表現的這種意識，和將撤退以轉進一詞矇混過去的作法也沒有太大差別。這樣的表面修飾，應該也可以成為衡量北魏對於柔然恐懼程度的指標。

社崙繼鮮卑的檀石槐以後，大約相隔三個世紀後再度成功地統一草原。《魏書》蠕蠕傳就其疆域有以下描述，其西則焉耆之地（也就是所謂的哈喇沙爾），東則朝鮮之地，北則渡沙漠，窮瀚海（總之就是遠及貝加爾湖），南則臨大磧（達到甘肅北方的砂礫沙漠）。因為是宿敵的記載，故應該不會是誇大的表現。

社崙將麾下的部屬用匈奴國家以後已成為傳統的十進位法體系之軍事、行政、社會組織進行重新編組。並且自封稱為丘豆伐可汗。但也有人表示應該要念為kutelburi-qaghan。先不論念法到底恰不恰當，在《魏書》蠕蠕傳中表示，「丘豆伐」即「駕馭開張也」。意思就是熟練地騎著馬匹，盡情地統馭人們並擴展勢力。「丘豆伐」就是這個意思的柔然語。

總之，這是可汗或是汗這個稱號的首次出現。在蠕蠕傳中表示，「可汗猶魏言皇帝也」。亦即可汗就如同北魏的皇帝般，直接、理所當然的說明讓人很容易就可以理解。

在這之後，可汗以及被認為是由其變音、轉義而成的汗這個稱號，在以突厥・蒙古人為首的歐亞中間，甚至還有東方伊斯蘭世界中，也都成為展現君主、王侯、首長、領導的稱謂。若提到跨越時空，共通、萬能的稱號這一點，真可說是貫穿歷史的「國際語言」。

是汗還是可汗？

以下是一段閒談，在日本，除了カガン（可汗，英文qaghan，日語拼音）、カン（汗，英文Khan，日語拼音Kan）之外，ハン（Han）、ハーン（Ha-n）、ハガン（Hagan）這種標記更以顯眼的方式並行使用。相信應該有不少人會感到困惑吧！因為這個現象出乎意料地有不小的影響，故想要在此稍加說明。

會造成差異的原因，有一部份確實是因為在原始史料中的拼字錯誤（這種情況大多是因為將「ka」音及「ha」音以不同文字分開寫的阿拉伯文字。在使用阿拉伯文字的阿拉伯語、波斯語及歷史時代的突厥語等中，在正確的拼寫方式被確立之西元十三、十四世紀蒙古時代以前，其標示拼法有鬆散及差異空間），但事實上最主要還是因為日文片假名標示拼法的侷限及用其作為基準所產生的差異、誤解都很大。

不論是日文的「カ（ka）」或「ハ（ha）」，都無法完整地表現原始的突厥・蒙古語的發音。儘管如此，無論是在歷史文獻學及語言學中都有明確證據顯示，至晚到了西元十三、十四世紀蒙古時代，發音都較為接近日文的「ka」（在這裡會強調蒙古時代，並非是因為作者特別專攻此領域，而是因為在蒙古時代，不論是實際的歷史或是記錄當時狀況的文獻質量，都有相當大幅度的改變。事實上，在蒙古時代前後，幾乎是涵蓋整個亞洲大陸的所有史料都完全不同。關於這一點，就算是研究者等級之人士，也很難說有完整的認知）。

但在二次大戰前後卻出現雙重的偶然，其一是在戰前開始日本人突然增加許多接觸的近現代蒙古語（尤其是內蒙古、滿洲的蒙古語）之發音變成較為接近「ha」；其二是在戰後日本急速發展以伊斯蘭原始典籍為基礎進行的研究，其中阿拉伯文字除了q之外，還有kh這個摩擦音，在日文片假名中很容易就會將其以「ha」標示。作為雙重影響之結果，例如在歷史教科書及一般書中，有很明顯的傾向是不分青紅皂白地就將不論是哪個時代、地域的人名都統一使用ハン（Han）及ハーン（Ha-n）。

另一方面，還有カガン（可汗）、ハン（汗）也是以適當的根據及理由被使用。尤其是在蒙古世界帝國時期，第二任窩闊台及第四任的蒙哥以後的蒙古皇帝為了顯示自己與其他稱為「汗（Kan、カン」的諸多大小君侯不同，是唯一至上的權威者，因而恢復往昔的「可汗（Kagan，カガン）」而稱「大可汗（Kaan，カアン）」。無論如何，旭烈兀汗國、察合台汗國及朮赤汗國的君王都只不過是「汗」而已。在波斯語史書中，「カアン」寫作「qā'ān」，將「カン」寫作「khān」。但在日本卻完全無視這一點，全部都寫成了「ハーン（Ha-n）」，回鶻式蒙古語的拼法為「qā'ān」與「カガン（Kagan）」及「カアン（khan）」對

應」，故也成為出現蒙古帝國分裂成「四大汗國」等無稽之談的誘因。但是至少關於到蒙古時代為止，使用ハン（Han）及ハーン（Ha-n）是明顯奇怪。雖說如此，但原本就很容易將所有事物單純地一致化歸結這一點，或許就是住在日本列島人們的特性。

關於「可汗」及「汗」這些稱號，還有一點必須注意之處。那就是對柔然燃燒著強烈敵意的前述北魏太武帝刻文在近幾年突然變得有名、位於興安嶺北部的嘎仙洞洞壁上的祭文，其中使用了「可寒」這個詞彙。

社崙及太武帝幾乎是同一個時代的人物，若是如此，「可汗」及「汗」這些稱號，或許就不是僅侷於柔然遊牧國家獨有的君主稱號。此外，有關嘎仙洞及其刻文，是於一九八〇年透過米文平等人的調查而一舉為世人所知，但其刻文姑且不論，嘎仙洞這個史跡則是在戰前文獻中就有明確記載。

關於柔然，迄今為止較多人贊同將其當作蒙古系的這個說法。但當時的研究水準是較今日更為鬆散。若以現在的見解來看，能夠毫無疑問地斷定其為蒙古系的歷史資料是否已齊備？反而是簡單地停留在突厥・蒙古系這種曖昧的表現方式，不僅不會出問題，或許也更符合實際狀況。理由就如先前已經說明過般，因為無法保證在較十三世紀更早的時期是否已經清楚定義出蒙古語的存在。

統一草原世界後的柔然，早就已經成為整合了高車等多種勢力的聯盟國家。因此，關於柔然國家整體到底是突厥系或是蒙古系之提問，根本是行不通的問題。此外，即使僅以成為政權主要核心的「柔然族」為對象進行提問，終究也是如前述沒有意義。

柔然國家也是和匈奴國家一樣，收服了塔里木盆地的綠洲各都市。擁有綠洲經濟對草原國家的意義，還是沒有改變。還有，因為柔然與北魏是宿敵關係，除了直接進攻戰鬥之外，還有另外一條路就是經由青海地區，可以成為與所謂南朝取得聯繫的管道。他們是如此地想要打倒北魏。若是如此，在南朝的「芮芮」這個標識，或許也可以成為柔然與南朝各政權友好的寫照。

專欄

元氏與源氏──在拓跋國家的漢姓與日本的賜姓

柔然國家與稱為北魏的拓跋國家之關係，若以日本史作為比喻，或許就如同新田與足利兩氏般。

原本在血緣相似之外，也是鄰居。導致爭吵的原因，在此時早已萌芽。在這之後，個別採取了獨自的發展方向。結果在大範圍政局中成為對立的兩極，並且重複地進行併吞或是被併吞的炙熱激烈戰鬥。

一方面，也有類似近親互相憎惡的部分。另一方面當然也有因為各自選擇了不同世界及政治發展方向而引起的對立。

在這種情況，可以比擬為足利氏的就是從北魏開始到唐朝的拓跋國家。存活的時間明顯地較對手長了許多，並且重複地進行軍事權力體的分裂與重組。接著比起意氣蓬勃的政治力量本身，卻是淪為象徵權威的薄弱地存在。而且，在這之後雖然僅存微弱的血脈繼續流傳，但卻也頑強且堅韌地長期持續生存。

事實上，在統治階級的結構方面，足利政權與拓跋國家也不是沒有相似之處。也就是說，無論哪一個都不是由單一遙遙領先的王室所主導的單核心結構，而是由實力相差不遠的複數家族以共同分擔「王權」方式並存的複核心結構。

不用多加解釋，在日本的足利政權不是僅限於足利嫡系血統家族掌控之單一階層統治。關東公方家原本就是除了斯波、畠山、細川、今川、吉良、仁木、澀川、一色等分支廣闊的同族、家族之外，還有是姻親的上杉、以實務執政為世襲職業的高、雖然是其他家族但從政權創業時代開始就擁有地位並同化為準足利的山名、佐佐木、赤松、土岐等，是一個由大大小小各自形成的「小足利權力」聚集而成的聯盟。

話說回來，支撐北魏的是以拓跋部為主體的鮮卑系各部族聯盟。他們也就是當初的三十六部。

藉著從代國以來的關係，身為拓跋部族長家族的拓跋氏是北魏的王族。但相較於其他各種因親疏血緣、新舊融合等種種背景及情事而靠攏聚集的族長家族，拓跋氏並非是空前絕後的存在，頂多也只是在稍微強勢的情況下出頭。這種狀態可不是能與過去匈奴帝國中攣鞮氏及漢帝國的劉氏等比擬之程度。但是隨著北魏疆域及臣民持續擴張，前述的拓跋氏及雖然仍屬微小規模但已齊備的政府官僚，會感覺到「大家都是主人」這種狀況並不合適，也是相當自然的轉變。在北魏導入漢姓的這個政府決策，是為了將拓跋氏與這些三十六部的舊族長們做出清楚等級區分，企圖依據排名排序化的手段之一。

原本發源於拓跋部族長家族歷經拓跋聯盟盟主，在稱為北魏的中華王朝形式中則為皇帝的拓跋氏，就以元作為其漢姓。而將北魏也稱為元魏，就是根源於此。可以了解拓跋王家要將自己稱為「元（源）」的想法。順帶一提，後代的蒙古從忽必烈開始便採用「大元」這個國號。蒙古帝國的大元國號與拓跋王家的元氏這兩件事，在想法方面到底有多少程度的關連，就不得而知了。

此外，有一點與這些事有所關聯，在日本身為王室的天皇家族成員當要降為大臣而成為賜姓王族時，大多數通常都會得到源這個姓氏，而這就應該是受到北魏王室使用元這個漢姓的影響。在中文裡，元及源這兩個字，不管在發音及意義上都沒有太大差異。想要改姓「源」的想法，應該有其相似處。

事實上，這可不單純只是諧音而已。實際上，在北魏時期就有源這個姓氏。而且，居然是與北魏王室拓跋氏＝元氏在原本的遠祖時代為同族之禿髮氏。

雖然禿髮這兩個字的組合會讓人產生有趣的聯想，但也只不過是與拓跋相同發音的音譯漢字。也就是說，禿髮與拓跋原本是相同家族。

禿髮氏在匈奴帝國體制大崩解之後，出現了檀石槐的鮮卑帝國，而且在幾乎是一瞬之間崩壞的西元二世紀之草原、中華大變動時期，以屈指可數之強大獨立政治勢力之姿，走向與近族拓跋氏不同之道路。以祁連山南方、青海地區為主要根據地，建立以中華風格命名為南涼之政權，到了西元四一四年，當禿髮氏的河西王國滅亡時，成為最後皇帝、著名的禿髮檀之么子破羌就脫逃出首都樂都，奔向北魏英主太武帝之處。在《魏書》中記載，熱烈歡迎其到來的太武帝如此說：

「卿與朕源同，因事分姓，今可為源氏。」

你雖然與我的來源相同，但因為物事推移而成了別的姓氏。現在就以「源」為姓氏可好？

於是曾為河西王國王子的禿髮破羌就改名為源賀。「賀」這個名字也是在這個時候由太武帝所賜。應該也是包含了祝賀其到來之意。

在這之後，改為源氏的禿髮氏就以北魏王室分支家族之地位，變身成為拓跋朝廷具有權勢的家族。源賀的孫子源彪在北齊時代成為秦州刺史。其子源師民在隋朝時成為刑部侍郎。此外，其孫源乾曜更是高升成為唐朝宰相。從北魏開始到唐朝為止，源氏的榮華富貴一直延續。源氏正是在拓跋國家處以「賜姓王族」之姿，成為可媲美元氏的貴族名流中的貴族名流而持續生存。

太武帝在賜姓予禿髮破羌時，其想法到底是因為與備自己同源所以賜姓「源氏」，還是因為「元氏」這個姓氏事實上在此時已經存在，只是被後世認為是在稍後的孝文帝時代才有，所以太武帝判斷若是使用與「元」同音同義但不同字的「源」，就可以將其當作準王族並給予優惠待遇，是個可以兼具兩者之良策美意。或許這兩個原因都有。但不論是哪一個，都是一個充分意識到「源」而給予的賜姓。

回過頭來說，在日本賜姓王族的「源」姓氏又是如何呢？有幾個姓氏是被稱為皇族賜姓或是皇親賜姓，最早被賜予的是公氏及真人氏，到了西元八世紀時則有橘氏、平氏、在原氏以及源氏等的朝臣姓氏。在這之中，雖然橘、平、源為單字姓氏，但因為橘氏是由橘宿氏而來，與在原氏同為純粹來自日語的姓氏。剩下的平氏及源氏，看起來就很像漢風格的單字姓氏。平氏這個姓氏只賜予桓武、仁明、文德、光孝等平安初期的天皇子孫。

但是在西元八一四年時，因為嵯峨天皇以減輕財政負擔為理由，將自己大量的皇子及皇女賜姓為源氏並全部降為朝臣階級，迅速地都只集中於源氏，到了清和天皇以後更全部統一為源氏。故有淳和、仁明、文德、清和、陽成、宇多、醍醐、村上、花山等源氏。

平安中期以後，中央宮廷及政府分為藤原氏族及村上氏為主要核心的兩派源氏賜姓王族。在地方則除了以平氏及藤原氏為姓氏的政府官員及地方豪族之外，還有作為武士家族棟樑的清和源氏開始興起。

為何嵯峨天皇會採用「源」這個新的姓氏呢？身為筆者的我沒有定論。因為同時和父親的桓武系平氏與亦兄亦敵的平城系在原氏進行對抗，故選擇不常見的新姓氏之動機，應該就在於此。

但是有兩點是確定的，其一讓單字姓氏的「源」發音為「みなもと」（Minamoto）；其二是「源」氏壓倒平氏、橘氏、在原氏成為如文字般的賜姓王族代名詞。

嵯峨天皇固然是最早將源氏賜姓給自己孩子的天皇，但採行同樣作法的天皇，大家都非常通曉中華文化。包含宮廷及政府，這是一個中國式教養頗具勢力的時代。

當然，就算嵯峨天皇等等是以包含天皇家族為「源」的意涵，而獨自發想出源氏，也不會太過奇怪。儘管如此，仍很難想像會不知道唐朝時有「源」這個姓氏的存在。況且，遣唐使的派遣還在持續進行中。

尤其是實行首例之嵯峨源氏的情況，著名人物有源信、源融、源拳、源順等，不只是單字姓氏，甚至全都是單字名。作為日本式的雅名，只能說非常地異於尋常。就算說是漢式的名字也沒有什麼問題吧！為了與唐朝、新羅及渤海等對應、接應，即使只是單字姓氏也就相當足夠，若更進一步地連名字也都徹底地使用單字名時，毫無疑問地是「國際人」吧！

相反地，若以唐朝人士及完全地轉為中華式命名的新羅、渤海之貴族顯要立場來看的話，沒有固定姓氏的日本天皇家族真是個奇怪的存在吧！新羅王室的姓氏為金氏，渤海王室則為大氏。全部都是簡潔易瞭、燦爛輝煌的單字姓氏。

為了不落後這些國家且可以與超級大國的唐朝李氏媲美，其姓氏一定要有些典故根源。若是採用過去拓跋王室之元氏，就會變成如同李氏的家族血統，既令人畏懼，感覺也像是挖苦。因此，若採用其分支家族的「源」氏，的確是貴族名門風格、也有點謙虛的印象。

相較於金氏及大氏，「源」姓不僅與唐朝李氏有淵源，也具有更多的中華風。因此就決定採用「源」。而將其當作日語直接發音為「みなもと」這一點也相當不錯。

當然，這是外行人對於日本史的想像。但若考量到當時的國際情勢及唐朝的來歷，的確採用「源」這個單字姓氏較合乎道理。

這個判斷的恰當與否，就留給日本史專家去探討。但日本平安時代以後的賜姓王族最大姓氏「源」氏與拓跋國家的「元」氏、「源」氏之間的關連，的確是相當有趣。

不過，拓跋國家的情況卻是因為統治階級為複數核心結構，在意圖下實施漢姓，才會出現「元」氏及進一步的「源」氏。另一方面，在平安初期的日本，是個統治階層實際上集中於天皇家族及藤原家族這兩極的雙核心結構，但也正因為如此才會有新的「賜姓」導入，以及由其衍生的「源」氏之採用。——這種根本性差異點請多加注意。

草原版的「三國鼎立」

如同柔然國家的成長、發展，從西元五世紀開始到六世紀中期，在中亞地域，被通稱為白匈奴的軍事集團漸趨強大。關於這個名字，在漢文文獻則寫在嚈噠、悒怛。

白匈奴的起源並不清楚。但由其建立了龐大的勢力範圍來看，應該是聚集了各式各樣種類的部族，而成為政治權力主要核心的正是遊牧民集團。這些人似乎是使用伊朗系語言。

白匈奴的主要根據地是在興都庫什山北邊山麓所謂的阿富汗、土耳其斯坦。尤其是切割入帕米爾高原最高處的狹長型巴達赫尚溪谷地形區，就是他們最佳的牧草地帶。可以利用高低差的這個溪谷地形附近，即使到了今天依然是屈指可數的遊牧民天地。

白匈奴更進一步地，也擴張至興都庫什山南側。尤其是在乾燥與濕潤兩個世界交界處的西北印度要衝犍陀羅，被稱為特勤的嚈噠王子率領軍團駐守於此地，統轄包含旁遮普（Punjab）地區的白匈奴「印度疆域」，所謂的特勤在突厥語中是指王子、諸王等，也就是類等於國王的可汗、汗等王侯。

此時，佛教聖地的犍陀羅呈現低迷衰微。這就是所謂的白匈奴「毀佛」。經常可以聽到是由於蠻橫、粗野的白匈奴，讓佛教文化活動受到壓迫，而該地林立的佛堂、伽藍則是令人追溯歷史的遺跡。

但那是調查西北印度佛教遺跡的二十世紀考古學家約翰．馬歇爾（John Albert Marshall，西元一八七六年－一九五八年），為了要找出犍陀羅佛教美術的年代架構，在太過求功心切下就直接將自己挖掘到的遺跡狀況配合漢文佛教法典無理地解釋，稱其為「毀佛」事件，這完全是單純簡單捏造的謬論。

遊牧民破壞了佛教的這種印象，佔據了許多人們的心。因為很容易瞭解。訴求於人類「常識」的「容易瞭解」，有時會建構出龐大的假象。

當馬歇爾稍帶漫不經心地敘述時，某種「功名心」蠱惑了他。希望自己現在發現的事物能比現狀獲得更大評價的這種心情，會推動人前進是常有之事。

這個在世界上享有高知名度的白匈奴「毀佛」是個捏造的幻影一事，由身為中亞考古學者日本代表且對漢文史料也很熟悉的桑山正進以日文及英文在海內外公開發表。以多年來在阿富汗王國及西北印度實地進行遺跡調查為根據的細心考察，壓倒了所有書籍。雖然犍陀羅佛教確實呈現低迷衰微，但卻是因為交易路線改變讓犍陀羅失去經濟能力而導致的結果，與白匈奴毫無關係，以上是桑山的說法。

白匈奴在全盛時期，統治了北起天山北邊山麓、南到旁遮普地區的廣大疆域。另一方面，東方邊境與塔里木盆地南邊的于闐王國相鄰，西方邊境止於伊朗東部的花剌子模。

在帕米爾高原西側以這種呈現南北縱長形式所建立的國家，早在貴霜王朝時期就已經有先例。出現於西元一到二世紀間的貴霜王朝，是以迦尼色迦王（Kanishka）對佛教的保護而聞名。實情是，這只是佛教信眾如此聲稱。如迦尼色迦王等貴霜王朝的國王，在印度次大陸中稍有特殊風俗及文化傳統地域的西北印度，以「庇護」之名控制了具有相當力量的佛教教團（當時已經教團化）。簡單來說，就是統治的手段。

順帶一提，這樣的情況在印度次大陸建立第一個真正疆域國家的摩揭陀國（Magadha）、也就是孔雀王朝（The Maurya Dynasty，西元前三二一年—一八四年）的創立者旃陀羅笈多也是採取同樣作為。之後，佛教端讚頌為「佛法擁護者」的旃陀羅笈多也只不過是再次以作為統治目的的一個手段，而利用了佛教。總之不侷限於佛教，在特定宗教、宗派紀錄中，明顯地有僅適用於該集團的理論。所謂正確地掌握情況及客觀事實，不少經常是在距離遙遠的狀況下作出的描述。一個人要同時共存有所堅持的心、不偏頗的精神，或許有困難之處。在歷史研究中宗教文獻的比重，大致上是隨著時代越古代比重越高。光是這一點，就必須要釐清事實與偏差。

從西元十世紀開始到十三世紀初的古爾王朝也是相同情況，其擴張型態為先將政治基地安置在散佈在興都庫什山南北邊山麓的溪谷及牧地（在這之前，尤其是前面敘述過的從昆都士到巴達赫尚的大溪谷及以巴格蘭為中心、直徑約有一百公里的盆地狀草原，在歷史時代中扮演了重要的角色），再用其擁有以遊牧民為主要核心的優越軍事力量，大幅地將統治版圖擴張到北從阿姆河到錫爾河間的綠洲地區開始、南至印度農耕世界。

在從西元九世紀後半開始的突厥族「西進運動」中，伊斯蘭化的突厥族政治集團從中亞地域南下印度次大陸的局勢，幾乎從十世紀開始持續進行。這個行動讓北印度地域連續出現所謂的德里蘇丹各王國，接著建立了被視為第二個帖木兒王朝的蒙兀兒王朝。現今巴基斯坦也是這個龐大趨勢下的結果。

將歐亞大陸中央地帶以垂直方式貫穿而且控制了東西及南北貿易路線的白匈奴，是貫穿這個時代大波潮的先驅者（當然若進一步地回溯，在貴霜王朝就已經可以看到此趨勢）。

此外，在這樣的大局勢中，還有一個勢力浮現。在東方柔然及西方白匈奴之間、阿爾泰山到天山之間的地區，出現了由高車族建立的獨立遊牧國家。這是西元五世紀末期之事。高車的歷史最早可以回溯到匈奴統一以前的丁零。主要核心集團可說是突厥系。另一方面，高車這個中國名字來自於他們使用了高輪子車輛。總之這並非是自己的稱號，而是他人給的稱號。

在這之前社崙建立柔然這個遊牧聯盟時，高車族曾經一度被要求臣屬。但是領導者阿伏至羅將族群移動到西方並且持續與北魏聯繫交往下，就在柔然及白匈奴的細縫間獨立建國。

若以人種來看，高車國被評定為第一個由純突厥系遊牧民建立的「國家」。另外若以區域來看，也與之後清朝進行內陸草原爭霸戰的「最後的遊牧國家」準噶爾王國相似。

此時的草原世界從東開始依序分別為突厥・蒙古系的柔然聯盟、突厥色彩濃厚的高車及政權主要核心為伊朗系的白匈奴等三個遊牧國家橫向並列之形勢。但是這個草原版的「三國鼎立」並沒有持續太久。

在這三國的東西方，分別有強大的政治勢力。東邊就是原本拓跋國家的北魏，西邊就是以伊朗高原為中心的波斯薩珊王朝。北魏大概是具有濃厚以遊牧民為主要核心聯盟的色彩，但另一邊的薩珊王朝也是由七個主要家族為中心的複核心結構聯合王權，而且主要軍事力量是重裝騎兵。在政權及國家的基本結構上，事實上與「草原三國」沒有太大差異。但是根據地環境的差別及該地傳承文化傳統的差異，反而有明顯不同之處。

這三個國家及二個國家合計五個國家，互相連結著錯綜複雜的政治關係，也彼此對抗。此時之原則就是「敵人的敵人是朋友，敵人的敵人的敵人是敵人。」

此外，在以這樣的情勢為前提下將視野放大來看的話，南中國的南朝與東地中海地區的東羅馬帝國大概也互相連結著不淺的關係及利害。總之，在歐亞大陸東西方，七個國家（更嚴謹地說，西元五三五年北魏分裂為東西兩國後變成總共八個國家）串在一起彼此角逐。

歷史以歐亞大陸規模進入了「國際關係」時代。雖然在這之前或許就已經有此類狀態，但因為受到文獻的限制，也就是所謂以文字記錄的「文明」及其周邊相關事物，終究也都不得不被侷限住，難以掌握。

在史料方面，時代也早就改變了。還有，雖然資訊量並非那麼多，但有關於歐亞大陸整體的「時代狀況」已經變得可以掌握。在此歐亞大陸規模動向的中心或是起點處，遊牧民的存在是無可否定。

在歷史上罕見的七個國家或是八個國家的糾葛，是宣告「歐亞大陸時代」來臨的第一聲鐘響。但是其角逐歷程不過是半個世紀的事情。到了西元六世紀中期左右，非常突然地從中央歐亞大陸的角落出現了大幅改變、更加激盪時代及政局的大型遊牧國家，那就是突厥。

貫穿東西方的突厥帝國、突厥

突厥是Turk（Turk）的音譯字。雖然也是個民族的名稱，但是個超越其上的遊牧民聯盟之名稱。總之，可說是國家的名稱。

在日語一般將其唸為「とっけつ（Tokketsu）」，但宮崎市定主張應該唸為「とっくつ（Tokkutsu）」。以日文漢字發音來說後者較好。構成集團主要核心的突厥，原本生活在阿爾泰山附近，歸屬在柔然聯盟底下，以開發鐵礦為特長並廣為人知。

在西元六世紀中期，其中的一個家族阿史那氏的土門（意指萬人隊隊長的Tumen之音譯字，有相當大的可能性是匈奴冒頓的父親頭曼也唸為「Tumen」）成為中心並鞏固團結。在互相角逐的柔然與高車之間，以佔有漁翁之利的形勢而浮出檯面。

首先在西元五四六年，先擊破並合併了因為被夾擠在柔然與白匈奴之間而漸趨衰弱化的高車。接著也挫敗了因為與高車、北魏長期作戰導致聯盟約束開始鬆動的柔然。在西元五五二年時打倒柔然可汗阿那瓌，掌握了涵蓋從蒙古高原到準噶爾盆地附近的疆域。

突厥的快速攻擊也持續地進行。土門之弟室點蜜朝西進擊，開拓突厥的「西方疆域」。接著與薩珊王朝合作共同消滅中亞的白匈奴。結果讓突厥的勢力範圍擴大到從錫爾河及阿姆河間的大綠洲地帶到至少包含了興都庫什山地區。

此外，突厥的勢力也到達西北歐亞大陸。在裏海北側到達頓河的過去斯基泰之區域，當時雖然有被稱為阿瓦爾（Avars）的遊牧集團存在，但突厥也將他們驅逐出境。從現今哈薩克草原開始到達南俄羅斯草原的西方「遊牧世界」也成為突厥的疆域。

而遭到突厥壓制的阿瓦爾族就往東歐遷移，以匈牙利草原為主要根據地並在多瑙河附近建立可被稱為「帝國」的龐大勢力，進而威脅到拜占庭帝國（Byzantine Empire）及法蘭西帝國（Royaumes francs）。其存在姿態可說是第二個匈奴族。最後，阿瓦爾族在西元九世紀時，被來自東方的馬扎爾族（現在的匈牙利國民祖先）併吞。東風往西陲邊境吹入的這種模式，始終一貫相同。

就這樣，突厥在僅僅不到二十年的時間內，建立了東起滿洲、西至拜占庭帝國以北、南到興都庫什山的龐大版圖。世界史上第一個涵蓋歐亞大陸東西方及南北方的龐大政治勢力，至此出現。分裂為東西兩個的「拓跋國家」、也就是北齊及北周，實際上也成為突厥的附屬國。從其疆域及勢力範圍之大來看，應該也可將其稱為「世界帝國」。

真不愧是遊牧民，才更有可能形成這種不拘泥於人種及宗教等的暢通無阻之結構。

突厥正是個聯盟。在突厥語中將這種聯盟的政治、社會組織整體稱為「il」或「el」（註：類似於漢文文獻中的「部」、「戶」、「宮」、「帳」）。最終就是指人類的集團。但若特意地將其以現代詞語表達的話，應該就是「國家」。雖說是「國家」，但不拘泥要有固定疆域，可以自由地移動、遷居，甚至只要有人們形成團體，就可以說是「il」或「el」。就是一種「國家」。國家是固定不動的這個一般概念，是農業國家及都市國家、更進一步地說是近代西歐以後的國家印象。尤其這個概念對住在日本列島的大多數人來說，是個「深信」的「固定觀念」。

順帶一提，在原本文獻較多、狀況也較容易瞭解的西元十三、十四世紀蒙古時代，代表「國家」意涵的蒙古語「兀魯思（ulus）」，與突厥語的「il」或「el」幾乎是同義字。例如：在二十世紀初於吐魯番盆地被發現、目前被收藏於大英圖書館、由日本突厥語歷史語言學者庄桓內正弘解讀的蒙古時代回鶻語文獻之中，這兩個詞是一起以「il、Ulus」同義字重疊的方式出現。而且大概是指蒙古國家。

此外，若舉一個較為熟悉的例子，一般把在伊朗的蒙古政權旭烈兀汗國稱為「伊利」。這個「伊利」就是此處說的「il」或「el」。

「伊利」在突厥・蒙古語（在這裡要將這兩種語言做出截然不同的切割，實際上是有困難的）中是指「部屬群眾之王」、「國民的君主」之意。對我們現代人來說，就類似「國王」。

在以牧民集團聯盟形成國家及權力主軸的這一點，旭烈兀汗國也沒有任何改變。正因其君主為牧民的主人，才更可被稱為「伊利」。「伊利」這個在歷史資料中無法見到的詞語，實際上是根基於「伊利」這個君主稱呼而在近代創造的語詞。

順帶一提，成吉思汗長子朮赤被稱作「兀魯休伊迪」這也可以說是與「伊利」同義的辭彙（兀魯休與伊利相同。伊迪則是指稱主人的突厥語），指的都是牧民聯盟首領。

作為中央歐亞大陸獨有的「國家」概念，這個「il」或「el」以及「ulus」具有極高的關注價值。若將歐美語系的「State」、「Etat（原意為「成立」或是「發生」）」、拉丁語的「res publica（公共體）」以及日語的「くに（國）」等作個比較的話，會相當有趣。此外，阿拉伯語及被伊斯蘭征服後的近代波斯語中，原本沒有相當於「國家」意涵的語彙本身也可以引發出有趣的討論。也就是說，雖然有代表宗教意義的「Din」但卻沒有適合國家意涵的詞彙這件事，首先成為問題的就是在伊斯蘭中東地區中最早企圖轉型成為西歐型態國家的土耳其。而且，這也成為之後伊斯蘭各國難以進行「國家建設」的一個原因。沒有詞彙的這件事，就代表難以讓該概念在人們腦中及心中萌芽（伊斯蘭基本上政治與風俗一致、政治與宗教難以分離地連結著）。

被稱為「il」或「el」的「突厥國家」是個除了可汗之外還有數位準可汗，另外還有葉護、設以眾多被稱為伯克的族長等各種「君侯」們聚集而成的聯盟。

這些領袖都擁有大小規模不同的居民及領地。居民不限於只有遊牧民，還包含了綠洲定居地域的都市民、農民、商人及手工藝業者等各式各樣的人們。也就是以權力來說是聯盟，以居民、領地來說是複合體。

突厥也繼續承襲匈奴以來的遊牧國家傳統，以可汗為中心分別設有右翼及左翼。突厥帝國整體也是相同，而其中的幾個政治單位似乎也都是如此（在漢文文獻中，甚至可以看到左賢王、右賢王之稱呼方式）。

以這種縱向及橫向結構串連、被稱為突厥的這個空前龐大集團，還有一個顯著特徵。那就是與以錫爾河及阿姆河之間為主要根據地的粟特商人，有著密不可分的關係。

就如同在第二章中說明過般，自古以來都是作為商人並進行旺盛活動的粟特族人們，在突厥的庇護下，沿著聯繫亞洲東西方及南北方的交通路線設立殖民村落，東從北齊、北周相爭的華北地方開始，西至拜占庭帝國及薩珊王朝波斯的疆域為止，擴張貿易網絡。他們也成為突厥的政治及外交顧問角色，在內外兩面支撐著統治機制。

擁有軍事力量的遊牧民與擁有經濟力量的綠洲貿易民的共生關係，雖然從以前開始就可見到，但到了突厥與粟特族的合作關係時，則是以歐亞大陸規模展開，之後更成為撼動歐亞大陸歷史的明顯重要因素整一。

但是突厥將涵蓋歐亞大陸東西方龐大疆域整合為一這件事，頂多也只有三十年左右的時間。西元五八三年，突厥分裂為東西兩個。東突厥以蒙古高原為主要根據地並控制其周邊區域，西突厥則是以天山為根據地並掌控中央亞洲及西北歐亞。可說是草原世界的東半部及西半部。

這樣的東西分裂形態，原本在當初突厥國家開始急速擴張時就已經可以看到。以向東及向西的兩組將負責區域分為兩個的這個作法，最終就依照此型態分割。

以廣泛存在的突厥系居民為基礎的同時，另一面是被大小規模地方部族勢力割據的突厥政權，原本就是一個相當鬆散的聯盟。再加上，相較於龐大的版圖，統合「國家」整體的中央權力卻是相當微弱。此政治組織還未健全到可以維持「世界帝國」的存續。

龐大突厥的東西分裂為拓跋國家帶來好運。分裂前的突厥讓分裂成兩個拓跋國家的北齊與北周俯首稱臣。尤其是在人才及物資兩方面都不及北齊的北周，從創立者宇文泰以來，對於突厥都是一味地屈膝恭順聽命。相反地，儘管說事實上是附屬國的北齊，則總是建構著足以防備突厥攻擊的應戰體制。光從這一點，就可以看出北周與北齊國力的差別。

北周在宇文泰第四個兒子、第三代皇帝武帝（本名為宇文禰羅突，漢名為邕）時，對北齊進行多次攻擊。但是到了西元五六四年，以柱國楊忠（隋朝第一代皇帝文帝楊堅之父）為主帥的東征軍，是在突厥援助之下才進行，若無突厥的話就什麼都做不到。為了得到「世界帝國」突厥的庇護及援助，甚至在西元五六八年時迎娶突厥王族的阿史那氏為皇后。

在北齊方面也是，為了避免突厥、北周的聯軍來襲，而努力地博取突厥的歡心。若就突厥的立場來說，就是「將東西兩者置於天秤，試以和戰威脅」（宮崎市定《大唐帝國》河出書房新社「世界歷史」一九六八年。中公文庫版、一九八八年、第三二一頁。岩波書店全集版、一九九三年、第二四七頁）。

在突厥影響下的北齊、北周攻防戰，北周方面的再三攻擊出現成效，於西元五七七年時北齊首都鄴淪陷。在這之前兩軍於山西對陣時，就在突厥沒有直接介入下結束，這也讓北齊、北周的對立劃下了休止符。隔年的西元五七八年時，對於拓跋國家整合為一感到不快的突厥就吸收北齊殘黨並進攻幽州（現今北京地區），但是完成了華北統一的北周武帝就在認為應該要迎擊而親征之際，卻突然生病過世。當時年僅三十六歲。

北周武帝就在讓大家感覺到英明君主氣息及新時代到來時突然去世，其實權就轉移到父子兩代皆為對北齊攻略之有功者且為外戚的楊堅身上。僅僅三年後的西元五八一年，楊堅就登上帝位，並以其世襲爵位之隋國公為依據，將國號改稱為隋朝。拓跋國家的實體並未改變。只是代表者的王室及朝廷名稱改變而已。

成為隋文帝的楊堅，是個陰險且冷靜、城府很深的男人。在政權內部方面，為了防止北周王室復活而將宇文氏一族全部殺害。但諷刺的是，這卻成為招致隋王朝滅亡的一個原因。在對外政策方面，為了迴避與強大突厥的直接衝突而展開巧妙的外交戰術，引發誘導突厥帝國的分裂。西元五八三年的突厥東西分裂，除了原本就是分成兩組管理體制之外，也是隋文帝的離間政策導致之結果（前述礪波護著作之第一八一頁）。

隋文帝並利用最大壓力來源突厥因分裂紛擾而無法動作之空隙，更進一步地南下進攻。對拓跋國家來說，併吞南朝是自北魏以來歷時一個半世紀的懸案。

在沒有來自北方草原之軍事威脅下進行的進攻江南作戰，因為南朝最後之陳朝也真的是個微小政權，輕而易舉地就有了結果。西元五八九年，中國本部終於又被統一為單一政權。這是距離東漢滅亡約三百七十年、劉淵的匈奴族漢王朝出現後約二百七十年的事情。

突厥帝國與拓跋國家可說是當一個順利時另一個就會轉為不順的關係。

在短時間內實現巨大成功的隋朝，到了第二代隋煬帝（楊廣）時太過得意忘形。拘禁東突厥的啟民可汗並以草原世界盟主自居、控制掌握了西方交易的青海地區吐谷渾（此王室也是鮮卑族裔）、召集位於甘肅迴廊主要都市張掖（甘州）北方及西方各國的國王及使節舉行盛大晚宴、更進一步地直接將所有成員帶往東方、討伐從滿洲到朝鮮半島北部的高句麗。恐怕隋煬帝是更想成為「世界帝王」。

但是因為遠征高句麗失敗引發了崩解狂潮。於是，時代交給最後且最長的拓跋國家唐朝。當李淵及李世民父子從駐守地山西太原出發往隋朝首都長安進發，在要一鼓作氣往取得政權階段邁進時，得到了東突厥騎兵軍團的支持這件事，是個知名史實。此時為西元六一八年。

第一次「世界帝國」時代

成立初期的唐朝，也許是再度強盛起來的東突厥之附屬國。即使突厥的頡利可汗從六盤山出發逼近到非常接近長安之處，並且架設一整排帳棚建立大型營區，唐朝政府也不敢多說一句話，只能送給大量物資請他們回去。

但是這樣的關係也立刻出現逆轉。在東突厥統治下的鐵勒、薛延陀等突厥系各部族開始進行獨立運動。剛成為第二代唐朝皇帝的太宗李世民於西元六三〇年，利用這個機會一口氣抓到頡利可汗，不論是東突厥舊有領地居民或是立志獨立的各部族，在軍事力量及經濟力量下一致地向唐朝要求懷柔，並且稱唐朝皇帝為可汗而臣服。

接著讓青海地區的吐谷渾屈服並且進一步地與在松贊干布（棄宗弄贊）領導下迅速形成國家的吐蕃和親之唐朝的勢力範圍，一鼓作氣地擴張到涵蓋了東亞整體。太宗李世民被亞洲內陸君長們奉為「天可汗」之稱號，就是在這個時候。也就是突厥・蒙古語的「Tengri qaghan」。

中央歐亞大陸遊牧民擁有普遍的上天信仰，尤其是突厥・蒙古系的人對於「天（Tengri）」稱呼的天及天神之敬意和崇拜，是超越時空，非比尋常的。過去，匈奴單于稱號的開頭也曾被冠上「天」。

以族譜來說是鮮卑拓跋部出身、不論是父系或母系也許最遠都可以回溯到匈奴的唐太宗（拓跋部原本在過去匈奴帝國時代是位於統治集團的末端。李世民的祖母是出身於匈奴帝國時具有權勢之谷蠡王嫡裔獨孤氏。是以讓北周靜帝、隋文帝及唐高祖之父等三人分別都娶了自己女兒而聞名之獨孤信的女兒之一）。若從遊牧民的立場來看，的確是個適合被稱為「天可汗」的突厥・蒙古王者。我們是否可以單純地以理所當然的態度來理解擁有「天可汗」這個稱呼就代表中華皇帝立於遊牧帝王可汗上呢？

在唐朝初期對草原世界的大規模發展中，不可忽視「拓跋國家」這個特徵發揮了作用。簡單地說，就是大概成其根基處留有遊牧民味道的軍事組織及騎馬戰力，以及可從鮮卑開始追溯到匈奴的牧民傳統及血統意識（事實上，不只是北魏王室及唐朝王室所屬的拓跋部而已，拓跋聯盟中具有權勢集團之一、成為北周王室的宇文氏也是匈奴帝國的貴族顯要成員之一）。不論是對統治者的唐朝或是被統治的君長、居民們來說，這些都是讓唐朝的間接統治得以意外順利地實現的一個主要因素。雖然隋煬帝明顯邁向「世界帝國」志向很容易就會被貶低為魯莽的野心，但事實上根源應該是出自於相同之處。

總之，這是因為拓跋國家才有可能實現的事。當將權力基礎根植於「中華」的政權要往內陸世界大規模發展時，到底是要從根本處就與突厥、蒙古系的人有著密不可分的關係呢？或是要將其一部分的人拉攏進政權核心呢？無論如何這是僅限於和突厥、蒙古系有關係的非漢族王朝。

在交通、通信方式尚未發達的近代前期，當範圍廣闊的陸上帝國形成時，不可能僅靠單純的「力量理論」。倘若統治者及被統治者雙方沒有共通的「基本意識」，根本就不可能成事。

除了這種狀況之外，在唐朝大規模發展的主要因素之中，也不可以忽視後續將要敘述說明的國際情勢面之好運。

另外一個突厥帝國、也就是所謂的西突厥，在突厥語中被稱為「On ogur」。也就是「十箭」之意。就如同其名，分權勢力的分開傾向，在東突厥方面當然也很明顯。西突厥與拜占庭帝國結為同盟共同攻擊薩珊王朝等，雖然一時之間曾經很強盛，但不久就產生分成兩派的內亂。

專欄

在西突厥保護下旅行的玄奘

順帶一提，進行印度次大陸取經之旅的玄奘，是在玄武門之變正混亂之時，違反從唐朝初期就立下的「國禁」，離境出發。時間是在西元六二六年到六二九年之間的某一年（玄奘出發旅行的年份，根據歷史資料而有不同說法故沒有定論。但當時的背景有唐朝最大的醜聞－太宗的政權交替「玄武門之變」，很容易引起聯想）。

他的旅程最為辛苦之處，是到吐魯番盆地的高昌國為止。因為他在天山山中的軍營見到了西突厥葉護可汗並得到庇護的約定，故毫不費力地輕鬆通過西土耳其斯坦的各國，在途中也持續進行閉關修行，穿越過與都庫什山。

因為正處於全盛時期的西突厥勢力範圍完全涵蓋這些地域。甚至說玄奘是在西突厥的保護下，才可以到達印度次大陸也不為過。玄奘很幸運。在玄奘自己寫的《大唐西域記》及由其弟子之一慧立所著但後來被彥悰修改過的玄奘一代紀錄《大唐大慈恩寺三藏法師傳》中，因顧及到唐朝政府而未寫出這一段事實。

英明君王太宗去世後，由第三代高宗繼承的唐朝在西元六五七年，派出由許多種族構成之西征軍前往進攻混亂中的西突厥。成功地瓦解了西突厥後，還特意地分立兩位可汗以利控管。此與過去統一時期的突厥帝國樂見拓跋國家呈現分裂狀態並以和戰兩面手段進行煽動是相同作法。總之，突厥帝國的東西兩部分都滅亡了。

此外，唐朝仍持續著好運。在這之前的西元六四二年，波斯薩珊王朝在奈哈萬德之役（Battle of Nahavand）敗給新興勢力伊斯蘭・阿拉伯軍隊，帝國統治邁向崩解。皇帝伊嗣俟三世（Yazdegerd III）雖然逃往東方，但在西元六五一年遭到暗殺，薩珊王朝就滅亡了。在伊斯蘭勢力往伊朗高原東方發展時，薩珊王朝的殘存勢力也遭到驅趕而往東方撤退並在中亞地區各地建立亡命政權。結果，薩珊王朝的遺民轉而尋求唐朝的庇護，有相當多的人遷居到唐朝本國。

這個結果讓唐朝勢力擴張到帕米爾高原西邊為止。此外，以唐朝的兩個首都長安及洛陽為中心，伊朗系人及其文化在中國本部中也變得顯眼。在日本正倉院也可以感受到的波斯文化氣息，就是起因於此。

會將唐朝稱為「世界帝國」，就是指這種狀態。首先是於西元六五七年壓制西突厥，於六六八年與新羅合作共同消滅高句麗，並以六七四年薩珊王朝的流亡王子卑路斯（Peroz）來到唐朝時為全盛時期。在某種層面上，這也是拜突厥及薩珊王朝崩解所賜。

但是在西元六八二年時，舊東突厥帝國居氏從唐朝獨立，並以蒙古高原為中心再度建立第二個東突厥國家，即使在舊西突厥的中亞地區，也有突騎施等創建了各自的國家。

唐朝的「世界帝國」狀態持續約二十五年。約相當於長達三十五年的高宗治世（西元六四九年—六八三年）之中、後期。這是繼承持續三十年「世界帝國」的突厥之後的短暫輝煌（唐朝的「世界帝國」是因為有突厥的「世界帝國」才能出現，這一點是相當明確）。因此，唐朝三百年歷史，並非全部都是「世界帝國」狀態。經常可見的「隋唐世界帝國」等表達方式，不用說，就是一種掛羊頭賣狗肉的說法。

突厥「世界帝國」之內容實質也明顯是可疑的。唐朝的「世界帝國」也有點怪。

在蒙古高原、滿洲、中亞、越南等間接統治地區，除了首要官員都護以外，配置了全部由當地具權勢者組成名為「都護府」的獨特政府機關。但這到底是什麼程度的「政府機關」呢？老實說，只有稱號是如同唐朝官僚機關、附屬官員般命名，但在權力及資源方面卻是被牽著走。會將這樣的作法稱為「羈縻政策」（羈縻就是牽著走的意思）也是相當易於瞭解。

終究只是暫時的統治，是個如蜉蝣般危險又微弱的龐大版圖。只要當地人們丟棄了稱號，龐大版圖就會立刻消滅，唐朝就會回歸到非常普通的中國本部規模。

不管是突厥也好唐朝也罷，無論如何他們所成就的世界帝國起迄時間都可說是轉眼一瞬間，但將未曾有過之龐大領域控制在視野內則具有很大意義。歷史已經演變至此到促使具有這種決心之政權出現的時代。

還有一個重點。就是當拓跋國家交棒到唐朝這個最後跑者時，從東地中海到西亞為止，也就是在中東地區出現伊斯蘭，並一鼓作氣地變成龐大勢力。這是一個可說是人類文明發祥地，具有古老風俗的地區。伊斯蘭除了是一個具有非常古老傳統及文化蓄積的社會外，也非常突然地崛起。在此有一個重點要提醒讀者，伊斯蘭是個融合世界。

無法僅用伊斯蘭的要素來敘述伊斯蘭。繼古代埃及、巴比倫及波斯帝國阿契美尼德王朝等「文化世界」的悠遠歷史之後出現這一點，具有相當重大意義。

尤其是將阿契美尼德王朝、帕提亞的阿薩息斯（Arsaces）王朝以及薩珊王朝這些以伊朗高原為根據地的帝國傳統以總結承襲方式這一點，對於以伊斯蘭之名被涵蓋在內的群體之走向有著相當大的影響。簡單來說，雖然伊斯蘭對內是個宗教，但對外則同時帶有濃厚的明顯世俗性、政治性、漸漸擴大外圍部分的發展性以及世界性。

伊斯蘭在轉眼之間就推進到中亞地區並且在一段時間後繼續朝著歐亞大陸各地擴大，同時得以使用陸地及海上兩者之交通、貿易網絡等事情，也全部都是建立在既有系統及狀態之上而得以成立。近年來，被廣為流傳的「伊斯蘭網絡」，雖然真的難以理解「網絡」這個詞彙，但想表現的並非是伊斯蘭之新創事物，而是先聚集了所有既存事物之後，再加上伊斯蘭來者不拒之開放性格才更加發展。

當然，伊斯蘭是個前所未有的獨特存在。伊斯蘭已經超越了狹義的「宗教」，成為囊括了人類全部生活的「存活方式」。總之，雖然原本意義是宗教，但也是個牽動政治、經濟、文化等的「文明型態」。再者，在伊斯蘭初期近似於爆炸性擴張之中，阿拉伯遊牧民的存在具有重大意義。當初只是阿拉伯帝國，成為伊斯蘭帝國是在稍後之事。事實上，原本「Arab（阿拉伯）」是指遊牧民。不管是從不同學說的語源起點到伊斯蘭時代也都維持一貫相同的意思。在伊斯蘭中具有濃厚的遊牧民影子。

總之，在西元七世紀開端，西方的伊斯蘭與東方的唐朝同時以具備「世界性」擴張之姿出現。若從西元六世紀開始觀察此事，首先是突厥往北移，接著在東方出現唐朝、西方出現伊斯蘭，貫穿歐亞大陸各自形成龐大疆域版圖（若更進一步地說，以結果論，從西元七世紀末開始的歐亞大陸世界形勢是由東方深具中華帝國風的唐朝、在中央處重複著集散離合狀態的同時摸索新形式之突厥、西方則是變裝為伊斯蘭尋求再出發的中東、最後是位於西陲邊境的微弱拜占庭帝國及法蘭克帝國等串連組成）。無論任何一個都是超越當時為止的「文化世界」框架之存在。

簡單來說，雖然還不足以達到真正的「世界帝國」，但也是以接近的形態持續著。或許可說是人類歷史上第一次的「世界帝國」時代。

2　歐亞大陸重組之浪潮

回鶻扣下板機

再起的東突厥在阿史那默啜及毗伽可汗的帶領下，雖然仍未達到昔日風光但也回復了相當聲勢及威望，並與版圖縮小後的唐朝呈現南北對抗局面。這是繼匈奴與漢朝以來，再度出現身居蒙古高原的遊牧民與控制中國本部的中華王朝這種局面。

而且，再興後的突厥與唐朝之間的關係並不壞。例如：毗伽可汗之弟、聲譽卓著的闕特勤去世時，當時的唐朝皇帝玄宗（李隆基）還親筆寫了弔唁文（就是同時以突厥語和中文雕刻的石碑、著名的闕特勤碑文。六面之中的漢文面是由玄宗親自製作及撰寫，當中強調匈奴及漢朝以來的南北兩大帝國歷史傳統這一點，是相當有趣的內容。剩下的五面就是以突厥文字記載，內容與中文面完全不同，高聲地述說著突厥國家及闕特勤之功勳偉業。這是兼具歷史及語言兩方面的珍貴史料。包含這個碑的突厥碑文在西元十九世紀末時以帶來衝擊的方式被介紹到歐美及日本，不知經過多少學者的挑戰，結果由丹麥的語言學家威廉・湯姆遜（Vilhelm Ludwig Peter Thomsen，西元一八四二年—一九二七年）成功地完成大略的解讀。但是有關文字的音拍及標示、詳細內容的解釋等，還留有未被解決的部分。

不僅如此，玄宗還一併派遣為了建造祭祀闕特勤廟宇所需材料及技術者隨同弔唁使節團出發。此時為開元二十年（西元七三二年）。在玄宗的弔唁文中，以「父子」之國來說明這一點，不至於言過其實。

不論是唐朝或是東突厥，彼此都很清楚地知道互相爭鬥是件愚蠢之事。在初期的大規模發展熱情，到了現在雙方都已經完全地冷卻下來，此時已經進入可以冷靜判斷相較於生死存亡的決鬥戰爭，還是安定共存關係對彼此都較有利的時代。反過來說，光從這一點就可以知道不論哪一方的國力都有了陰影籠罩。

東突厥於西元七四四年，被以回鶻族為中心的九姓鐵勒聯盟打倒。九姓鐵勒也是出身突厥系。實際情況是由具有二百年傳統的舊統治者阿史那氏開始，朝向以回鶻王族藥羅葛氏為頂點的體制，也可說只是突厥族聯盟的重組而已。

在回鶻遊牧帝國以蒙古高原為主要根據地現身後十年，西元七五五年時唐朝中國出現大動亂。也就是所謂的「安史之亂」。

專欄

話說安史之亂

身兼相當於現今北京地區的范陽、平盧（熱河地區）、河東（山西）這三個地區節度使的安祿山，與玄宗愛妃楊貴妃的同族兄長楊國忠對立，並率領宣稱二十萬但實際上只有十五萬、由漢族及非漢族組成的混合軍舉兵而起，攻陷了唐的兩個首都長安及洛陽。隔年七五六年，於洛陽登上皇位並稱國號為「大燕」（燕就是北京地方的雅稱）。安祿山被兒子安慶緒殺死後，繼續以安祿山的盟友史思明為中心，給唐朝的統治帶來危機。

在此避免就這場動亂本身進行討論，但在安史之亂中，可見到從西元七世紀開始的突厥、唐朝、薩珊王朝的浮沉及興亡歷史所產生的面向。不論是安祿山或是史思明，都是出身於營州（現今遼寧省朝陽市）都督府的雜胡，也就是伊朗系（尤其是粟特人）及突厥遺民突厥族的混血兒。

安祿山原本的姓氏為康，本名為軋犖山，因出身於知名突厥貴族阿史德氏（前述在復興東突厥時相當活躍、著名的暾欲谷（Ton-yu-quq），漢名為阿史德元珍）母親再嫁，才改名為安祿山。至於史思明方面，本名為萃千，因兩人都精通六國語言，所以都從負責貿易事務的互市牙郎開始發跡。

漢文姓氏的康與撒馬爾罕有關，安是與布哈拉或是阿薩息斯王朝的帕提亞（安息為其音譯字）相關，史則來自於史國（Kesh）。或許軋及安也是相同。至今為止，雖然這種解釋方式據說是以漢文文獻為根據，但就如同森安孝夫所說般，事實上即使是在出土於中亞地區的非漢文文獻中也可確認粟特系人以「an」及「kang」等姓氏命名。「an」就是安及軋，「kang」就是康。原本沒有姓氏的粟特系人，也在中華使用漢姓命名這件事，可以從漢文文獻及非漢文文獻兩方面都得到證明。這就是在這種意思下的「姓氏」。若反過來說，不論是安祿山或史思明，父親的血緣來自於中亞地區或是出身於更西方地區等情事，都可以藉由其姓氏得知。

另一方面，名字的祿山或是犖山，很明確的就是粟特語中代表「光、光明」的「Rokhshan（rwxšn）」。這是由亨寧（W.B.Henning）首先提出的解脫。而作者過去曾經說過也可以用近代波斯語的「roxšn」解釋（《耶律楚及其時代》白帝社，一九九六年，第一〇七頁－一〇八頁）。

不論是粟特語或是近代波斯語的來源都相同，因此雖然「rwxšn」及「roxšn」是相同根源的語言，但應該還是要跟隨以粟特語解釋的亨寧說法。故謹在此訂正。此外，先前提過的亞歷山大大帝妻子、著名的「羅克珊娜（Roxana of Bactrian）」不是大夏人（Bactria）就是粟特人，但她的名字也被認為正是來自於與「rwxšn」同根、代表「明亮的」意義的粟特語。「祿山＝rwxšn」的說法，是根據日本唯一的粟特語語言學吉田豐的見解。簡單來說，安祿山的正確唸法是「An Rokhshan(an rwxšn)」。另一方面，思明的部分則是「思念光明」的意思，正是「光明」的含意。若真是如此，就會變成全部都是與祆教的光明之神阿胡拉．瑪茲達（Ahura Mazdā）相關的名字。暫且不管這是否為直接的結果，但其為隨著薩珊王朝崩解而遷移至東方的移民子孫之味道，真的很濃。

而且若是如此，兩人的母親都同為突厥人這一點，也就更加有趣。也先不管這是直接或間接關係，突厥帝國的解體與尤其是復興後的東突厥於安史之亂發生前十一年瓦解，恐怕也有其關聯性。

這兩個人都因為是可以講六國語言的精通多國語言者，而從事貿易業務並成為發跡的契機這一點，又是有趣之處。至少都會講父系的波斯語及粟特語，母系的突厥語以及當地的漢文等四種語言。另外兩種語言到底是什麼呢？若從地點風土來看，另外一個或許是契丹語。

再加上，還有區域性的問題。不管說是營州也好、幽州也罷，安祿山及史思明出生成長的地方，都是中國本部與非漢族世界的交會處。在該處有混雜了從西邊來的伊朗系及北方來的突厥系之居住地，另外還有漢族、之後建立帝國的契丹、女真及高句麗遺民等，形成一個「國際社會」。

雖然北京現在是中華人民共和國的首都，但如同隋煬帝及唐太宗相繼將其當作遠征高句麗的前線基地，原本是位於中國本部東北偏僻位置的「邊境」。但因為是農耕世界與遊牧世界交接地帶，交錯著哈薩克大草原路線及綠洲路線，更成為前往滿洲及朝鮮半島起點的重要地方。自古以來，就一直是個多種族、多文化、多語言的風土民情。儘管從中國本部來看是個「邊境」，但若將視野放大到東亞整體的話，北京已經開始走向具有高度國際性的「中心」之路。

在這個地方，安祿山與史思明從貿易業務邁向武人之路的故事，非常簡單明瞭。兩個人的出身、來歷、家族及語言能力，不論是在貿易及軍事方面都有相當大的助益。

事實上，在西元七五五年十一月安祿山舉兵而起時，成為主要核心的就是由突厥與契丹組成的八千多名精銳鐵騎。他們都成為安祿山的養子，因此也被稱為「父子軍」。以假父子關係強化彼此交情的這一點，經常可以在遊牧民族間看到。對突厥及契丹遊牧騎兵來說，安祿山是個像「父親」般可仰仗的指導者。在安史之亂被鎮壓之後，伊朗系的安氏也以此地區軍閥之姿繼續存活。多種族共存的「國際社會」也照舊延續並移入契丹遼帝國，更延續到女真金帝國及蒙古帝國。契丹帝國的陪都「南京」、金帝國的「中都」以及蒙古帝國首都「大都」，全部都設置於燕地區。北京地區就如同其文字意義般成為「中心」。其源頭可以追溯至安祿山。

安史之亂是跨越地區及文明框架的歷史產物，同時也是新時代的先驅。回過頭來說，安祿山及史思明不只是血統而已。就算是從以武人發跡的經過來看，也都不是一般人，他們從一開始就背負著特殊的家世背景。實在非常難以想像這是由一個雜胡完成的作為。他們兩個人會被自己的士兵尊稱為「二聖」，也是很能理解的事情。

邁向崩解的唐朝統治體制，在新興回鶻遊牧國家援軍的協助下得到解救。若就回鶻的立場來說，不僅只是單純地回應來自唐朝的救援要求而已，更是無法坐視不管自己曾經推翻的東突厥變身成為安氏王朝並且打算以中華帝國之樣貌復活這件事。不只是外交上的利益，事實上也是為了自身考量。

總之，將河北及河東當作地盤、以非漢族及漢族混合軍團打倒唐朝政府軍的安祿山、史思明，也無法對抗來自根據地背後更加強勢的騎兵軍團。由伊朗系及突厥系混血兒建立的「新王朝」之嫩芽，持續九年左右崩潰，在中國史上以「叛亂者」之名留下紀錄。

以此為契機，東亞的主角進行著交替。唐朝在「安史之亂」前、西元七五一年時，已經在天山北邊山怛羅斯河（Talas River）畔敗給向東進擊的阿拔斯王朝（The Abbasid Caliphate）的穆斯林軍（因將造紙法西傳而聞名），終於也失去了想方設法在中亞地區保留的地盤。

唐朝的威信，此時於內外兩面都出現衰微。之後的唐朝急速地衰弱、無力。在動亂的最盛時期屯駐在中國本部各地的武將們，在動亂結束後直接留在原處導致軍事分權化。

唐朝中國成為在中國本部各地進行割據的各式各樣「藩鎮」（用節度使等頭銜來稱呼這些握有半獨立軍事及行政權）之集合體，唐朝王室及中央政府成為漂浮在這些「地方政權」群體之上的政治符號而繼續生存。

尤其是在混血兒成為主要領袖的河北一帶，事實上已成為獨立狀態。可說安史之亂就直接在當地固定化。若依據將王朝分開的斷代史風格來說，維持長達二百九十年的唐王朝，實際上是個衰弱的時間比盛世更長之政權。

專欄

關於「唐宋變革」

以下又是一段閒聊，關於在中國史研究中著名之「唐宋變革」想法，是認為這個「漫長的期後」及五代十國持續約半世紀之紛爭期相加合計共約二百年後，到了宋代中國時社會整體出現大幅變化。但是，將集中在唐朝前半期的全盛時期，及在後半時期其獨特性越發顯著的宋代中國之情況，當作唐朝及宋朝這兩個「長命王朝」的典型樣貌，無可否認地是有其稍微單純地太過強調不同之面向。在其深處是將唐朝以唐朝之姿統括二百九十年，另一邊的宋朝則是將實際上幾乎是不同國家的北宋及南宋合算共計達到三百年以上，果然還是有將事物綑在一起當作相同物品思考的癖好。這就是「斷代史觀念」。但是若將唐朝的「漫長的期後」及宋朝的「漫長的期前」合併計算的話，正因為總計超過三個世紀，會有變化也是理所當然。

與國勢走下坡的唐朝相反，回鶻遊牧國家趁機將手伸進去了唐朝及阿拔斯王朝最終縮手的中亞地區。讓同屬突厥系遊牧集團葛邏祿（哈剌魯）等歸附臣服的回鶻聯盟，一鼓作氣地以東方世界最強國之姿君臨天下。

當作是提供軍事力量及藉其而得到安全保障的回禮，回鶻接受實際上是在其庇護下的唐朝以銀為主的鉅額經濟支援並與其締結和親關係。但這卻將唐朝政府財政逼向極限。不久，唐朝就不得不從已成為拓跋國家傳統以租庸調為主的徵稅體制切換為由兩稅法（以居住地主義為基礎的資產評估及在夏秋兩季的課稅為兩大主要支柱）形成的稅收系統。在中國歷史王朝中，鹽的專賣會成為佔中央財政的最基本主要來源，也是從此開始。

只要西藏高原的吐蕃進攻唐朝中國的話，回鶻騎兵軍團就會出動。此外，就算是唐朝國內，雖說藩鎮跋扈，但在衰弱化的唐朝，還可以持續維持相對的平衡與安寧的這個不可思議現象背後，絕對不可忽視在藩鎮之上、從北方壓迫的回鶻龐大身影。終究，政局是超越空間的框架連動著。而回鶻可說已經成為東亞的「國際警察勢力」。

回鶻的主導並不限於政治及軍事。結合了自突厥以來與突厥國家緣份深厚的粟特商業勢力之回鶻，利用粟特人商隊展開將馬運送到庇護國的唐朝中國後，再帶回絲綢的「絹馬貿易」。據說在長安經常有超過千人的粟特商人團駐留。當然，國際商品的絲綢隨著粟特商人的貿易網，也被轉賣到中央亞洲及其以西之地。

回鶻就藉由來自唐朝中國的經濟提供及與粟特商人一體化進行的國際貿易，而成為兼具前所未有軍事力量及資金能力的遊牧國家。即使將這個稱為「帝國」，也應該是完全沒有罣礙。

回鶻遊牧帝國的獨特性不僅如此。回鶻中央權力可以直接到達遊牧移動圈區域的正中央，雖然不是很大，但光是這樣就代表他們自己推動設置了相對應規模及機能的都市。

也就是說，回鶻照著匈奴帝國以來以蒙古高原為根據地之遊牧國家的傳統方式，將「王庭（斡爾朵，Ordu-Baliq）」設置在鄂爾渾河和土拉河兩條河上游的草原區域。在此建築了突厥・蒙古語中被稱為「斡爾朵」（意指主營之城）的城牆都市。

主要是由粟特商人等「定居民」入住在城內，統治者回鶻王族以下的人們則是非有必要不得入城，而在附近草原地帶搭帳篷生活。在作為政治及經濟設備的這個面向，可說是個明顯的「人造都市」。

相同的作法，在將近五百年之後蒙古帝國剛剛崛起時，就將首都哈剌和林（KarakorumQara-Qorum）設置於非常接近於斡爾朵之處，實際上兩者對該是沒有太大差異吧！因為兩者都是「草，原的首都」，但卻是個並非以讓統治者居住為目的，而是將官僚、商人及工匠集中居住以維持政權，並儲備各種物資、糧食及兵器的都市。

此外，回鶻帝國斡爾朵的遺跡，即使在蒙古時代也幾乎保有往昔風貌矗立這一點，可以在當時數目眾多的波斯文、漢文及拉丁文紀錄中看到。再者，在近現代中，用蒙古語稱之為「Khar Balgasyn Tuur, Kharbalgas」（黑色城市，進一步地意指成為廢墟之城），雖然現在城牆已經化為平穩的隆起，但居然在二十世紀初的報告書中，似乎還留有高高的圍牆。

就如同已經敘述過的，遊牧國家很少會建置小規模聚落或是固定設施。在直屬政權中樞的帳篷營地中因為政權需要而建置正式都市，具有相當大的意義。綜觀在中央歐亞大陸興亡的遊牧國家歷史，可說是由回鶻開啟了新的時代。

回過頭來說，西元七四四年突厥與回鶻的交替、七五〇年阿拔斯王朝的「革命」、七五一年的塔拉斯河畔戰役及從七五五年開始的「安史之亂」，八世紀中期的歐亞大陸接連著出現數個動盪及重組，相當具有劃時代意義。但是若以更廣泛的眼光來看歷史時，相較於接著要出現的大規模變動，這也不過是微小的重組。

契機就是回鶻與中央歐亞大陸。從先前一段時間開始，蒙古高原天災頻傳並因此引起牧民動搖及內亂，就在這種情況下回鶻帝國陷入混亂不安的狀態。就在聯盟的團結出現強烈鬆動之際，西北蒙古利亞的吉爾吉斯聯盟突然迅速地襲擊鄂爾渾—土拉的主要核心地域。

中樞崩潰的回鶻遊牧帝國，讓人不敢置信般簡單地就崩解。甚至可被稱為「回鶻時代」的榮華富貴，結果也未滿一百年就消失了。

創造出多重結構聯盟的各部分，為了自己的目的而在回鶻這個名稱下開始出走。如舊王族的藥羅葛及新王族的阿跌氏等身為遊牧聯盟主軸的回鶻人就離開混亂疲憊的蒙古高原，形成數個聚落遷居到中國本部北方邊境、河西走廊及天山地區。這就為了大變動扣下了扳機。

在回鶻這個軍事庇護者解體且其潰敗殘餘部隊之一部份為了尋求援助而來到北邊邊境時，唐朝觀察了情勢演變之後，決定和吉爾吉斯（時稱黠戛斯）合作進行追擊。但是吉爾吉斯沒辦法整合草原世界，無法成為回鶻的替代者。在回鶻聯盟外圍部份的多個部族也選擇獨立化道路的結果，讓東亞整個都陷入政治混亂狀態。而且直到之後的蒙古帝國出現為止，大約三個半世紀的時間，歐亞大陸的東方草原都未再出現統一勢力。

順帶一提，在中國本部方面也是不久後就出現黑市鹽商黃巢的大叛亂，原本就相當虛弱的唐朝，就在這最後一擊之下滅亡（西北九〇七年）。以此為開端，在唐朝帝國的刺激與受其國家系統影響而形成的新羅、渤海及南詔等也在十世紀初同時進行政權交替。

突厥族往西遷移

以回鶻的瓦解為契機，從西元九世紀開始到十世紀之間，歐亞大陸東西部被覆蓋在大規模波動下。這個波動主要有兩個。一個是突厥族的大西進。其結果是突厥族不僅在中亞地區，就連在中東及西北歐亞大陸、北印度也成為政治及軍事的主要角色，尤其是伊斯蘭化的突厥族佔了最大多數。而且，這個局面不只是一段時間而已，一直持續到蒙兀兒王朝及鄂圖曼土耳其帝國為止（根據作者的想法或許是一直到現在）。這是長達千年的「突厥・伊斯蘭時代」之開幕。

在離開故鄉蒙古高原而遷移到周邊區域的舊回鶻國人中，朝甘肅方面移動之人們發現了已形成最大綠洲甘州為中心的新天地。他們立於當地漢族及西藏族之上，並形成同時搭配了利用祁連山山谷進行畜牧及既有綠洲型農業、貿易的小王國。這就成為在歷史上被稱為「甘州回鶻」的政治勢力。

遠赴天山東部地方的人建立了橫跨博格達山脈北邊及南邊山麓的獨特畜牧農耕及貿易複合型小國家。在國際貿易及國際政治變動中掙扎生存的這個回鶻王國，在三百數十年後當蒙古崛起的風暴颳起時，被稱為「蒙古統治的教師」一般迅速地靠向蒙古並與其一體化。

往更西方走的人們被天山北邊山麓的葛邏祿族合併。這個集團歷經以天山北側巴拉沙袞城（Balasaghun）及南側喀什噶爾（Kashighar）為中心的喀喇汗王朝（Qaraxanilar Sulalisi），較前述二個回鶻王國更早形成稍微大型的畜牧農耕複合型國家。

就這樣在西元九世紀後半，在這個涵蓋從甘肅開始到天山、由草原與綠洲交織而成的地區，一舉之間出現三個上層有保持著遊牧型移動生活的突厥系統治者、下則有由各式各樣人種、文化及語言形成的綠洲居民擴散分佈的雙層結構國家併列其間。

不論哪一個都是畜牧農耕複合型，而且地理環境條件及歷史演變這兩點當然相同，也共同帶有熱衷於東西交易的貿易立國的一面。而且，如果觀察國家整體，不管哪一個都是具有明顯的多人種、多文化及多語言之混合性。在回鶻遊牧帝國發芽的草原及綠洲兩個系統之融合，促使規模較小但型態更為明確的獨特國家及社會之誕生。

統治者們都使用突厥語。另一方面，大多數的居民則是用漢文、波斯語、粟特語及藏語等語言，包含統治者在內，當然有不少人都是通曉其中數種語言的精通多語言者。這是為了生存而必須要具備的本領，應該與個人才能無關。如今我們很容易就會強調並讓語言能力、尤其是會話能力與個人才幹及評等產生過度連動的現象，或許是因為居住在日本的島國人們享受太多單一語言社會的好處之故。

但是不論是在國內或國外，屬於統治者們語言的突厥語成了共通語言。這一點相當重要。進一步地其中一部分人們也開始運用變化自亞蘭系（Aramaic）文字的粟特文字書寫突厥語。就是所謂的回鶻文字。這樣的結果就是讓「突厥化」現象迅速地在帕米爾高原以東地區擴展。

亞蘭文字之旅

這純粹只是與粟特文字及回鶻文字相關的閒談，在此想稍微說明關於亞蘭文字向東流傳後以接力方式應用、變身為粟特文字、回鶻文字，並進一步地成為蒙古文字、滿洲文字之事。

被稱為亞蘭人的人們是約於西元前一〇〇〇年開始在以敘利亞為中心的東地中海區域活躍、出身為遊牧民之商人。以對於資訊的掌握與擁有進步的文化而聞名。在西元前八世紀時，他們自身的政治集團被亞述所滅，亞蘭語則被當作貿易用語而成為西方人稱為「東方」的整個中東地區的共通語言，歷經波斯帝國統治時期等直到伊斯蘭出現為止。

亞蘭文字是由只有子音的二十二個字母形成，特徵是由右往左書寫。與往西流傳形成拼音字母的鄰近同為商人之腓尼基文字並列，成為向東流傳的另一個拼音文字體系。若以近代事物為例，在文字方面，說希伯來語的耶穌基督也是使用亞蘭文字。

在伊斯蘭世界成為共通語言的阿拉伯文字也是屬於亞蘭文字系統。另一方面，向東流傳的亞蘭文字成為伊朗系人使用的粟特文字，更進一步地在粟特商人與甘肅及天山地區「回鶻人」的交流、接觸下演變為回鶻文字。即使相對於印度、歐洲語系的伊朗語，突厥語是被劃歸於阿爾泰語，但這個差異卻未產生任何影響，亞蘭文字同時成為兩者之書寫文字。

雖然到某一時期為止，回鶻文字曾經出現從右到左、從上列到下列的橫書方式，但在不知不覺間開始變成直書方式。而在直書方式時就變成從左行往右行書寫。是僅以九十度逆轉的型態。在轉變成直書型式後，就成為蒙古文字。

回鶻文字被應用成為蒙古文字是在「天山回鶻王國」舉國併入由成吉思汗率領的新興蒙古遊牧聯盟後，成為其「智囊團」的結果。尤其是因為在內外雙方面同時支持蒙古的驚人大規模擴張發展的回鶻，在初期也兼任負責記錄者、書記。

回鶻文字式蒙古文出現約四個世紀之後，由努爾哈赤率領的「滿洲王朝」開始導入蒙古文，在經過一段時間的稍微改良後創造出滿洲文字。在「滿洲王朝」變身成為清朝政權中樞的過程中，自第二代的太宗皇太極之後，成吉思汗之弟拙赤合撒兒後裔的科爾沁部族以「同盟者」身分存在，而隨著清朝的發展，內外蒙古的蒙古利亞也加入成為「藩部」。在肩負著蒙古帝國以來的因緣以及比較過目前的政權結構後，決定採行蒙古文字與滿洲文字並用方式。

綜觀從亞蘭文字轉變為滿洲文字的過程，在文字的產生及傳播過程中，不管是亞蘭人也好，或是腓尼基人、粟特人及回鶻人等也罷，都與商人有著密切關聯。擁有豐富資訊及見解、需要文字的商人創造出文字，並且隨著其多樣、廣泛的活動而將文字往外推展。商人將自己視為文明人是理所當然之事，他們同時也是文明傳播者。

這些人類集團不僅只是在經濟、文化面，在政治、行政方面也有相當貢獻。因為政治、行政也需以文字為媒介的紀錄，引入握有文字及資訊的商業民是個捷徑。文字不僅是以文字方式傳遞，也隨著掌握文字的人而被傳播。亞蘭文字之旅是個可以顯示傳遞人類歷史之實況及傳達者之功用的範例。

在另一方面，到了八世紀時，帕米爾高原以西至少在表面上已經成為伊斯蘭世界。過去的粟特商人突然之間從史料中消失身影，取而代之出現的是伊朗系的穆斯林商人。說不定是其變身這一點，從歷史狀況來看，應該不會有太大的錯誤。

進入西元九世紀時，出現以阿姆河南北地域作為疆域、將首都設在布哈拉並獲得阿拔斯王朝承認的薩麻尼王朝（Sāmānids）。這是在「伊斯蘭的征服」之後，第一個出現的伊朗系王朝。

在歷史上就大範圍來看，薩麻尼王朝基於三點而成為重要角色。第一點是讓波斯語以及伊朗風格文化等，總之就是被稱為「伊朗」的這個詞彙，不管是伊朗傳統觀念方面或是作為伊朗中東世界，都在東部邊境復活；第二點是讓粟特人居住地之中亞河中地區伊斯蘭化；第三點是隨著「伊朗．伊斯蘭文化」的確立，將伊斯蘭推廣到錫爾河以東或以北地區的突厥人（尤其是遊牧民族），以結果來說是促進了突厥族往伊斯蘭中東世界擴張勢力。

在這裡尤其最重要的是第三點。在回鶻族西遷的浪潮中誕生的喀喇汗王朝，藉由與西邊鄰居薩麻尼王朝的交涉與接觸而改變信仰成為伊斯蘭集團。不只如此，喀喇汗王朝在西元九九九年消滅了薩麻尼王朝而掌握了帕米爾高原東西兩側，並讓波斯語中代表「突厥之地」的「土耳其斯坦」在此處出現。

喀喇汗王朝本身歷經多次內部分裂及聚散離合後分裂為東西兩部，各自淪為零碎的勢力，而撒馬爾罕的王族則繼續存活至蒙古出現為止。總之，在喀喇汗王朝統治下，伊斯蘭化波潮涵蓋到了天山附近，也影響到附近的遊牧民。歷時千年的「突厥・伊斯蘭時代」，就在此展開。

回過頭來說，薩麻尼王朝的君主們已經將突厥的年輕奴隸教育成為優秀戰士，並組成至死效忠的護衛隊。從被送到巴格達的阿拔斯王朝哈里發處的突厥奴隸中，也出現了高官或將領者。因為突厥奴隸發跡者積極地召喚自己的同族，所以不論是個人或集團的突厥族都往伊斯蘭中東世界遷移就成了大潮流。

薩麻尼王朝的政治及軍事權力漸漸地轉移到突厥族手上，在西元九七七年時成為興都庫什山南側伽茲尼將領的艾勒布特勤宣布獨立，不久後就成為掌握從阿富汗開始到西北印度及西印度的政權。在歷史上將這稱為伽色尼王朝。以此為契機，由突厥系人推動伊斯蘭東方世界軍事及政治的時代正式開始。在伊斯蘭世界中，包含突厥等所謂的白人奴隸雖然被稱為「馬木路克（Mamlūk）」，但在這之後，即使是在北印度及埃及等各地都相繼誕生馬木路克政權。

於是，對錫爾河以東或以北的突厥族來說，前往中東及印度的道路也被打開，接著就是塞爾柱帝國（Selçuk）的大西進。塞爾柱帝國的母體是被稱為烏古思人（Oğuz）或是土庫曼（Turcoman）的集團。西元一〇五五年，進入阿拔斯王朝首都巴格達的塞爾柱帝國，雖然只有短暫的統治時期，但控制了整個西亞，雖然之後分成幾個政治單位並形成伊朗、伊拉克、敘利亞及安那托里亞等國家，但其中一部分持續存活至蒙古時代為止。

在這裡有個重點是，在草原與綠洲世界成長的遊牧國家系統隨著突厥系軍事權力，被一同帶入伊斯蘭中東世界。尤其是在中東的東半部地區，此後藉由突厥．蒙古的軍事權力持續進行國家合併。也就是遊牧國家獨有的國家體制及組織被導入伊朗、伊斯蘭地區。

首先在伊朗及其周邊地區，此後從名為塞爾柱的各個國家、後續尤其是旭烈兀汗國的蒙古帝國、續接其後的札剌亦兒王朝、黑羊王朝（Karakoyunlu）及白羊王朝（Akkoyunlu），進一步地到薩非王朝為止，不論哪一個政治權力者都是出身於遊牧民。權力所在地點並非是被稱為首都的「點」，而是在涵蓋首都的夏季營地及冬季營地、被稱為「遊牧移動範圍」的「面」中生活的帳篷聚落。再加上以部族為基本單位，讓人們聚集形成的權力本身之多重性、或者作為聯盟的明顯個性、還有政權及王朝可隨著每一代君主激烈變化的可變動性及框架的流動性等，可發現遊牧國家之顯著體質也普遍地存在於這些國家。

政權核心始終還是在承襲遊牧國家傳統的軍事權力上及伊朗、伊斯蘭社會在文化與經濟上的累積這兩點，成為歷史發展的二大支柱。而且，這種型態不僅止於幾乎與波斯語圈重疊的「東方伊斯蘭世界」，在蒙古時代成立於埃及的馬木路克王朝以及於蒙古時代後半期在安納托利亞高原的一個角落出現，且在之後有大發展的鄂圖曼土耳其帝國，也可發現具有共通的部分。

沙陀、契丹及女真

就在突厥族持續邁向成為伊斯蘭中東世界主人之時，在東方世界也有大幅變化。這是另外一股波潮。也就是繼回鶻遊牧帝國之後唐朝也處於混亂狀態而即將滅亡時，有兩股新的勢力開始浮現出政局表面。就是蒙古系的契丹族及突厥系的沙陀族。以這兩股勢力為中心，東亞進入約長達三百年的多極化時代。

在唐朝滅亡的華北地區，成為合併主角的是以山西附近為主要根據地的沙陀族。果然是山西且為遊牧集團這點，會讓人聯想到過去的劉淵之山西匈奴王國或是爾朱榮的山西匈奴集團，實在相當有趣。此處有一個關鍵點。

沙陀族的前身似乎可追溯到構成西突厥一部分的集團。而說不定在回鶻遊牧帝國時代，是屬於其末端。

沙陀集團的存在價值，隨著動亂逐漸高漲。在朱邪赤心擔任首領時，鎮壓了動搖唐末中國本部的龐勛叛亂，以其功而得到賜姓為唐朝國姓「李」，因此改名為李國昌。接著，成為平定前述之黃巢大叛亂的主要勢力。唐朝為了鎮壓叛亂而依賴遊牧軍事力量並靠其延續生存的這個做法，是從引進回鶻以來一貫相同的策略。

而且，由王仙芝及黃巢等黑市鹽商掀起的大叛亂這件事，原本就並非與回鶻無關。當回鶻遊牧帝國瓦解時，逃到唐朝的回鶻殘留勢力，在受到唐朝以「征討」為名的攻擊後更趨微弱化，之後更被強制遷移到河南省南部的原野。那些人與黃巢為了私下交易而建立的祕密集團組織結合後，就一口氣地變強大了。在宮崎市的「大唐帝國」中詳細地敘述了這件事（河出書房新社「世界歷史」一九六八年。中公文庫版，一九八八年，第四〇五頁至四〇六頁。岩波書店全書版八，一九九三年，第三九九頁至三一二頁）。但是，當接到唐朝出兵請求的李國昌之子李克用率領沙陀部隊從山西登場時，黃巢立即被鎮壓。以黑色裝扮武裝的沙陀騎兵隊以其快速攻擊被稱為「烏軍」也就是「烏鴉軍」，並受到人們懼怕。西元八八四年，黃巢被殺。

此時，唐朝在事實上幾乎等於已經滅亡。在這之後，曾為黃巢部下但叛逃到唐朝的朱溫改名為朱全忠後又再度舉兵叛變時，就成了與山西沙陀軍團的對抗。李克用是亂世的風雲人物，與給了唐朝最後一擊的朱全忠之開封政權（在歷史上稱為後梁）不停地展開拼死的軍事對抗。不久後，在李克用之子李存勗時，消滅後梁在政治上統一華北，並將王朝命名為唐。在歷史上將此稱為後唐。這是突厥族的中華王朝。

在這之後，成為統治者的沙陀族內部族力爭奪戰逐漸擴大，正因為是複核心結構的聯盟。雖後晉、後漢之中華風王朝名稱乍看之下像是完全不同，但本質與前述的「拓跋國家」情況相同，就算將其概括到「沙陀政權」也無妨。在傳統中國史中稱為五代的王朝，除了最初的後梁及最後的後周外，剩下的三個毫無疑問地都是「沙陀政權」。即使是最後的後周，也只是因為偶然間由漢族出身者擔任沙陀軍閥集團的代表人物而已，權力的母體還是沒有太大的變化。

另一方面，在長城線以北地帶，契丹族成為主角。在此也出現與李克用齊名的一代英豪。以漢文書寫為耶律阿保機。耶律是姓氏，阿保機則為名字。至於契丹語的唸法，目前尚未有定論。但是名字的部分，於蒙古時代的波斯語史書中，以波斯語風格長音化的表現，被記載為「A—Ba—Ki—」。或許接近日語的漢音「あばき（Aboki）」也不一定。

以興安嶺南端為源頭出發，向東流後轉為向南貫穿遼寧平原的大河—遼河，及其大支流的老哈河流域，形成優異的草原。在古代，鮮卑及烏丸曾將此當作根據地。「契丹」這個名詞，在北魏時代的刻文中就可見到。在鮮卑南下、烏丸解體後，以契丹為名者現身。

專欄

是「キタイ」（Khitai）？還是「キタン」（Khitan）？

前面已經提到的，在八世紀初期之闕特勤碑等突厥碑文中，以「Qitay」這個形態出現。「契丹」這個漢字音譯是古代悄悄地將最後一個拼字「y」以發音接近之「n」代表。包含作者已公開過的文稿在內，在日文裡會以「キタン（日文發音為（Khitan）」標示，可說是意識到與「契丹」的連動而產生之表現方式。但是，在突厥碑文以後，例如在轉換粟特文字而形成的回鶻文字之回鶻文文獻中，則是清楚地記載著「Khitai」。應該是在去除掉 **n** 音或是將其轉為 **i** 音的語言現象中，「Qitay」就變成「Khitai」。這一點是根據回鶻文獻研究者、伊斯蘭化以前的中亞史專家森安孝夫的指教。有一段時間作者也想過，「Khitai」（在波斯語及阿拉伯語為「Khitāī」或是「Khatāī」）最後一個拼字的「i」是波斯語的最後拼字「ī」，因為波斯語是當時大陸世界的國際貿易語言，故波斯語形式的「Khitāī」或是「Khatāī」就變得普及。再加上，對於前述的「契丹」這個漢字音譯字應該是呈現出早期發音這件事有所在意，故特意地使用「キタン」這個表現方式。但的確是不管怎麼看，關於重要的西元十世紀以後的契丹帝國時期以及之後的蒙古時代，都還是用「キタイ（日文發音為 **Kitai**）」較為自然。謹在此致謙並修正。

在隋唐時代，遼河附近為契丹、老哈河附近為奚，而在兩者之間稍微偏西則為霫（或稱白霫）以及被以各種漢字標示的多種集團，形成鬆散的團體進行遊牧。契丹一度甚至成為安祿山核心部隊，以精銳強悍的騎兵而聞名，可說是其近親的奚及霫也具有不可輕視的實力。

不論契丹族還是奚族，都已成為唐朝前期之羈縻政策的對象，就算是原本也具有相當接近於中國本部的風土民情且受到中國風文化及生活的影響，但仍具備強烈的堅實遊牧集團之獨特性而成長為龐大勢力。但是，因各別集團內的各自獨立性太過強烈，反而延遲了國家的形成。

就在長城線南北兩側同時都籠罩在時局變化下的時候，最大政治勢力的契丹族中出現了耶律阿保機。從契丹八部之一的迭剌部出身的耶律阿保機認為應該要打破由八部具權勢的族長們共議的政治運作及團體代表者『可汗』是由遙輦氏（契丹的主要核心集團，迭剌部也是其中之一）中選出之制度這兩個慣例，因而開始採取行動。

耶律阿保機暫且持續替遙輦氏契丹的痕德堇工作，並且對內對外的政策運作中嶄露頭角。西元十世紀初的九〇一年，一個直屬於他並成為稍後會出現的契丹帝國基礎的小型權力組織就形成了。也可以將這視為是耶律氏權力的起點（西元九〇一年為契丹國的起始年這一點，在陳桱的《通鑑續編》中已經有記載。蒙古時代遼國也已經到達宋朝，元代年號為至正十年、西元一三五〇年時自行命名並付印出版的這本歷史書，是記錄從盤古開天闢地到南宋滅亡為止的中國通史。第一卷內容只有從盤古到唐朝末年的重點，第二卷則是從九〇一年契丹國家的出現，開始所有的記述內容。本書沒有採用到當時為止不知為何已經常識化的唐朝之後為五代、接著是宋朝這種中國史的紀錄方式。除了是跨越王朝框架的「東亞史」外，還有契丹王國的出現，具有劃時代之獨特性。在元朝刊本中，還留有顯示出與蒙古政府相關的印記，不能說這純粹是陳桱個人的「私人著作」。大概也帶有正式「通史」的一面。若以此作為典故依據，對於中國近代史的印象將會大幅改變。不管是在文獻方面或是歷史方面，都是應該要多加注意的書籍。）

總之，鞏固了權力的基礎並且也握有契丹部族聯盟整體實權的耶律阿保機，在痕德堇可汗去世後，就廢除了可汗選舉制並舉行登基儀式自立為君主、稱國號為「大契丹國」。此時為西元九〇七年。在九年後的九一六年時，進一步自稱為天皇帝，並以中華風的『神冊』作為年號。

關於這個過程，到底該以哪一年作為契丹國家成立的時間，有各種說法。每個說法都有其相對應的理由。但是簡單來說，可以看作就是從九〇一年開始到九一六年的十多年間，耶律阿保機將契丹族的政治聯盟改為以自己為中心的體制，並慢慢地建立出名實相符的單一王權之統一國家。

登基儀式、中華風的新皇帝稱號及選定年號等，本來就是具有極度象徵性的行為。每一個動作都有其政治方面意義及目的。儘管這麼說，其中最該被注意的是西元九〇七年，也就是在這一年唐朝滅亡，朱全忠取而代之登位稱帝。非常明確地，耶律阿保機是意識到這一點而舉行登基儀式。

而且，該儀式是根據契丹族的古禮，燔柴告天。燔柴、告天這個行為即使是在中華文明中，也如《爾雅》、《儀禮》（兩者皆為書名）記載般，是個自古以來的傳統。但是，因為是以聚集具有權勢的族長以下眾人向上天神明（也就是 Tengri）發誓之祭神儀式進行，也可以說是承襲突厥・蒙古系遊牧民傳統的契丹原有之儀式。

九〇七年時，耶律阿保機應該是在過去的大帝國唐朝滅亡後，在包含了想要繼承該位意圖之下，舉行了登基儀式。而會將該儀式以契丹方式進行，除了象徵新誕生的契丹國家為契丹聯盟之外，同時大概也是宣示與南方朱全忠對抗並意識到自己為「北方皇帝」這件事。九一六年時自稱天皇帝（但這或許也是 Tengri qaghan（天可汗）的漢文音譯字）及採用新年號的行動，則是相對於南方中華王朝後梁，補齊自己在體制上不足之處。

在這一連串國家體制建置的最盛期時，九〇五年時與沙陀族首領李克用在沙陀族統治下的北方要衝雲州（大同）會面，締結以長城線為界，北方為契丹、南方為沙陀勢力範圍之切割約定。至少，看起來好像是這樣。因為看起來契丹與沙陀在表面上雖然偶爾也會發生一些戰鬥，但實際上卻都很明確地迴避將對方擊潰為止的激烈鬥爭。

總之，成為契丹帝王的耶律阿保機，在這之後開始著手進行契丹國家的擴張及內政的建置。西元九二〇年時命令創造大小兩種的契丹文字，接著到九二五年為止完成進攻背後之地的蒙古高原中央地區、掌握回鶻首都斡爾朵並建立間接統治蒙古高原東半部的體制以解除後顧之憂。隔年的九二六年時消滅了被讚頌為東海盛國的渤海國另立東丹國，並封身為長子的皇太子耶律圖欲（中華式文字為倍）為東丹王，之後在返國的路途中去世。

契丹統一國家正是由耶律阿保機在一代之間完成的產物。其轉變的基礎及成為權力者後的事蹟，雖然在規模上可能較為遜色，但有可讓人聯想到三百年後的成吉思汗之處。

就作者個人來看，成為第二代的次子耶律堯骨（中華式名字為德光）是個較之後的蒙古帝國第二代窩闊台，更具有英雄性格的人物。在國家這個規模上，比起窩闊台時代蒙古帝國跳躍成為世界帝國，堯骨時代的契丹僅止於東方霸主這件事，只能說是時代的差異及契丹與蒙古的組織力之不同。而且，說起來因為蒙古還可以吸取契丹的三百年歷史及經營帝國的經驗與種種智慧。

在華北地區，沙陀政權已經成為中原地區統治者。但是在重要的帝王李存勗尚未整建體制並且沒有留下適當太子人選的情況下年紀輕輕就去世之後，失去了可以整合沙陀軍事集團的象徵性血統，漸漸地變成複數的實力者集結成軍事同盟。雖然在李克用時代以來的老將李嗣源成為後唐皇帝（後世尊稱為明宗）並相對地控制住局勢的九年間，動亂沒有更加明顯化，但當他於九三三年去世時，立即出現權力鬥爭局面。

已是繼承者的李從厚被父親的養子李從珂殺害，李從珂並且在洛陽稱帝。從安祿山的例子就可以知道，遊牧民為了更加強關係，經常會安排一時性的父子關係。這就是親生兒子與養子的鬥爭。控制了沙陀主要根據地山西的石敬瑭（這位也是突厥系的沙陀族）為了打倒原本就是敵人關係的李從珂，就向契丹提出歸順為臣之請求以尋求協助。

耶律堯骨答應其請求，親自率領契丹機動部隊擊潰了李從珂的洛陽政府。在傳統中國史中將此說成後唐的滅亡，但這原本就只是斷代史觀念而已。

此時，石敬瑭與契丹約定，除了認契丹主為父之外，並割讓位於中國本部北邊、所謂的燕雲十六州（燕就是現在的北京地區、雲是指大同）以作為救援的回報。當石敬瑭建立名為後晉的中華政權後，他就完全履行當初的約定。

契丹將沙陀當作臣子部下。或者也可以說是契丹國家將華北國家當作附屬國。包含接續「沙陀政權」的北宋出現後，契丹握有燕雲十六州的時間持續約二百年，就算之後契丹國家被女真國家取而代之，宋朝到最後也都未能實現真正的中國本部全境統治。

契丹國家改稱為中華風國號「大遼國」，是在石敬瑭去世後堯骨率領契丹軍擊潰企圖獨立的後晉並進入汴洲（即開封）城之西元九四七年陰曆二月。耶律骨堯很明確地是企圖宣告作為同時統治草原世界及中國本部之新大型帝國「大遼」的誕生。將新年號定為「大同」，也是基於相同想法。

若此狀態繼續維持，在此歷史應該會有大幅度的改變。北宋應該根本就不會出現。但是因契丹將士的蠻橫招致華北民眾的抗拒，契丹軍往北撤退。英明君主耶律骨堯也在夢想消失，於北歸的路途上突然去世。

就這樣，在西元十世紀中期左右，契丹國家的外圍線確定了。是個東邊涵蓋從日本開始整個滿洲地區、南從現今北京地區開始到大同附近以及西北則是到達間接管理的蒙古高原中央地區之龐大疆域版圖。當西元九六〇年時，漢族出身的宋朝在中國本部誕生後，西元一〇〇四年第六代皇帝耶律文殊奴（中華式名字為隆緒，後世尊稱為聖宗。）率領契丹大部隊進攻到當初曾經軍事對立的華北最深處。直搗佔據架在黃河上大橋南北兩岸的要衝之地澶州，與好歹要裝出迎戰姿態的北宋真宗進行了皇帝間的合約書交換，實現由契丹主導的兩國永久和平。就是所謂的澶淵之盟。

北宋能夠不像五代各王朝般短命終結，就是托這個和平條約之福。在北宋的治理下，中國本部的經濟及文化也是在政治局勢的安定下繁榮發展，尤其無法忽視的就是藉由北方契丹帝國形成從外圍保護北宋的型態而得以繼續維持的和平狀態，使得宋朝很容易就會被說成是個相較於軍事更傾向於文化發展的和平國家。但其實宋朝也是個不輸給其他中華王朝的軍事國家。稱為宋王朝的國家權力，擁有超過二萬的官員幕僚及居然達到一百五十萬的龐大軍隊。為了籌措長期經費，不得不拼命地確保及擴大稅收。先不論被評定為文化大國及經濟大國之事，驚人的官僚軍事大國這點是千真萬確的事實。但是，即使投入了龐大的軍事費用，仍是被契丹國家及金帝國拼命打壓。不僅如此，甚至連西夏，宋朝以超過五十萬大軍常駐於陝西，也只是勉勉強強地抑制住其侵襲就已經是盡了最大努力。簡單來說，宋朝儘管有龐大的軍隊及莫大的軍事經費，卻在軍事上依然軟弱。但是實況就是如此而已。不知為何一般人很容易就會捨去軍事上積弱不振而以歡樂印象過度誇飾宋朝中國，這到底是怎麼一回事呢？

另一邊的契丹國家也在每年從北宋得到巨額的銀、絲綢之歲貢（就是指每年的貢品）下，政府及國家整體都相當寬裕。就與過去的回鶻遊牧帝國藉由從唐朝政府得到經濟支援而富裕是同一個架構，但在規模方面遠遠地凌駕其上，而且長期都維持這種狀態。

暫且不管這樣的實情，在近代前期亞洲大陸，兩個大型國家社會藉由政權之間的條約而取得超過百年以上、極度安定的和平共存狀態這件事本身，可說是相當令人驚異。至少，若要思考關於從西元十一世紀開始到十二世紀的東亞時，首先必須要將這個和平共存當作前提再進行討論。

就結果而言，契丹國家之中包含了遊牧社會及農耕社會，以這點來說，是個也可以用「牧農複合型國家」來代表的結構組織。在人種方面，除了原有的契丹族之外，還有奚、白霫、黨項、蒙古系放牧民、漢族、女真系多族及渤海遺民等。形成三層、四層複合結構的國內主要區分為遊牧民及定居民等二大體系，並以此為基礎建置出二層國家、行政及社會體制。

在其中特別要注意的是遊牧民及都市的共存關係。具備首都標準的主要都市有五個，稱為「五京」。沿著遼河的首都上京臨潢府是契丹族的主要根據地，另外分別在契丹近親奚之地設置中央大定府、在渤海遺民遷居處遼寧平原建置東京遼陽府、沙陀族的最原始根據地「雲」地區為西京大同府，以及踏入漢族世界「燕」地區則有南京析津府。依據形成國家疆域骨架的五個地區及居民，分別建設

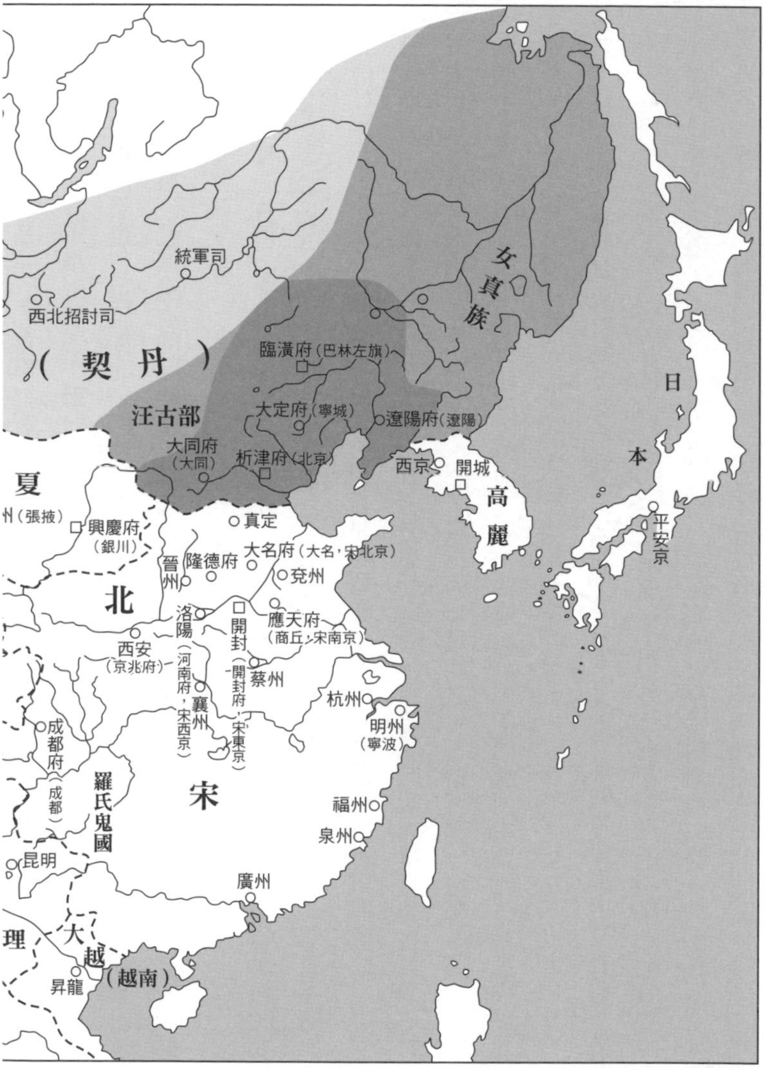
統軍司
西北招討司
（契丹）
女真族
臨潢府（巴林左旗）
大定府（寧城）
遼陽府（遼陽）
汪古部
大同府（大同）
析津府（北京）
西京
開城
高麗
日本
平安京
夏
州（張掖）
興慶府（銀川）
真定
大名府（大名，宋北京）
晉州
隆德府
兗州
北
洛陽（河南府，宋西京）
開封（開封府，宋東京）
應天府（商丘，宋南京）
西安（京兆府）
蔡州
襄州
杭州
明州（寧波）
成都府（成都）
羅氏鬼國
宋
福州
泉州
昆明
廣州
理
大越（越南）
昇龍

圖七

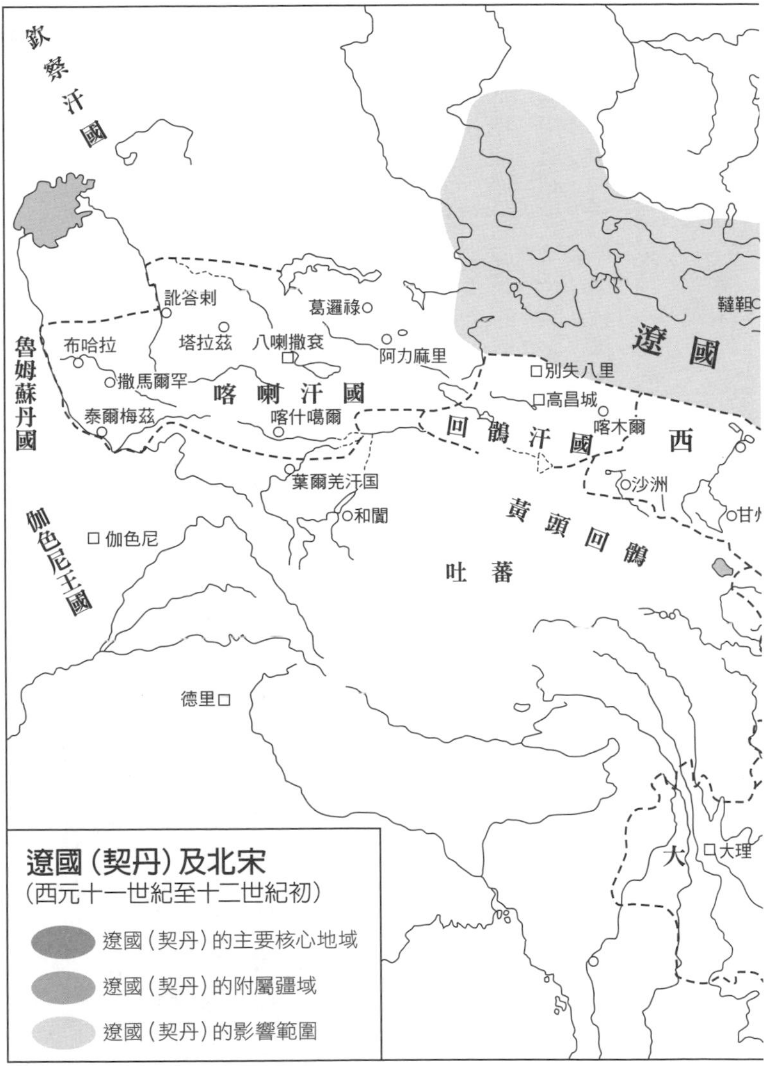
欽察汗國
魯姆蘇丹國
伽色尼王國
訛答剌
葛邏祿
塔拉茲
八喇撒袞
布哈拉
阿力麻里
撒馬爾罕
喀喇汗國
別失八里
高昌城
泰爾梅茲
喀什噶爾
喀木爾
回鶻汗國
西
遼國
韃靼
葉爾羌汗国
沙洲
和闐
黃頭回鶻
甘州
伽色尼
吐蕃
德里
大
大理
遼國（契丹）及北宋
（西元十一世紀至十二世紀初）
遼國（契丹）的主要核心地域
遼國（契丹）的附屬疆域
遼國（契丹）的影響範圍

不同的居住城市。

尤其相當於現在北京地區的南京，從安祿山以來已經形成一個混合型國際都市，在經濟、文化面可說是個實質上的首都，反而是上京臨潢府漸漸地變成具有濃厚象徵性色彩的政治都市。順帶一提，在契丹及北宋並存的南北時代，若說到東亞的國際都市，在腦中很容易浮現出北宋首都開封。但真是如此嗎？恐怕不管是在來往人們、物品、語言及文化等各方面，首屈一指的國際都市應該是契丹的準首都南京。不僅如此，關於包含宋朝在內的事物，該說是向來總會以印象為優先嗎？明顯過度評價這件事真是個有趣的現象。

契丹國家最獨特的地方不只是「五京」而已，如契丹、奚等每一個具有權勢的部族集團都分別在其各自擁有的遊牧領地內建造具相當規模且數量的城牆都市。其結果就是讓契丹國內幾乎所有區域都成為遊牧地及都市的複合體

在回鶻遊牧帝國時明確化的遊牧及都市關係，到了契丹國家時更是得到全面發展。總之，已經進入一個無法適用所謂單純遊牧國家、農耕國家分類的時代。

就如同已經說明過般，遊牧國家很容易整合，但也容易分裂。這是優點也是缺點。雖然容易分裂可說是聯盟的宿命，但若從另一方面來說，總之到頭來就是相較於國家整體規模，中央權力及支撐之機構、組織是極度微弱。

但是，到了契丹國家時，這個缺點得到相當幅度的修正。藉由在遊牧國家框架中導入農耕國家系統，契丹國家獲得了前所未有之強勢及持續力。總之，遊牧國家在契丹國家以後，在國家系統方面進

入了一個新的階段。也就是說國家本身進階了。

進一步地，契丹國家將北宋所贈之銀及絲綢轉而使用於國際貿易，甚至將首都上京臨潢府規劃變身成為國際貿易民之回鶻商人們的居住地。在西元十一世紀以甘肅迴廊為中心的黨項族建立了結合漢族、回鶻族及藏族等多族的多種族國家西夏，東亞的政局又變得更加多極化。立於這些所有國家之上的軍事大國契丹，是個相當符合「帝國」之稱的存在。

契丹這個名字在中亞以西的世界中，取代了過去的「拓跋」，成為東亞，尤其是中國方面的代名詞。即使到了現今，若說俄語的「Китай（Kitay）」及波斯語的 Khitai，都是指中國（順帶一提，國泰航空（Cathay Pacific Airways）英文名字中的英語「Cathay」也是相同）。

西元十一世紀的東方是契丹帝國的時代。但是，至今為止以北宋為中心述說的歷史樣貌，在其根本之處，是站在一個於某處蔑視著北宋存活於契丹附屬之下這件事情核心的立場。歷史持續邁進，到了十二世紀初，不屬於契丹帝國直接管理的通古斯系（Tungus）女真族之中，在滿洲北部區域松花江（sunggari ula，俄語「CyHzapu」之字源）流域的完顏氏浮出檯面。一一一五年時族長阿骨打（在蒙古時代的波斯語史料中也以「A—ku—Da」拼寫）合併了滿洲東半部的女真系集團，建立稱為「大金國」的國家。

契丹國家在內亂下無法充分對應新興起之女真國家攻勢而被侵入，首都上京臨潢府也淪陷。失去中央機能的契丹帝國就在這個時機點，從內部自行崩解。女真國家不僅取而代之成為燕雲以北霸主，也將北宋打倒而一口氣地完成了包含華北地區的龐大版圖。

同時繼承了契丹帝國及北宋中國的女真金帝國當然成為一個由多種族混合而成的複合型國家。雖然政權的主要核心是由女真族所構成，但事實上也包含了大量的契丹勢力。因內部對立導致自我毀滅的契丹帝國中，有大半的人可說是直接平調到金朝。金帝國實際上是個女真與契丹的聯合政權。

契丹帝國崩壞之際，王室成員之一的耶律大石（大石也可音譯為達實。就漢語發音而言幾乎相同。在波斯語史料中也以「Da—I—Shi」記載。也許原本是來自漢語之太子或是太師的契丹名字）經過蒙古高原往西前進，推倒喀喇汗王朝並於中亞建立第二個契丹國家。就是漢語文獻的「西遼」、伊斯蘭文獻的「Kara Khitai」（Kara Khitai不僅是指第二個契丹帝國西遼而已，也是代表整體契丹族的稱呼，更是他們的自稱）。

十二世紀就成了由東邊的女真金帝國、中央亞洲的契丹西遼國、在其中間為西夏、江南地區則有南宋以及西亞地區的塞爾柱王朝多國構成的版圖樣貌。在超越草原世界及農耕世界、突厥．蒙古系遊牧民浮出歷史表面的另一方面，時代的整體狀況可說是越趨流動化。不久之後，在這之間就會出現併吞整體的蒙古。

第六章　蒙古的戰爭與和平

モンゴルの戦争と平和

1 漸漸成形的「世界」

從北京到世界

中華人民共和國的首都，北京，東西向、南北向的道路就如同棋盤狀般，井然有序地交錯著，是個美麗的街道。

清爽秋風吹拂的九月。接著，到了十月，北京的天空又高又清澈。平日的灰塵不知消失到何處，如高原般的涼風讓路樹發出沙沙聲響，此時，北京特別美麗。若置身於彷彿散發著香味般的街角，就可對「迷醉北京」有實際的體會。

來到北京的人們都會受到不知在何處覆蓋著整個街道的整齊氣氛之衝擊。不管是過去或現在，這一點都沒有太大改變。不，應該說隨著時代越久遠，就越是這種狀況吧！

今天，超高樓層大廈也接連出現、世界上屈指可數的這個大都市在「現代化」的波潮中，儘管混合了無可避免的混雜狀況，但過去的美麗樣貌痕跡仍深刻留著。

這個街道從七百年前被打造時，就被當作世界中心規劃建設。匯集了符合此大規模都市的結構與規劃而設計。在都市設計的基本構想階段，整齊的秩序美就已經被確立。甚至可說現今仍然是在這個因緣中。

這個城市的名字是大都，是被作為蒙古世界帝國首都而建造的。在幾乎什麼都沒有的「新地皮」上，這個大規模都市突然出現。建造者的名字是忽必烈。明清時代以及現今也都持續建立擴大作為

「中國」首都的這個都市，這個原本是在西元十三世紀後半、花費三十多年的歲月建置而成的蒙古首都。

專欄

迷醉北京的真貌

在九月開始到十月之間拜訪北京的人們，常被說很幸運。的確就像騙人般地，嗆人的燥熱及濕氣都不見了。總而言之，整個街道被包圍在就像「蒼穹」這個詞語般，萬里無雲的藍色天空以及吹拂著的涼爽秋風中。

總覺得走在街道上的人們，看起來也都是輕快美麗。這時候是北京街道最漂亮且清爽的季節。

據說在這個季節中拜訪北京的旅人們都會醉心於北京的秋天，終生無法忘記這個記憶。自古以來，文人作家也都以詩文歌頌這個景象。

平常會說北京或北京出身者種種壞話的上海人在提到九月、十月的北京時，也會以心蕩神馳的口吻描述。似乎是有什麼可讓人陶醉之處。

十一年前旅居在內蒙古的作者，相隔半年於十月時前往北京。在這半年前剛從日本出發抵達北京時，老實說覺得北京這個街道有點不起眼。而且，當時還不像今日般高樓林立。

但是，看到許久未見的北京，卻是散發著光芒。當然也是因為在這半年之間，託調查及在各處「匍匐」生活之福，已經完完全全變成「鄉巴佬」了。對於身心都被中國大陸風塵所沾滿的人來說，北京正是一個散發著光芒的大都會。

但是，無可否認地因為剛好也是「迷醉北京」的季節。相同的街道卻與半年之前有如此大差異，對於這一點半帶著吃驚。

當時，在腦中還閃過另外一件事。這股包圍著北京的秋天氣流，與在七、八、九月覆蓋著內蒙古的氣流相同。北京的內側就緊接著蒙古高原。簡單來說，九月、十月北京的天氣就變成和高原相同。

迷醉北京的真貌就是從蒙古高原南下的秋天氣流。高原的秋天包覆著北京時，讓人們陶醉其中。接著不得不又想到，這件事彷彿又象徵著北京這個城市的地理位置及由該處自然產生的政治意義。

從大都邁向北京的這個城市步伐，在某種程度上幾近完美地象徵著十三世紀以後的歐亞世界歷史。

對往昔的蒙古帝國時代來說，大都是歐亞大陸政治、經濟及物流的中心。在當時的「世界」，是個出奇重要的城市，「世界」各地的人及物、文明及文化都在此交流。只要佇立在這個城市中，就可以實際感受到所謂的「世界」。簡單來說，就是這個被稱為大都的巨大都市，即便相較於其他朝代所建設的首都城市之規模並未特別突出，但總而言之是將歐亞大陸在蒙古的手上完成了人類史上首次整合為一個世界的象徵性之存在證據。

另一方面，關於蒙古之後的時代，包含現代在內則是具有其他意涵。若用過去經常使用的「中國本部」（China proper）概念來看，這個城市原本不過是位於東北角落的邊境城鎮。

這個城鎮能持續成為「中國」這個龐大疆域國家之首都，其背景存在著「中國史」本身的極大變化。亦即從「小中國」到「大中國」的變化。這個變化是以「蒙古時代」為界線。直接承繼大都的北京會成為從明清開始到現在的首都，就象徵著「中國」這個政治框架在「蒙古以後」相對地擴大化。

「世界」的世界化及中國的擴大化——這兩個都可說是從蒙古時代開始的世界史上重大現象。若以「歐亞大陸世界史」觀點來看的話，蒙古時代正好是一個歸結點，但同時也成為邁向之後「地球世界史」的連結點。帶動了這種歷史「大逆轉」的是蒙古，而更強勢地推進了這個「大逆轉」的則是忽必烈。

大都就在這樣的歷史「大逆轉」全盛期中出現。不，反而是被當作象徵這個「大逆轉」的顯著存在，而被有意識地創造出來。現在的北京與過去大都的因緣，並非單純地停留在都市景觀這個面向而已。

分成兩階段擴張的龐大帝國

回過頭來說，回溯到忽必烈開始建設大都前的半個世紀左右，就是西元十三世紀初的時候。不久之前，這個被稱為蒙古高原的高原，幾乎是非常突然地出現了一個遊牧民的政治聯盟。其名為「Yeke Mongghol Ulus」。也就是「大蒙古國」。這是日後所有發展的開端。

西元一二〇六年，舉行了正式的登基儀式並稱為「成吉思汗」的領導者鐵木真，率領由突厥・蒙古系眾多集團形成的牧民戰士軍團進行遠征之旅。在此，發源自內陸草原的浪潮，全面向歐亞大陸東西兩側蜂湧。這就是蒙古及其時代的開端。蒙古的軍旅生涯馬不停蹄地持續進行。而且，長達半世紀。

蒙古傳承到成吉思汗孫子輩一代，已經到了疆域擴張到已遠遠地超過草原地帶與內陸亞洲框架之「史上最大陸地國家」的時刻。第四代蒙古皇帝蒙哥在親征中國四川的最前線突然去世。以這個意外事故為契機，在西元一二六〇年的前後五年左右，展開一場席捲整個帝國及歐亞大陸東西方的帝位繼承爭奪戰。以此為界線，蒙古帝國完成了更進一步的成長，歐亞世界也再度大幅地改變。

在帝位繼承爭奪戰中浮現的人物，正是蒙哥之弟忽必烈。從叛亂者變為勝利者的時點，歷經與祖父成吉思汗相同軌跡的忽必烈，特意地將東方亞洲做為直接統治的根據地，建設出前所未有的新型態世界帝國。那就是結合了軍事及貿易，世界史上罕見的帝國。

對於蒙古來說，忽必烈可說是第二個創業者。在此之後，蒙古以忽必烈直接管轄的新帝國「大元汗國」為中心，結合了同族的大小汗國之外，還有由各式各樣人種、成員的地方政權、既有王朝、當地勢力以多層階級方式組合成寬鬆的「世界聯邦」。

在同族汗國之中，西北歐亞大陸為朮赤汗國、西方亞洲為旭烈兀汗國等，其汗國本身就具備了足以稱為帝國之規模及內容。大可汗忽必烈則君臨所有權力之上。

但是，這並非是在一口氣之間完成的事情。剛好是在興建了大都的忽必烈約三十年之治世期間，突然湧現許多以新國家構想為基礎的大型計畫。蒙古帝國可說不只是在外觀方面，就連內在方面也有大幅度改變。

忽必烈的「大規模建設」涵括了政治、軍事、經濟、物流、生產及交通等許多面向。尤其是國家主導的自由貿易、重商主義政策，也直接地涵蓋到非蒙古疆域，並促使陸海兩路接軌，導致前所未有之「歐亞大陸大交易圈」出現。

另一方面，與這種「大建設」相衝突，反抗忽必烈權力以尋求獨立的行動以時而輕微時而激烈之方式持續進行，尤其是在中亞方面。但並非是「蒙古」這個整體架構出現崩解或消失。這一點，過去以來一直有些誤解。

不論是好是壞，環繞著他及其政權，忽必烈時代是蒙古帝國整體出現了大幅度波動之時期。歷經這個激烈的「蛻變時期」，蒙古變成一個更大型、將更多重心放在經濟上的世界帝國。

在「陸地帝國」方面已經成為人類史上最大帝國的蒙古，隨著在忽必烈時代又更進一步地向外側擴大接近一倍的同時，也變得帶有「海洋帝國」的性格。多元複合體的蒙古也漸漸趨向成為「海陸帝國」。

蒙古是個以兩階段完成擴張的帝國。甚至，以詞彙的真實意涵而言，應該說這個世界史上絕無僅有之「世界帝國」的超廣域巨大帝國得以被完成，更是讓人瞠目結舌。

蒙古殘酷論的錯誤

至今為止，關於蒙古及其時代，都用不怎麼好的印象來描述。會先出現的都是暴力、破壞、殺戮、打壓及野蠻等壞印象。若說到蒙古，通常會以殘酷的印象進行討論。

就如同已經說明過的，關於遊牧民及其國家，雖然整體來說是覆蓋著負面評論，但其中卻有極度過分者。原因就是在無意識之間先有了「壞人」、「蠻族」或「浴血的文明破壞者」等先入為主的觀念或偏見。

與其說是在過去歷史中實際「受害」的人們大肆地強調這些評論，倒不如說反而是深信這些評價的「受害者」的後代子孫所為。或者是自己的祖先雖然並非直接「受害者」，但為了誇耀由自己建立起的「近代文明社會」，而緊抱著想要更進一步地貶低其他區域的過去與未來之心態所導致的結果。

對這些人來說，從亞洲最深處出現的次等野蠻人是在過去所經歷過、教人討厭的歷史黑暗部分，而蒙古正好成為攻擊的目標。有趣的是，那種情緒在被稱為歷史研究者的人們心中也產生默契的「前提」，讓歷史的解釋及說明有了一層深色黑影。

此種情事就是名為「文明主義」的偏見，或者也可以說是驕傲自大。之所以會造成如此現象，原因是因為直到最近才得以利用大略的東西方文獻及原始典籍史料來解讀蒙古及其時代。

在這之前，就算是被世人極力讚揚為「人學者」、「大歷史家」或「大歷史哲學家」的意見，都不過是感想而已。若換個說法，是自我放大的驕傲之言。僅因為周遭的人都那樣說就將根本沒有明確證據的事情以更像事實般加油添醋地述說之人，即使是在被稱為「研究者」之中應該也有不少。總之，因為無論是過去的「文明人」及近現代被稱為思想家、歷史家及知識份子的「文化人」，對於超越自己理解的框架這件事，都有著某種共同的過敏症狀。他們在潛意識當中，無條件地想要相信自己的「文明」之優越性，並在無意識之間，就站在一個輕視過去事物並進行判罪之立場。

蒙古就成為最恰當的「壞人角色」。「野蠻」遊牧民代表者的蒙古曾經將世界引導到新階段，而說不定自己或許也是超越時代的受益者等這些事，他們應該是連作夢也沒有想過。導致偏見的根據，經常存在於那些人的心中。而沒有根據的批評因為會傾向情緒，經常容易變得更加激烈。

無須認為歷史研究者是會僅就其直接取得原始典籍史料所確認的事實而作出發言及敘述。況且，以那些歷史研究者的「成果」為基礎而用更像「道理」般敘述的人們，就更不用說了吧！不將事實當作事實看待的意識，相當可怕。原本歷史面的真實，就有各式各樣，而到底該將哪一個當作真實，也確實有很多難以捕捉之處。但以這個作為理由而將追尋過去事實這件事當作全部都是空談，則是太過極端的想法。

這種情況就是將歷史陷入虛無主義教義中，最後翻臉威脅地說因為根本不知道什麼是真相，那麼乾脆只要有趣不就得了，將後現代的荒唐正當化的想法很容易就會讓情況變得稀稀落落。

事實上在歷史中，還有很多無可否定的事實，但問題反而是能否直接地承認「不知道」。

很遺憾地，關於蒙古及其時代，是評論優先於事實，但情緒卻更進一步地優先於評論。再加上，此種「誤解的結構」持續了相當長的一段時間。那是幻想。也可說是沒有事實根據的想像論。但是，幻想是有力量的。當評論或印象一旦被確立，就很難看見事物的原有樣貌。關於蒙古及其時代，負面印象仍舊很大。總之，最重要的是將定點調回「零」。

專欄

歷史可以解謎嗎？

歷史之謎，不勝枚舉。尤其是關於蒙古時代，更是如此。若要一一列舉，恐怕會沒完沒了，情況可能反而是我們現在已知的部分較少。

研究旭烈兀汗國的現代歐美代表學者摩根（David Morgan）博士說過，關於蒙古帝國及其時代的研究至今仍停留在「幼兒時期」。的確正如他所說。

相關文獻多達二十多種國家語言。在其中最為重要的就是漢語史料及波斯語文獻。這兩種資料具有分別代表著東西方亞洲歷史及歷史記述的傳統。但讓人意外的是，有助於蒙古時代研究的蒙古語史料並不多。但是，漢語史料及波斯語文會分別具有不同的個性。漢語史料當然是對東方事物較為詳細。比起蒙古帝國本身及蒙古內部事物之記載，反而是對其周圍的人們、尤其是中國方面的事物有較為詳細的敘述。再者，相關的資料也是對每一個細節的記載多過於對大局的描述。

波斯語史料當然對西方事物較為詳細。但是對於東方部分也有相當的紀錄。其中最棒的就是關於蒙古帝國本身有詳細敘述。

蒙古人相信伊朗系穆斯林，而讓他們參與規劃範圍包含西方旭烈兀汗國、東方大元汗國及其他同族汗國等整體疆域，主要以財務及經濟為核心的國家經營。若想要以大局來看當時的情勢，無論如何都必須要使用波斯語史料。因此，若打算要用原始典籍史料來重組蒙古時代，就一定要同時通曉這兩種史料。

儘管這麼說，但光是要了解這兩種文獻就已經很辛苦了。總之，兩種的數量都很龐大。而且，不能只是看文獻表面意義。這兩種文獻都背負著各自的文化傳統，因此若是沒有包含某些想法的話，其實這種原始典籍文獻反而會沒有參考價值。第一，要是連該資料所要表達的真正意義或是作者的真正意圖都無法掌握那麼想當然爾，事實的推論就會變得很危險。

結果，只能每天有耐心地持續在分別具有「深度」的兩種文獻中，一味地深入其中、緊緊地依著每一篇文章脈絡進行研究。除此之外，別無「捷徑」。

正因為如此，歷史不一定可以解謎。不，反而是當解開了一個謎題，眼看就要達到該目的時會出現更多的新謎題。這種情況才是一般常見現象。原本所謂的歷史，似乎就是如此。因為實際上過去的事實是永無止盡，故當知道了一點，結果會讓多個到當時為止尚未見過的某種事物浮現，這是當然的吧！

關於蒙古時代，一個接一個出現的謎題，光是以歐亞大陸規模展開這一點，不僅難以斷定每一個的輪廓，而且新謎題的總量也變得很龐大。

即便可能認定是相當微小的事物，也要細心地調查各種東西方文獻直到從其中找出可以認為是好歹可以確定之資料為止，要掌握事物的輪廓或實際狀況可不是件容易之事，離講求效率或經濟效益的世界相當遠。這是一個超越現實、跨越「時空」的超現實作業。

就一般而言所謂的歷史研究，若考量到為了蒐集史料所設入的經費或是消耗的時間、體力，剛好與控制世界的「擴大再生產」之資本主義原則完全相反，必須說是「縮小再生產」。蒙古時代史的研究可說是其最高境界。若沒有「志向」或「不求回報的精神」，無論如何也不可能進行。而且這個「志向」也是必須要有相當的覺悟。半開玩笑的心態會立即被堆積如山的史料所擊潰。

首先第一就必須要從世界各地挖掘及蒐集堆積如山的史料。光是為了做到這一點，就要耗掉大半生命。另外還必須要有解讀二十多種國家語言文獻的能力、精力及持久力。但是，身為壽命有限的人類之悲哀，就是無法保證永遠不會失去已經一度具備的能力。當忙著處理其他文獻時，經常會在不知不覺間就失去了某種能力。

蒙古時代史的研究，在困難度、應該要追求的事實之龐大以及永無止境等方面更是有過之而無不及。事實上，可說是歷史研究中的歷史研究。

我絲毫沒有打算將這個當作「怨言」或是相反地當作「宣傳」之類的進行述說。只是想跟大家說有這麼一個奇妙且偏離常識的領域。再者，因為探尋事實並且能夠持續追尋，本身就是知易行難；而且以各式各樣潛藏著無法看到的龐大部分之中才正是有可能存在歷史真相之處，這件事每天都讓我有深刻的感受。

2　蒙古為何能夠擴張？

蒙古是集團的名稱

關於蒙古帝國，許多人應該感受到的疑問，就是為何能在短時間之內迅速擴張成為歷史上擁有最大疆域版圖之國家這一點。對於這個理所當然的疑問，有各式各樣的解答。每一個答案確實也都有相對合理的理由。

一般而言，解釋說明的部分很容易會偏向主要都是在戰鬥力、機動性等方面，這也很自然的傾向。

具備熟練騎乘及射箭能力的牧民戰士，擅長集體行動力、展開力的騎馬軍團，從日常遊牧生活中培養出來對於痛苦及飢餓的忍耐力及自律，還有最重要的是由堅強的氏族單位、部族單位形成之團結力量。

由這些牧民騎士組成的機動軍團，是近代之前的世界中最為強大及優秀的軍隊。而且，以最大規模的十萬單位用在對外征戰的動員，就算舉目環視整個歐亞大陸，也都是實力差異懸殊的存在。

這些優秀的戰士團體，是以成吉思汗及其子孫做為共同的指導者而組織起來。這個軍團服從之程度甚至看起來有點怪異，而且在熱衷資料蒐集的司令部指揮下，被有效及確切地投入、展開對外征戰。

若要列舉計算蒙古軍在軍事方面的優異性，恐怕會永無止境。想要否定這些念頭，根本是毫無可能。但一直以來很容易就會漏掉最關鍵的重點，那就是所謂「蒙古」這個詞彙本身。

雖然會變成是先講結論，但「蒙古」是極具包容性的集團概念；而且，隨著版圖的擴張也越發龐大，是極具彈性的詞彙及人類組織。

回過頭來說，就一般而言的「蒙古」，會被認為可能從一開始就有這樣的人種、民族存在。但那是個誤解。不，可說是錯覺。

確實，因為現在被稱為蒙古的人種、民族以外蒙的蒙古國及位於戈壁以南、被稱為中華人民共和國內蒙古自治區這兩種區域為中心的存在，故將其回推到過去而認為一直都存在的這種想法，也是沒有辦法的事情。再加上，在這些人們之中，確實至少有一部分的人是世界帝國時代「大蒙古國」的蒙古人子孫。

而且，在這裡關鍵的重點就是形成蒙古帝國中央核心的「蒙古」，到底是什麼樣的人們。疆域廣闊之世界帝國能夠出現的關鍵點就隱藏在此處。

成吉思汗——也就是在鐵木真完成高原整併之前，大小不一、為數眾多的牧民集團處於割據狀態，並不停地進行互相入侵作戰的攻伐。大規模是以「部族」為單位、小規模則是以「氏族」為單位組成命運共同體行動。

當然，在此所謂「部族」及「氏族」也都不是嚴謹的說法，主要是以血緣或是虛構的疑似血緣而連結的小規模集團就暫且稱為「氏族」，而這種「氏族」集團基於地緣關係或是政治面的理由（此種狀況也是強調以「血」為藉口的親疏關係）集結而成的政治集團，也不過就暫且將其稱為「部族」。類似在當時的漢語文獻中被記述為「○○氏」或「○○部」的集團。此外，雖然也將這種政治集團稱為「所部」等，在此情況則是不分大小規模。

在割據高原的眾多勢力之中，以東部興安嶺附近的塔塔兒（Tatar）及弘吉剌、中部鄂爾渾河及土拉河附近的克烈（Kereyit）、北部色楞格河流域的蔑兒乞（Merkit），以及西部阿爾泰山附近的乃蠻（Naiman）等最具權勢。克烈及乃蠻等建置了相當規模的中央權力機構，其狀態可說是「王國」。儘管如此，就算團結力及組織化程度有所差異，但不論哪一個都是「聯盟」的這一點，則沒有太大不同。

在這當中，蒙古可說是不太強的「部族」集團。況且，鐵木真出身於蒙古部中被稱為「乞顏」

（kiyan）的小聯盟乞顏氏（Kiyat）（在蒙古語中，名詞字尾的 t 表示複數）之中的孛兒只斤氏。

在眾多大小牧民集團的大海中，那只不過是非常微小的存在。有說法指稱鐵木真出身名門，只能說是誤解（孛兒只斤氏成為無庸置疑的「名門」，是在蒙古帝國及其之後的歷史時期）。

在歷史上，蒙古這個名稱在唐朝的文獻中就已經出現。是以「萌骨」或「蒙兀」等表述。不論哪一個都是發音接近於「蒙古」。

被稱為蒙古的集團，有一段時間是不值得一提、毫不顯眼的存在。弱小集團的蒙古部開始浮上記錄檯面，頂多是在十二世紀左右。甚至可說是鐵木真即將出現之前，蒙古在當時是新興勢力。

在西元十二世紀末，鐵木真浮出成為乞顏蒙古集團的首領。而且到了十三世紀初，抓住幾乎是瞬間的好機會，以奇襲殺死克烈部王汗（他因為協助金朝帝國的征討塔塔兒部戰役而獲得「王」之稱號。王汗是由漢語的「王」及內陸世界君主稱號的「汗」組成的詞彙。而且，蒙古語則是以 Ong Khan 表述）。

事實上，在塔塔兒沒落後，由王汗率領克烈部持續進行著高原整併。鐵木真所率領的蒙古部，也是隸屬於這個克烈新體制之下。總之，就是家族血統的鐵木真奪取了君王血統王罕的權力。此時為西元一二〇三年秋天。

瞬間成為高原東部及中部霸主的鐵木真，於一二〇五年也打倒了西部龐大勢力的乃蠻部族聯盟並且將之合併。鐵木真的霸業就在短短兩年多的時間奠定堅實的基礎。

此時，不論是語言及樣貌都有所不同的牧民，都聚集在鐵木真這個單一領導者之下而形成集團。

這的確是個貨真價實的政治聯盟。這個牧民聯盟的名稱會引用領導者出身集團之名稱「蒙古」也是相當自然的演變。也就是說，所謂的「蒙古」，原本是起源於一個微小集團的稱呼。

蒙古「共同體」意識

西元一二〇六年，稱號為成吉思汗的鐵木真將麾下的牧民聯盟命名為「大蒙古國」之時，蒙古就成為國家的名稱。並非人種或是民族的稱呼。這就成為蒙古擴張的關鍵。此時的「蒙古」，完全沒有可以用「民族」這個詞彙稱呼的相同性。不僅如此，使用「共同體」這個詞彙表述也是過度解釋。

聚集而成的蒙古成為「蒙古共同體」，是在成吉思汗體制大致完成牧民集團重組（也就是相當於整頓內政期間），開始進行對外遠征的西元一二一一年以後的事情。

前後歷時六年的大規模攻擊金朝帝國行動，以舉國一致的形態進行。在這個「蒙古—金戰爭」期間，幾乎所有在新興「大蒙古國」內的成年男子，都離開戈壁沙漠北方的主要根據地（在漢語裡稱為「漠北」。相反地，戈壁以南就稱為「漠南」。也就相當於所謂的外蒙古、內蒙古），而於漠南地區建置後勤基地，並在成吉思汗的指揮下轉戰到整個華北地區。

藉由這個在國家成立後不久就發動的大作戰，「大蒙古國」的牧民開始擁有自己是「蒙古」的意識。即使在對內方面還是會說自己隸屬於各式各樣部族或氏族，但在對外時則會隨著龐大的戰利品而自覺屬於「蒙古」這個集團。

進攻金朝作戰的戰利品，首先，最重要的是接收內蒙古草原及當地的契丹集團，第二個是讓強大敵對勢力的金帝國之國力減半，並將其追趕至黃河南側。當然，對於各人、各集團來說，在作戰過程中擄獲的人類、家畜及財物，也都是讓人心情激動的戰利品。

但是，對於成吉思汗及其「政府」首腦部來說，最大的戰利品應該有兩點。第一，是讓之前處於敵對狀態的各路牧民集團根據自己訂定策立的作戰計畫而採取組織行動。第二，是藉由長達六年間的離鄉團體生活，讓這些牧民擁有對於「蒙古」的共同意識。

在對金朝作戰成功並休養了兩年之後，成吉思汗率領的蒙古開始往西前進，這是為了攻打正在迅速竄升為東方伊斯蘭霸主的花剌子模王國（Khwārazm，一〇七七年—一二三一年）。花剌子模以中亞的河中地區為主要根據地，控制了現今阿富汗到伊朗範圍。

從高原出發開始到返回故鄉為止，從一二一九年開始到一二二五年，除了是場長達七年的大作戰外，成吉思汗更是以舉國一同的形態，幾乎是將麾下牧民戰士群全部率領出門。或許也可以將此稱為「民族移動」型的大規模遠征行動。但若更正確地表達的話，是屬於「國家移動」，包含了培養由「民族」為基礎的「共同體」意識並讓其更加堅定之意圖的大作戰。

結果，成吉思汗從這場「西征」歸來之後，立即又展開西夏戰役，但就在快要消滅西夏、即將攻入其國都興慶的前三天去世。此時為西元一二二七年農曆八月十五日。

總而言之，成吉思汗在建立了「大蒙古國」之後，於其二十一年的統治期間，除了剛開始的整治內政期及大作戰之間的休息期，都是專心一意地率領所有蒙古戰士群出外進行對外遠征，都未曾好好地待在「蒙古高原」。

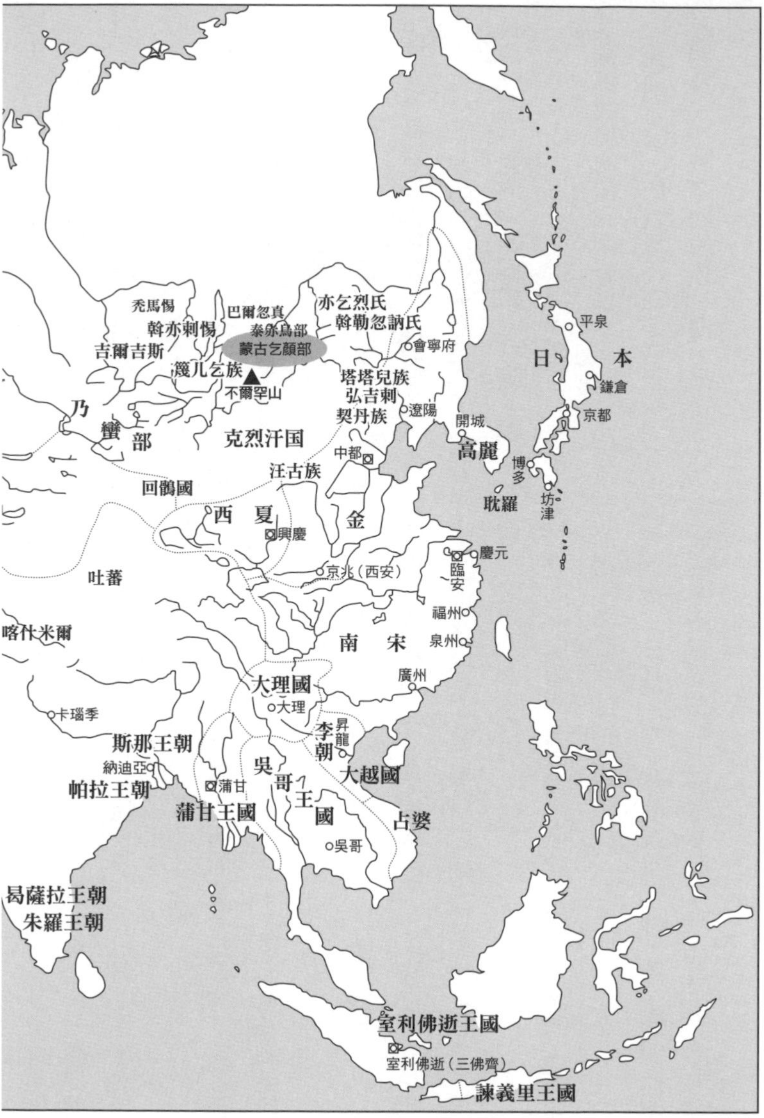
禿馬惕
巴爾忽真
亦乞烈氏
斡亦剌惕
泰赤烏部
斡勒忽訥氏
吉爾吉斯
蒙古乞顏部
會寧府
篾儿乞族
不爾罕山
塔塔兒族
弘吉剌
平泉
日本
鎌倉
乃蠻部
遼陽
契丹族
京都
克烈汗国
開城
高麗
中都
博多
汪古族
回鶻國
耽羅
坊津
西夏
金
興慶
慶元
臨安
吐蕃
京兆（西安）
福州
喀什米爾
南宋
泉州
廣州
大理國
大理
卡瑙季
昇龍
李朝
斯那王朝
納迪亞
吳哥王國
大越國
帕拉王朝
蒲甘
蒲甘王國
占婆
吳哥
曷薩拉王朝
朱羅王朝
室利佛逝王國
室利佛逝（三佛齊）
諫義里王國

圖八

成吉思汗出現前的歐亞大陸（公元十二世紀）

蒙古人的居住地

成為君王之後，成吉思汗的每一天都是埋首於對外征戰的歲月。藉由這些相繼進行的軍旅行動，讓「大蒙古國」得到飛躍成為世界帝國的契機。另一方面，對於世代交替頻繁的牧民來說，這二十一年的歲月幾乎就相當於一個世代。透過這些創造了對外發展的長期「集團移動」（或許將其稱為超大型「團體旅行」會更為恰當），過去僅是聚集而成的集團變身成為強大的「共同體」。

成吉思汗有點超過尋常的「對外征戰狂熱」，至今為止也就輕易地被評論為是野蠻征服慾望之展現。但是，為了要將歷經三百年以上不停地相互征伐的高原遊牧民整合成為名符其實如同一塊岩石般的組織體制，這是最為聰明的做法。總之，在成吉思汗治世的二十一年之間，蒙古被證明具有組織化的強大戰力及堅定的「共同體」意識，率先成為史上少見的「遊牧民國家」。

以同心圓擴張的蒙古

在西元一二〇六年高原整合及「大蒙古國」誕生時，被包含在「蒙古」這個名稱之下的牧民，毫無疑問地就是「蒙古」。只有身處集團中心位置之成吉思汗家族，雖然被稱為「黃金家族」並享有特殊待遇，但這並非是因為他們與成吉思汗同為出身自原有「蒙古部」，而能在國家誕生、集結形成「蒙古汗國」時，因出身特別就得以享有優惠待遇。

在一二〇六年這個時間點，被編組成為九十五個千人隊（蒙古語為明安、波斯語為哈札拉（Hazārah）。根據法令編組數百到千人左右的牧民戰士之軍事單位，同時也是指僅擁有近千人成年男子的牧民集團。這成為「蒙古汗國」的基本單位。在漢語雖然稱之為「千戶」，但此說法隱含了不以個人為計算單位，而是以戶為單位管控的中華王朝之概念，並非正確解釋。至今為止將以千人隊為基礎的軍事、政治、社會組織稱之為「千戶制」，也是欠缺適當性。筆者至今為止也被此慣例牽絆而使用了「千戶」、「千戶制」等用語，故在此表達歉意及特此更正）的「蒙古汗國」本身，可說才正是所謂「純蒙古」之存在。

擁有國家草創時期以來，經歷及榮耀的這些「純蒙古」集團就位於蒙古帝國這個龐大政治組織之主要核心。若以德川幕藩體制譬喻此狀態，或許就相當於譜代（譯註：代代臣服德川家族的家臣）、旗本（譯註：江戶幕府將軍的直屬武士）、御家人（譯註：江戶幕府將軍的直屬下級武士）等。

從一般歷史研究者到諸多普通人士的通常概念中，大多都會將西元十三、十四世紀的蒙古時代統括稱為「蒙古人」或「蒙古民族」的集團，就結果而言是將其使用作為泛指至今的人。

但是，事實上還有更多被稱為「蒙古」的人存在。不過與其這麼說，不如說是隨著疆域的擴張漸漸地增加。首先，最先加入的是遊牧契丹族。他們是過去建立遼帝國的人們之後代子孫，即使在隸屬於女真金帝國體制下，也是散佈在從內蒙古草原到興安嶺東邊山麓一帶。

主要擔任金朝北邊防衛及馬群管理任務的遊牧契丹族，在「蒙金戰爭」一剛開始時，就立即進入相當於金朝身體部位的華北之前進基地，當成吉思汗軍隊進駐到內蒙地區時，幾乎在毫無抵抗的情況下直接歸附於蒙古。不過與其這麼說，不如說是直接成為「蒙古」。想必應該是事前有做好充分的溝通準備。在金朝的軍事力量中，最為精銳的機動部隊，其實就是這個遊牧契丹集團。因此，這個集團隨同機動力量根源的大量軍馬同時叛變到蒙古，對於金來說是個致命傷。

彼此戰力相差不大的「蒙金戰爭」（若僅以士兵的數量來說，金朝反而是壓倒性地較多），但從開戰以後卻變成蒙古如怒濤般地洶湧攻勢以及金朝一敗塗地的敗勢之局面，其大半的原因就是取決於遊牧契丹族的動向。就契丹族來說，自己選擇了歸附蒙古這件事，就決定了這場大戰爭的結果，並讓蒙古如虎添翼。

根據拉施德丁（Rashid-al-Din Hamadani，一二四七年—一三一八年）的《史集》（Jami al-Tawarikh）可以得知，契丹族不論是在容貌、姿態、語言及習慣方面都與蒙古族十分相似。若就歷史淵源來說，契丹是在蒙古出現的三百年前，從遊牧民集團一躍而起建立帝國的「前輩」。

遊牧契丹族就直接被編入蒙古的千人隊體制。《史集》中記載當成吉思汗去世時，蒙古的千人隊數量為一百二十九個。在一二〇六年到一二二七年間，從九十五個增加了三十四個，其中半數以上來自契丹軍團（此外，為了慎重起見，九十五這個數字，是出自於蒙漢兩種語言對照文獻而知名的《元朝祕史》。是否能直接單純地與以波斯語記錄的《史集》比較呢？當然，在此必須要考量某種程度的出入，被認為是《史集》中〈成吉思汗紀〉的史料來源之「金冊（altan debter）」，雖然未流傳至今，但據推測在內容方面應該沒有和《元朝祕史》有太大差異。若真是如此，在此的這些討論應該也是離現實不遠）。

使用與蒙古語相當接近的契丹語、而且其中大多數人恐怕也都熟知漢語的契丹族，擁有過去經營帝國的經驗，以及作為金朝統治下統治集團女真族及被統治者漢族、渤海族之間中間勢力的智慧。他們是在軍事及政治兩個方面成為蒙古人之頭腦及老師的「新蒙古」。

更進一步地說明，比成吉思汗的遠征花剌子模行動更早之前，在中亞區域的第二個契丹帝國「西遼」之遺民（在此會特意地將其稱之為遺民，是因為就在這前不久，被成吉思汗追趕的舊乃蠻國王子屈出律篡奪了西遼國。此外，西遼這個名稱是在蒙古時代漢語文獻中的說法），也令人不可置信般順利地與蒙古聯合。這件事情發生於一二一七年到一二一八年間，也就是距離一二一一年東方契丹族「蒙古化」不過短短六、七年後。但是，這次西方契丹族的數量，並無法從現存的史料中得知。

對於蒙古往歐亞大陸東西方的擴張，東西契丹族的聯合帶來了幾乎是無法比擬的貢獻。因為蒙古藉由東方契丹族得到了對於「中國」領域的視野及欲望，也藉由西方契丹族獲得前往中亞以西的線索。

事實上，被當作蒙古統治特徵而經常被提及的「驛傳制」等，在遼及西遼這兩個前後時期的契丹帝國中，早就已經被全面實施。所以總覺得蒙古不過是繼承這些制度並將其更加擴大而已（但是，若要窮盡所有原著文獻仔細地找出史料證明此點，則是件相當艱辛的事情。因為就算是最低限度，也必須要張大眼睛看盡漢語、波斯語及阿拉伯語的書籍，除了撿拾起零碎片段的紀錄，更要挑戰難以解讀的回鶻出土文獻及契丹語碑文的「黑暗」。所以在此的見解終究不過都是從狀況證據判斷極有可能之「推估」）。

當要思考「蒙古世界帝國的出現」這個世界史上大現象時，以疆域從東向西推移為特徵之第一次、第二次兩個契丹帝國（若將兩個時期加總計算，時間竟然長達三百一十年），就成為相當重要的存在。關於這一點，到今天為止的歷史敘述及歷史研究方面對其之認知都相當匱乏，這是個顯著的缺陷。

就在純蒙古中加入東西契丹這些新蒙古之狀態下，蒙古軍前往進攻花剌子模。但是，關於此點還有必須稍微補充之部份。也就是說，雖然或許他們在軍事上貢獻不大，但對於以後蒙古的大發展而言，絕對不可以忘記有兩種突厥勢力加入蒙古所帶來的各種重要意義。

第一就是立國於天山南北側的佛教、貿易王國「天山回鶻」。另外一個就是建國在稍微偏西方、位於天山山中伊犁河溪谷的穆斯林王國「天山葛邏祿」（此外，應該也與喀喇汗王朝有關吧！）。兩者都是由突厥系領導者統治的小國家。

不論是哪一個國家，都在很早期就決定要歸附蒙古。於是就在兩個國家也都參加的情況下，果然導致突厥系伊斯蘭龐大勢力的花剌子模崩解之後，也打開了廣泛分佈在從中亞開始到西北歐亞、西亞地域的眾多突厥系集團加入蒙古之道路。

專欄

國際智囊團──回鶻

在蒙古的擴張與統治之中，有不可或缺的人們存在，就是回鶻。當蒙古出現時，他們建立了一般習慣稱為「天山回鶻國」或「西回鶻國」的農牧複合型貿易國家。毫無疑問地，他們繼承了在西元九世紀崩解的回鶻遊牧國家血統，建立了一個跨越東部天山南邊山麓吐魯番盆地及北邊山麓庭州（Beshbalik，又名別失八里，突厥語為「五個城鎮」之意）兩個地域的小國家。

雖然作為一個國家的財產確實還非常稀少，但其所蓄積的知識、資訊、經驗及文化程度卻是非比尋常。王族及貴族階層雖仍保有遊牧國家的傳統，但民眾卻是立足於過去麴氏高昌國讓綠洲貿易文化國家盛開的土壤之上。

儘管統治階級是突厥系，但在國家疆域內則有早期居民的印度雅亞利安系及漢族系，可能還有承襲粟特系血統者。此外，應該還有藏系人的存在。在語言方面也是錯綜複雜，除了以回鶻語為名的突厥語之外，還有漢語、粟特語、藏語、波斯語、阿拉伯語以及梵語（Sanskrit）、巴利語（Pali）等。

不論是在人種、語言及文化等各方面，都具有明顯的混合特性。而且各種要素在並存的同時也都互相混淆。有非常多的人是同時精通多種語言及文化，體內也流著多種人種的血液。至於職業也是非常多樣化，包含遊牧、畜牧、農耕、工商業及國際貿易。

中央歐亞大陸的各種要素，正好就濃縮存在於這個小國家。當然，透過與遠方他鄉的近親互相往來，各國的資訊也都集中於此。雖然是個小國家，卻可說是個非常驚人的資訊立國。

在蒙古時代於歐亞大陸東西方活躍的「回鶻人」，被認為最顯眼的就是具有格外特殊才能的人們。在波斯語中被稱為「Uyghuristan」（回鶻之地）的這個國家，是個提供人才的寶庫。

到了西元一二〇九年，回鶻王亦都護（**iduq-qut**。並非個人的名字，而是王號。在突厥語中其意思可解釋為「幸運之主」或「神聖吉祥」）的巴而術阿而忒的斤採取了大臣仳理伽普華之建議，向剛出現的「大蒙古國」展示友誼。因為這是比進攻金朝戰役更早二年前的事情，故攸關全國的這個選擇應該也近似於賭注。

但是，這個「搶先」非常完美地命中目標。回鶻王迎娶了成吉思汗家族的女兒成為「駙馬（突厥語為 **Küregen**、蒙古語為 **Güregen**）」，得到穩固的蒙古體系中特殊「準王家」地位。另一方面，被統括稱為「回鶻人」的大臣幕僚及居民，搭配各自的家世背景及機智，在蒙古帝國各地方從擔任成吉思汗王族的師傅（守護者、家庭教師、個人智囊），到參謀、行政官員、財務官員、軍人及企業家等，實際上在許多方面活躍。

回鶻就像被稱為「蒙古統治的教師」般，與蒙古一體化。不，或許甚至可說回鶻反而是誘導蒙古並在一定程度由其主導。若將這一點與終究是以軍事色彩濃厚的契丹族比較，回鶻在活動的多樣性及廣泛性方面較具優勢。若就極端而言，應該可以說契丹是以身體決勝負，回鶻則是以頭腦決勝負。當然，不可忽視的就是拉攏了歐亞大陸西方龐大突厥系各族、同屬突厥系且使用相同語言的回鶻，原本就站在較契丹更為有利的立場之上。

與其說回鶻是「準蒙古」，不如說是「以回鶻為名的蒙古」會更接近現實。在拉施德丁《史集》一書開頭的「部族志」中，將回鶻也與蒙古各部族並列說明的就是一個證據。

在蒙古時代被稱為「回鶻」的人，幾乎都是佛教徒（或是大概採用了摩尼教要素的佛教徒）。在宗教這一點上，說到「回鶻」就很容易會聯想到穆斯林，其實是誤解（當然，雖然僅是少數，但確實也有成為穆斯林的「回鶻人」存在）。此外，與「回鶻」並列成為蒙古的教師之契丹族大多數也都是佛教徒，這一點也相當有趣。

以蒙古時代為中心，包含其前後時期，以回鶻文字、回鶻語紀錄的出土土獻，在二十世紀初時於吐魯番、敦煌等地被發現並介紹給全世界，這些資料的解讀作業，雖然在歐美、俄羅斯、土耳其及中國等地孜孜不倦地持續進行中，而在日本，現在也有幾位領先世界學術界的研究者。不論哪一位都與過去的「回鶻人」相似，都是同時精通多種語言、擁有特殊才能的人們。為表由衷敬意，故在此特別提出。

尤其是在西北歐亞大陸草原的欽察族，在這十年之後藉由「拔都西征」而被納入朮赤汗國。結果讓原本只不過擁有僅為四個千人隊的朮赤家族，一舉之間獲得了估計將近二十倍到三十倍左右（或者更多）的龐大兵力，而成為即使是在整個蒙古帝國中也是屬於屈指可數的軍事力量擁有者。

蒙古是將突厥系各族當作「準蒙古」納入。這就是蒙古領域可以一口氣地擴張到歐亞大陸西半部的決定性因素。

此外，在亞洲東方的女真族、漢族及黨項族等，關於另一邊西亞各地的穆斯林當地勢力、俄羅斯及喬治亞等基督教勢力，也是只要身為王侯、首領、軍閥及宗教領導者等具有權勢力者歸附於蒙古的話，幾乎都會受到「準蒙古」的待遇。

舉例來說，在華北當地武裝勢力之中，真定軍閥的史天澤及保定軍閥的張柔等人，也都隨著蒙古皇帝敕命為「拔都兒」（蒙古語為「勇士」之意）稱號的同時，也被正式地認可為「蒙古」。關於這一點，現今還存有以漢文記述誇耀此事之元碑。此外，甚至在一般說法中於蒙古統治下最容易受到差別待遇、生存於舊南宋疆域江南的「南人」，也有不少人被接納為蒙古。

蒙古不斷地增加「夥伴」，並陸續地將其納入「蒙古」這個名稱之下。以納入、再組成方式進行的組織化行動，正是蒙古擴張的重點。

一般都以為蒙古只要遇到敵人就會將其打倒並殺害。如果真是如此，蒙古就不會增加。此外，也會變成蒙古從一開始就必須是相當程度強大。被反覆地流傳至今的這個說法之合乎道理解釋，就是接近於非常虛妄。而在想要說明這個說法的人之心中，猜想應是懷著希望蒙古是個殺戮者之願望吧！

若是冷靜地觀看原書史料及客觀事實相關內容，可以發現蒙古讓歐亞大陸草原軍事力量達到史上最為廣闊及有效的組織化。接著運用此股力量，讓蒙古這個組織體之網絡也在農耕世界中得到擴展。在此，幾乎可說沒有人種主義的差別待遇之存在。

蒙古得以擴張的核心因素，可說就是擅於創造朋友。除了幾個堪稱為戰爭的例外，事實上蒙古幾乎沒有任何作戰。當真正戰爭時，反而是蒙古輸的情況較多。

蒙古是不作戰的軍隊。對於他們來說，戰爭就接近於是接受、合併別人的「活動（campaign）」或「示威運動（demonstration）」。

歸根究柢，「蒙古」是人們組織的大型漩渦。若是置身於其中，至少可以保全人身性命。若換成現代用語的話，就是藉由加入蒙古，可以得到最低限度安全的保障。關於這一點，或許在某一方面就與近幾年來藉由美國這個「單獨武力」形成的「國際和平」相似。

但是，若如此說就有點太過於耍小聰明的現代風格，以及似乎帶有一點看似正確的「虛構故事」之味道。因為，若改用當時蒙古人的觀念來說明，就是儘量不要創造「敵人」，而要增加大量的「朋友」。這一點也正是蒙古世界帝國形成的關鍵。以「蒙古」這個獨特集團概念為發端的擴張運動，漸漸地變成如半自動裝置般，最後讓以擁有「蒙古」歸屬感為共通項目的人類漩渦形成多層次同心圓並以歐亞大陸的規模擴張。如果就這樣來看，「蒙古是甚麼？」這樣的提問反而是對我們重新提出「人類群體到底是甚麼？」問題。總之，就是超越「民族」的甚麼。

3　歐亞大陸大交易圈

忽必烈的大構想

以大方向來看蒙古帝國的沿革，可以西元一二六〇年為界分為前後兩個時期。前期階段是以蒙古高原為政治基地，在軍事為主下經營並擴張帝國之時期。疆域範圍東邊從日本海沿岸開始，西邊抵達多瑙河口、安那托利亞、東地中海沿岸為止，總而言之就是極度擴張。

但是，這個時期的單純軍事擴張，至少在陸地方面有達到巔峰的感覺。在一二六〇年時達到最高峰的王位繼承戰爭，最後是由忽必烈以武力奪取第五代蒙古大可汗地位，此時他也面臨了必須要從根本重新思考如何安置龐大人口及綿延廣闊的版圖之挑戰。

直接掌理帝國東邊部分的忽必烈政權，在實質上註定要成為「東方帝國」。而在西半部北邊朮赤汗國、南邊旭烈兀汗國及中亞察合台汗國，則是出現越來越強的各自佔據為王之傾向。

此後，蒙古帝國就變成以忽必烈家族獨佔的大可汗「大元汗國」為中心，包括西方三大區域的「世界聯邦」。也就是說，忽必烈繼承了一個已經變成雙層結構的蒙古帝國。

在政權獲得確立的一二六四年時，已經是五十歲「老人皇帝」的忽必烈（因為頻繁的移動生活，蒙古人的老化都較早，若超過四十歲就具有堪稱老前輩的資格），運用多人種、多語言及多文化的智囊團，挺身進行前所未有之新型態帝國建設及國家經營。

若將其一言以蔽之，也就是儘管是以軍事力量為背景，但在現實中也不以其為優先，而是藉由掌控經濟與物流以席捲歐亞大陸規模之貿易，企圖串連包含整個割據狀況越趨深刻的蒙古帝國及更進一步地涵蓋歐亞大陸及北非大陸的「世界」。

忽必烈就在這個前提之下征服了位於中國南邊的南宋，終於將整個中國併入版圖，並且進一步地將視野延伸到南邊濕潤的亞洲大陸和炎熱的海洋。在蒙古帝國擴張的歷史中，這是首度成功地擴張到海洋地區。而且還是一口氣完成。在另外一邊，則是在具有連結陸地及海洋物流轉運站之意義下，開始建設龐大的帝國新首都——大都。這個大都與現今北京主要不同之處，在於當時都市內部有個港口。

被稱為積水潭的廣闊水域，藉由歷經重重困難工程精心地建設完成、名為通惠河的閘門式運河，可以串聯大都東郊的內陸運河網絡北邊終點的通州，若從通州出發，取道名為白河的天然運河可以連結到海港直沽。從直沽出發，經由渤海灣，東邊有藩屬國的高麗以及進一步地就可以抵達日本；在另外一邊，海船則可從中國南方的百萬人口都市杭州、慶元（明代時稱為寧波）、福州、泉州及廣州等海港都市出發，進而航向東南亞、印度洋方面。

此外，以海路連結中國南北方面，是從蒙古時代開始。關於此點，實在難以將忽必烈這個帝王及大都這個帝國首都排除在外思考。而且，直沽就是今日天津的前身。還有在此之前只不過是松江府海邊貧窮村落的上海，也在順著東海沿岸的南北航路開通下，至此首次在歷史舞台上出現身影。在忽必烈推行新國家建設事業之背景下，現代中國的大型都市北京、天津及上海都同時出現在歷史舞台上。

回過頭來說，大都在成為陸路交通轉運站的同時，也成為內陸水運、海上交通的出發起點及抵達終點。在竭盡全力地計畫及大規模建設之下，這樣的海陸交通網絡中心終於被實現。但是明清時代的北京，卻沒有努力地維持這個蒙古好不容易才建成的市內港口。此外，現在的北京雖然可以藉由機場與其他地方連結，但那是因為現代的「天空時代」，而不是直接與海運的串連。

對於蒙古時代的大型都市，忽必烈時代投入了大量的開鑿費用跟每年的維護管理費用，才得以持續保有以積水潭這個城市內港口及通惠河這條運河（運用十一個閘門解決了高低落差達五十公尺的問題。）為重點的水運、海運系統。因為相較於陸路運輸，水路及海路運輸可以用較便宜價格運輸更大量的物品（根據當時的紀錄，若將運用通惠河的水運與一般的馬運比較，在費用方面幾乎是一比十。因此也可以了解忽必烈政權要拼命開鑿的理由）。

忽必烈的國家構想框架，是將蒙古傳統的「草原軍事力量」與歐亞世界最大的「中華經濟力量」合併成為一體，並且進一步地全面活動自蒙古時代以來都是共生關係的「穆斯林商業力量」（儘管說是穆斯林，在此是專指伊朗系的穆斯林。總之，就是說波斯語的人。以他們為領導者的國際商業組織中，回鶻也被包含在內）以達到經濟統合的新型態。若換成現代用語表現，忽必烈的新國家是個超大型軍事國家，也是超大型經濟國家，而且是以貿易立國的超大型國家。在某些方面也與現今的美國相似。

至此，蒙古大幅度地從軍事擴張時代轉移到經濟經營時代。而且，歐亞世界也再次以多極化、安定化後的蒙古為軸心，緩緩地朝著和平共存及重視經濟的時代邁進。

往穆斯林海洋

忽必烈及其智囊團，從政權已漸漸安定的一二六七年開始，發動對南宋的戰爭。當初，對連結南北中國的漢水流域上軍事要衝的兩個都市——襄陽及樊城的包圍戰，成為兩國攻防戰的焦點。約達五年的長期原地作戰，由投入大量人力及物資以築起完整又長又大的包圍網的忽必烈方面獲得壓倒性勝利而終結。隨著南宋最精銳的機動部隊被誘出擊滅，成功地將被困在襄陽及樊城的呂文煥及他的軍隊變成攻擊南宋本土的先遣部隊。

西元一二七四年，戰爭局面在一鼓作氣下展開，忽必烈政府從南宋國境線的多個方向開始進行全面打擊。以呂文煥軍隊為前導的伯顏主力部隊，在沒有遭遇太多抵抗的情況下成功地進入長江中游要衝之地鄂州（現今的武漢）。當南宋北邊防線的長江天險之地被突破後，南宋各個城市幾乎都不戰而降。伯顏手下的蒙古軍隊，就在不戰不殺的方針下，歡迎投降者歸附而且是保留原職，因此南宋這個國家就在各地崩解的情況下步入滅亡。

一二六七年陰曆一月，位於杭州的南宋政府正式立下投降文書並送到主帥伯顏營帳處而全面投降。在兵不血刃情況下，杭州就像部份居民對於南宋王朝滅亡這件事毫無知覺般被和平地接收。此外，雖然當初有反對打開杭州城門的一部份南宋軍隊，隨同少年皇帝趙昺兄弟一同流亡到東南沿海，但三年後在廣州灣盡頭的崖山潰敗。

忽必烈及其智囊團的目標，就是希望以毫髮無傷的方式取得南宋以及江南社會這個系統。從頭到尾如計畫般併入江南的蒙古，接著往海洋前進。

這是吹著季風的炎熱海洋。在此，蒙古獲得成為海洋帝國的開端。

不僅是擁有海洋船隻，蒙古當然也承襲了隨之而來的造船能力、技術工學、航海技術及與海洋相關的知識、資訊等各種能力。這是江南這個社會歷經漫長歲月累積而來的東西。關於海上，蒙古可說是南宋國的「繼承國家」。但是，南宋與忽必烈的蒙古，從根本上就完全不同。也就是作為一個國家的姿態、體質及想法都不相同。

從西元八、九世紀開始，在中國本部東南沿海的各個港灣都市，就已經有阿拉伯、伊朗的商船頻繁地航行而至。往來之熱絡程度，從西元八七九年時在唐末的大規模動亂——黃巢之亂下讓廣州街頭陷入之慘狀被阿拉伯文紀錄下來並成為具有代表性的歷史資料，就可見一斑。此時，據說在廣州居然有十二萬外國人居留者被殺害。

原本在人類歷史上，與商業相關的各種系統及知識習慣，或者是支票、證券、銀行金融業，甚至是到達資本運用及經營知識等方面，東地中海地區的發展程度都遙遙領先其他各地方。甚至可說形成人類文明基本的這部份，就是在此誕生也不為過。當時的中東已經是伊斯蘭世界。

將目光轉到中東地區，在西元八世紀中期，以自古以來就是推動先進文明的伊朗系人之力量作為背景，擁有廣闊疆域的伊斯蘭權力的阿拔斯王朝，以巴格達為首都出現在世人面前。伊斯蘭就以此起點，開始向東方顯著地擴張、進入。並以將軍事、商圈及宣教皆一體化的型態同步進行。

最重要的是此時的擴張並不限於陸地方面。藉由橫渡印度洋的單桅帆船（dhow）及航海技術的開發，穆斯林海運商隊就形成從西向東前進的局勢。

理所當然地，陸地運輸的貨物量及效率當然無法與海上運輸相比擬。況且，與串連各個內陸綠洲前進的商隊所具備的意義是完全不同。中東與中國透過印度洋首度直接連結這件事，在歷史上具有相當大的意義。

先不論來自中央歐亞草原的軍事進攻波潮，對於孤立性相當高的中國來說，平常獲得來自外界的刺激，與一般的印象不同的是相較於內陸管道反而是從海洋管道較多。從印度洋經過南海連結歐亞大陸東西方的海面，漸漸地成為穆斯林的海洋。

這種狀況持續約五百年。在這期間，中國本部東南海岸一帶，隨著時間貿易也漸趨活絡。在沿海各地港灣都市也經常可以看到居住在該地的阿拉伯及伊朗商人。他們建立了一種漢語名為「蕃坊」的「居住地」，也成為反而是掌握土地經濟的「有權勢者」。

專欄

辛巴達是印度的風

在一般大眾熟知的「一千零一夜」中乘船出航的辛巴達（Sinbad）冒險故事之大部分，事實上都是以西元八世紀後，穆斯林海運商人積極地外出，從西向東渡過印度洋波濤、從東南亞往中國方面前進的時代狀況為背景。

在波斯語中，辛巴達拼為Sindbad，也就是「印度的風」之意。雖然在故事中辛巴達變成主角個人的名字，但實際上是指所有在印度洋上利用海風讓船航行於東西兩方的海運商人。

剛好在日本古代王朝神話之中，協助大和政權擴張勢力的男人們之「名聲」，後來變成一個擁有Yamatotakeru（日本武尊）這個名字之英雄者而被傳述成故事，這樣的構成可說是非常相似。

而且，若仔細閱讀的話就可以發現，辛巴達冒險故事大部分都不是發生在阿拔斯王朝繁華的「平安之都」（Madinar as-Salam）巴格達，也不是在面臨波斯灣的巴斯拉（al-Basrah）港灣都市，大半部分的背景都是在東方印度及東南亞，其實特別是以中國作為舞台。總之，就是在旅行地的冒險故事。

此時，在西元十三、十四世紀蒙古時代，就如同將前往東方的義大利商人的體驗及所見所聞假設為一個人之作為而寫成之「馬可孛羅冒險記」故事集之誕生，「辛巴達歷險記」也是前往東方的穆斯林商人及旅行者群體所衍生的「時代產物」。

當住在中國的穆斯林到了第二代、第三代時，除了阿拉伯語或波斯語之外，增加了許多人也可以同時流暢地使用當時的漢語或方言。中國的穆斯林社會首先就出現在這些東南沿海港灣都市（此外，

如漢族等當地居民的穆斯林化就是起始於這個時候。這個現象也是以住在中國的穆斯林於一夕之間增加許多的蒙古時代為界，而變得更加顯著）。

在另外一方面，隨著穆斯林海運商人不斷地來到東方，中國東南沿海的居民也被其利益觸發，開始利用中國式平底帆船（舢舨、Junk）往南海出發。對於海洋的興趣，也逐漸加深。

但是，南宋僅止於吸收其利潤。在一味地管制貿易行為的同時，雖然也有些微獎勵，但缺乏由政府率先組織航海以進行海外交易之熱情。

在南宋時代，簡單來說就是「依靠民間型」，不論是對貿易的努力或是對航海的用心，全部都仰賴於各個港灣都市的居民。可說是半管理半放任的狀態。

忽必烈政權則完全相反。在短時間，就由政府主導將整個局勢組織化。南宋的「遺產」在得到了忽必烈政權這個使用者後開花結果。忽必烈政權之穆斯林經濟官僚在與南宋作戰的高峰期，就與中國東南沿海的穆斯林海運商業勢力取得聯繫。其中的大支持者，就是以泉州為據點的蒲壽庚。

蒲壽庚是個海運企業家，並且受到南宋政府委託擔任「提舉市舶」、也就是貿易及船舶管理監督長達三十年的人物。在繼承阿拉伯系或伊朗系血統的同時，也具備中華文人素養，於公於私都是具備足以代表海運貿易之實力派人士。蒲壽庚會與蒙古合作，也是理所當然之事。若與勢力範圍達到歐亞大陸規模的蒙古聯合的話，自己的商圈也會在一舉之間擴大。

忽必烈政權與蒲壽庚這類商人立於相同利害關係。忽必烈政權以猛烈的速度及規模推進了海洋航海組織化及海運貿易之擴大。不只是陸地方面，連海洋方面也都組織化了。

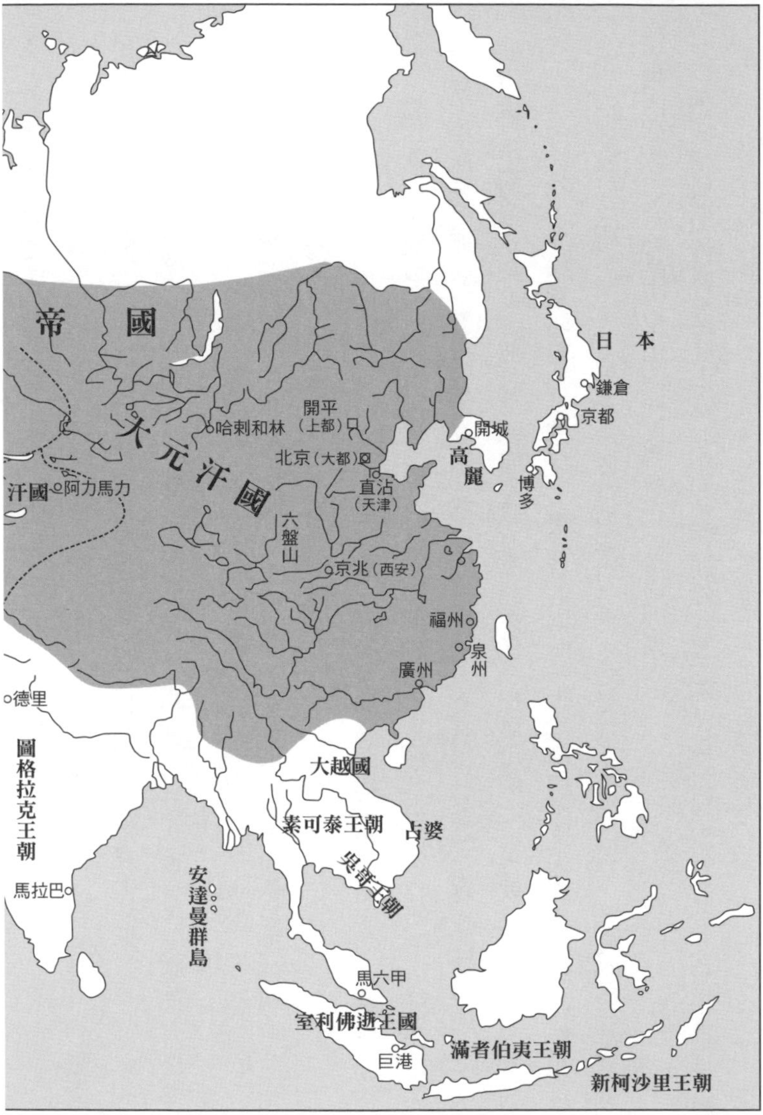
帝國
大元汗國
汗國
阿力馬力
哈剌和林
開平
（上都）
北京（大都）
直沽
（天津）
六盤山
京兆（西安）
開城
高麗
日本
鎌倉
京都
博多
福州
泉州
廣州
德里
圖格拉克王朝
馬拉巴
安達曼群島
大越國
素可泰王朝
占婆
吳哥王朝
馬六甲
室利佛逝王國
巨港
滿者伯夷王朝
新柯沙里王朝

圖九

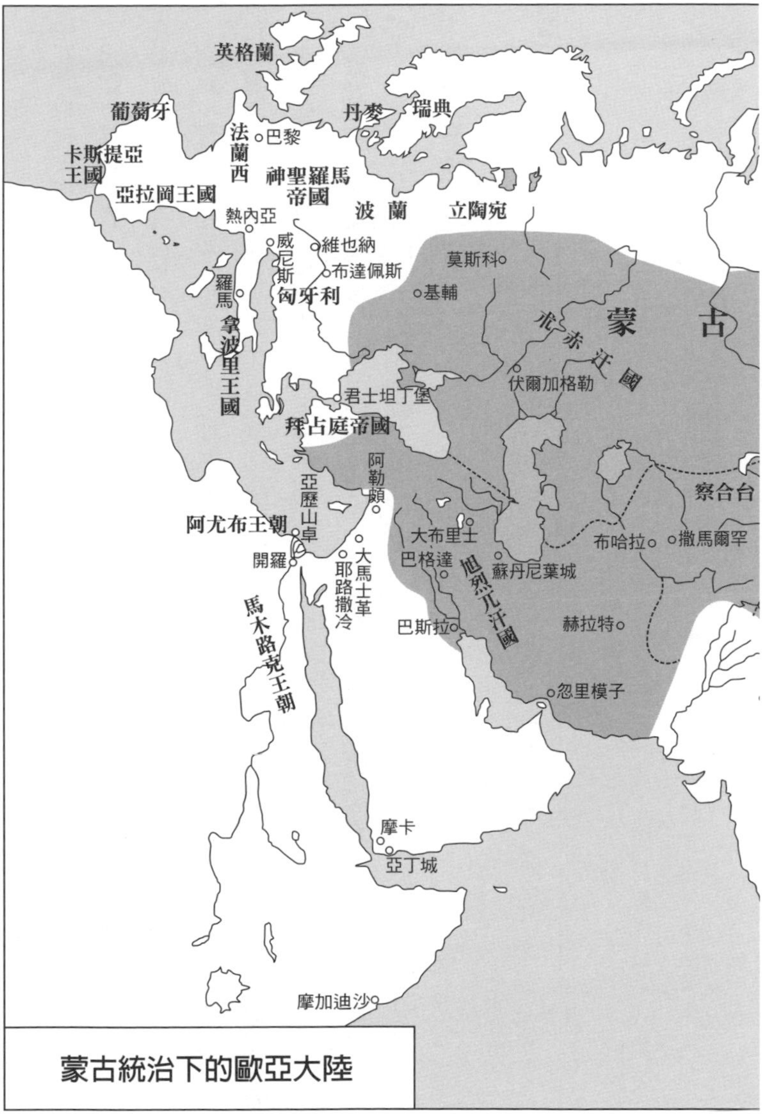
英格蘭
葡萄牙
丹麥
瑞典
法蘭西
巴黎
卡斯提亞王國
神聖羅馬帝國
亞拉岡王國
波蘭
立陶宛
熱內亞
威尼斯
維也納
布達佩斯
莫斯科
基輔
羅馬
匈牙利
蒙古
拿波里王國
朮赤汗國
伏爾加格勒
君士坦丁堡
拜占庭帝國
阿勒頗
亞歷山卓
察合台
阿尤布王朝
大布里士
布哈拉
撒馬爾罕
開羅
大馬士革
巴格達
蘇丹尼葉城
耶路撒冷
旭烈兀汗國
馬木路克王朝
巴斯拉
赫拉特
忽里模子
摩卡
亞丁城
摩加迪沙

蒙古統治下的歐亞大陸

若以整個蒙古帝國進行思考的話，忽必烈的友邦旭烈兀汗國掌控了中東地區東半部。總之，蒙古手中同時握有夾住印度洋及南海之東西方穆斯林海洋勢力。

因此，忽必烈的大可汗政權能以「大元汗國」為中心、與東西兩方互相呼應之型態，掌握往蒙古海洋擴張及東西方海洋貿易，也是理所當然之發展。

在此，貫穿從西元八世紀以來被稱為穆斯林海洋商人東進時代的這個大現象，與歷經唐末到南宋而對於海洋之志向持續升高的江南這個物產豐饒社會，藉由忽必烈名為「大元汗國」之強大推進力量而被連結在一起，並以清晰的型態被系統化。

這就是在人類史上，第一次將內陸及海洋真正系統化連結的時代序幕。應該足以稱為「歐亞大陸大交易圈」的超大型貿易、交流漩渦，就在西元十三世紀即將進入尾聲、最晚也是在西元一二八〇年代末期時，漸漸明朗。

專欄

宋學的興隆與伊斯蘭哲學

一般而言，或許是以日本邪馬台國爭論之「放射狀學說」支持者而最為人熟知的已逝學者榎一雄，是戰後日本東洋學術界領導者之一，也是罕見精通古今東西文化的博學多聞、才華洋溢之人士。在他眾多成就之中有個看似不怎麼引人注目的卓見。

該卓見就是認為具有濃厚哲學性及思辨性色彩的「宋學」之所以會在西元十至十一世紀間的中國突然興盛，其背景應該是來自於穆斯林藉由海洋往來於中國的大潮流之時代狀況。也就是對於觀察「宋學」與起這個歷史現象時，至少可以多些考量其產生是否受到外界的影響後再進行討論之提問。

在對某個歐洲學者著作之書評中就像不經意透露般被敘述的這個想法，對於很容易就會自我滿足於狹隘「中國學」（或是「漢學」）框架中的既有「一般通論」來說，剛好衝擊到其完全欠缺的部分。也就是說，宋學的出現有可能是來自外面的刺激。

的確，若是只有中國內部的情況或理由，是無法解釋最重要的「此時，為什麼？」之面向。尤其是在思考南宋國時代「道學」（所謂的「朱子學」）之盛行時，也確實不能忽視與福建、浙東等地區的關聯。

另一方面，在中東世界以及正在進行伊斯蘭化的中亞大陸，從西元九世紀左右開始，就已經可以見到哲學、神學之高漲。所謂「伊斯蘭律法」（Sharia law）之體系化也就是其中一種產物。

此種具有深刻明顯哲學性及思辨性的伊斯蘭教義及學說，就隨著海洋商人流傳到東方，而成為讓到當時為止較缺乏思辨性及教義性的中國思想產生變化之契機，此種可能性是無法被完全排除的吧！

在歷史現象之說明中，尤其是關於思想及學術之發生、傳播方面，要盡可能地放寬視野及深刻地洞察。是否要運用這個只有榎氏才能提出的想法，就交由未來後代自行決定。

4 資本主義萌芽

維繫「世界」的營利組織─斡脫

由忽必烈及其智囊團所形成的新國家方針之最大特徵，正是全面掌控經濟這一點。而且，從以大元汗國為主要核心的整個蒙古疆域開始，甚至包括歐亞大陸及北非大陸也都被捲入的這個範圍超級廣闊的物流及國際貿易，是由國家主導、有意識性地創造出來。

成為其硬體方面基礎的就是以大都及該處為中心、跨越陸地、河流及海洋的龐大「歐亞大陸循環交通、運輸網絡」之整建及擴充。於軍事及政治面無邊界的狀況，在經濟及貿易面則是以較其更加明顯且大上一倍的規模進行。

若將這樣的現象比喻為人類的身體，以蒙古統治「骨架」為背景的這個系統，可說就相當於「循環器官」。至於大都，不用說當然就是「心臟」。

另一方面，隨著蒙古擴張而擴大的商圈，現在以忽必烈政權的出現及其國家政策基礎之下，陸海兩方面整併程度顯著持續加深的穆斯林商業勢力就成為在整個系統中流動的「血液」角色。在其下，則可見到包含回鶻商人在內、由多人種組成如裙襬般擴散的下屬團體。

回過頭來說，伊朗系的穆斯林與突厥系的回鶻這兩個國際商業組織，早在蒙古出現之前，就已經成為串連中央歐亞大陸物流及貿易的那雙手。

在歷史上享有盛名的這兩個群體之商人團，在蒙古出現不久後就立即與其建立深刻關係，從資訊蒐集到資金及物資調度等各方面，在背後支撐著蒙古驚人的軍事擴張。而且，在蒙古軍進駐的統治管理，協助蒙古進行徵稅及財務等，有時甚至會成為部分行政之代理者。

在這種情況時，他們就會以所謂的「承包」方式承接這些業務。若換成現代用語表示，應該可說是從經營顧問業到行政生產業。簡單來說，是同時兼具蒙古統治之下屬機構及承包機關之功能。

透過蒙古的擴張及之後的統治，軍事政治組織之蒙古及商業經濟組織之穆斯林、回鶻，顯著地共同化或一體化。兩者是處於共存共榮關係，或者甚至可說是蒙古統治的「表面」及「裏面」。

當時，這些商業勢力除了自己之外還會選擇其他「夥伴」一起行動。而且，將其更加發展集資成為大規模資本，並以其為基礎一起或是以團體進行各種經濟行為。這樣的夥伴關係本身，用突厥語將以此為基礎結合而成的組織或團體稱為「斡脫」。原本的意思為「夥伴」，將其轉換後成為「工會」之意。在波斯語中的「urtaq」、漢語的「斡脫」，就是其音譯字。

以回鶻出土文獻相關的歷史語言研究為基礎、將「伊斯蘭化」以前的中亞史（也就是以蒙古出現作為前後之分界，在蒙古出現之前）作出非常活躍考究的森安孝夫曾經發表過應該要注意有關「斡脫」起源之見解。

亦即，應該是起源於突厥語的「斡脫」這個詞彙也被另外一個國際語言的波斯語採用，成為一個被廣泛使用於中央歐亞大陸的共通詞彙。森安孝夫認為「斡脫」這個詞彙本身是來自於突厥語這件事，應該是因為這個概念及團體本身原本是起源於突厥族，尤其是由從很早期開始就精通熟練並活躍於國際貿易的回鶻所創立。

這一點，正是核心所在。「斡脫」一詞不論就史料方面來看或是歷史史實而言，都是集中在蒙古時代才得以在歐亞大陸被顯著地使用。首先使用於身為「蒙古統治教師」回鶻之間的「斡脫」這個稱呼，因為被直接採用成為執政者蒙古的語言，所以在瞬間成為廣泛地被流傳於整個龐大統治疆域的「國際語言」，這樣的故事架構應該是可以很容易理解。

但是，在歷史方面的實際情況中，必須要特別注意的是在蒙古出現的這個時間點，相較於回鶻的貿易組織，伊朗系穆斯林商業勢力在資金規模及活動範圍這兩方面早已達到更龐大及更廣闊規模，因為他們已經建立了一個將回鶻組織也納入、以自己為頂點的組織網絡。

在其理由及背景中，有一點是因為回鶻商人團體的據點僅只於天山南北，但是伊朗系穆斯林商人團體的原本地盤是相當於舊花剌子模時期最大疆域的河中地區、伊朗及阿富汗斯坦。兩者在活動範圍及資本累積方面就有所差異，理所當然地也會導致事業規模（尤其是在資本大小差異方面，是因為穆斯林商人團體承攬了蒙古的承包代理業務）有別之結果。

還有一點是當時的伊斯蘭已經廣泛地分佈在歐亞大陸及北非大陸各地域的「面」及「點」，並且企圖更進一步地擴張（關於在東方部分，很明確地正是蒙古讓伊斯蘭得以更進一步擴張），伊斯蘭社會原本就對外來者抱持相當開放態度。相較於大多數為佛教徒的回鶻，同為「穆斯林共同體」的成員、活動力較強的伊朗系穆斯林商人團體較有利於形成範圍更加廣闊的商圈，這一點也不可忽視。

特徵為共同出資及多樣性國際經濟活動的「斡脫」這個營利組織體的群落，隨著蒙古的擴張而急速成長，到忽必烈出場的時候，個別團體之間已經達到某種程度的集團化。成長至此的「斡脫」個體，可說就是現代的「社會」，甚或是「企業」。在史料方面，也能很明確地確認數個集團化的企業團體。

在忽必烈政權下，成為企劃、提案及執行各種國家規模大型專案的核心者，就是穆斯林經濟官僚或是具備相當資格的不同族群。他們要不是曾經在「斡脫」待過，不然就是具有相關背景的人。忽必烈是有意識地故意挑選出這些人作為自己的幫手。

總之，忽必烈是以更強勢方式將自古以來與蒙古形成表裡一體關係的「斡脫」納入政權內部。藉由讓其中具有權勢者擔任政府高官以及經濟實務部門最高領導者，將斡脫這個組織團體及各種營利活動直接整個放入國家管理之中。可說斡脫的存在本身已經成為半官方。

這個對於當時的斡脫來說，是個更加有利的狀態。包含征服南宋作戰等軍事行動在內、由忽必烈政權推動的各種國家事業，對他們來說是個絕佳機會。斡脫彼此競爭著承攬事業，而在現實中的執行時，大多數情況他們都會成為事業的核心力量、持續地執行忽必烈的新國家建設。

斡脫將忽必烈王室或蒙古眾多王族的命令書作為一種「特許狀」的「命令」使用（蒙古的命令書可分為兩種，也就是將唯一的大可汗「命令」用蒙古語稱為「jarliq」，其他的后妃、眾王、宰相及將領的「話」稱為「üge」。這兩者之間有截然不同差異。儘管如此，兩者都同樣地用回鶻文字及蒙古文字書寫，並經常會翻譯為當地語言版本後再行發送），而得以優先利用蒙古政府以公費支持的各種公共交通運輸機構。

在當時，雖然也有相當於現代飯店或旅館的設施，但僅限於相當規模的重要都市或是港口渡輪等交通要衝之地，其他的就是由佛寺或道觀經營收費的住宿業。這種兼具本業及副業的住宿設施，也是由擁有「特許狀」的斡脫以一種準公務員身份才能使用。

專欄

印章萬能時代

在蒙古語中，代表印章的詞彙是「tamgha」。蒙古時代是印章時代。印章被非常廣泛的使用在各方面。例如，如果擁有權威的印章或是持有以該印章加蓋的文件，就可以威風的大步走在街上。

「tamgha」是泛指所有「印章」之意，因此例如家畜的烙鐵印等其實也都是tamgha。象徵著隸屬於某人物或某集團之物的tamgha，會被烙印在牲畜群體，有時該印記也會被使用於插在軍用盔甲背後甲冑上之小旗子的圖樣。在吐魯番方面發現的蒙古語及回鶻語文件中，出現了類似成吉思汗王室次子察哈台家族tamgha的印記。

但是，最終大部分的tamgha都還是所謂的「印章」。也就是說，上從蒙古大可汗開始到王室眾王侯、后妃、太子、公主、貴族、將領、宰相再到文武百官，與公權力相關的所有人物，都持有與其地位及職務相對應的官方印章，並且一定會加蓋在相關文件資料上。若沒有蓋章，就不具效力。

在蒙古時代，印章與著名的「牌子」都是代表該人物身分的證明及象徵物。最高貴的印章自然是至高無上者蒙古皇帝的玉璽，目前所知幾個是用漢字、蒙古語回鶻字刻印而成。至今還留存著似乎是直接用印有玉璽的國家文書或蓋有內容為漢字「皇帝之寶」（在此的「寶」是指「寶璽」、「寶印」之意，總之是指印章）玉璽戳印的敕書等刻印而成的石碑。

另一方面，包含同族汗國當家之主在內，王室眾王侯、后妃、太子及公主持有的印章，全部都是金印。在蒙古語中稱之為「altan tamgha」。玉璽與金印之間的差異，是僅有一人之帝王及並非帝王之差異。但是，與用於稱呼成吉思汗同族的「黃金家族」（Altan urugh）名稱有關，或許來自該家族成員持有的印章全部都是金印。

在王室以外，除了被授封王號而成為準王室的族長家，均未被授與金印。在將領、宰相以下，高位者為銀印，隨著中級、下級之排名下降而成為銅印、鐵印。在將前幾年在九州發現、被報導是否與「元寇」相關之物的印章，內容是用八思巴文字音譯漢字「管軍總把之印」，這是掌管五十人左右軍隊指揮官之印章，理所當然是用鐵製而成之物。此外，在這個階級之下的下級指揮官、官僚之印章，不論是在海內外都有許多留存。

自然，也會出現盜用印章的事。在蒙古時代的紀錄中，也記載著例如盜用高階人士之印章並做盡想做之事的竊賊故事；或是偽造著名蒙古眾王侯的印章並蓋在任命自己為其代理人的偽造文件上，於該位王侯之領地享受貴族氛圍的愉快事件等內容。有趣的是，不論是在東方的漢語史料或是在西方的波斯語文獻，都可見到相似的故事。不知該說是不論到哪裡人類所想的都相同，還是該說在蒙古時代不論東西方的發展狀況都相同。總而言之，不變的就是用印章來代表身份這件事情本身的滑稽性。

當然，在進行各種商業買賣與金融，或是「承包」業務的徵稅及物資調度等時，一旦遇到某些危險、威脅或當地的抵抗，甚至要請當地蒙古政府軍隊出動都並非絕對不可能。在現實中，也曾出現經常依賴軍隊威勢而以半強迫方式達成營利目的的蠻橫作法。

舉這種例子，或許也有種要定位蒙古及斡脫正是作出無理的非法行為之傾向。

但甚至是現今的世界，也並非全部都是警力相當健全、充足的時代。更何況在當時，為了商業行為及旅程的安全，也有不得已必須要尋求些許武力保障的緊急狀況。而且，因為能在廣闊範圍內獲得「安全保障」，也正是蒙古權力的正當性之一。

總之，以蒙古軍事力量及公權力為背景，斡脫朝歐亞大陸各地出發，進行各種經濟活動。結果，先前似乎被「文明」所拋棄的邊陲地區及山谷深處或者是海邊的貧窮村落，也都開始與「外界」連結。

但是，到了蒙古時代，居住在山岳或邊陲地區的大大小小「人類集團」的名字，以不同的程度於一舉之間被大量記錄而登場。至於其名稱，雖然也有蒙古取的名字，但也有很多是被記錄者他們稱呼自己的名稱、也就是自稱。當然，名稱涵蓋了多種語言，也有不少「集團」名稱是無法被清楚地界定到底是哪種語言、或者是什麼意義。

在此背景中，有一點是蒙古軍隊駐紮網絡之細密程度，遠比我們一般人可以考量到的更為驚人（就其結果而言，駐紮在「邊境」的部隊子孫，就直接留在當地生活，時至今日被當作是「少數民族」的，也絕對不只是二、三個案例。因為有時是以「蒙古」為名之斯基泰部隊，有時則是漢族部隊，所以變得更加複雜）。然而，首先應該舉出的還是藉由斡脫達到的範圍廣闊之經濟擴張。當然，也變成是事先沒有預想到的產物。

然而，到了近現代這些人的子孫，卻讓距離當地相當遙遠之「中央政府」這些原本無緣的人們在思慮及方便下，被任意地被冠上「他稱」或是被萬分失禮地分類為「少數民族」。

但是，在七百年前的蒙古時代，幾乎沒有想要藉由提出特別分類名稱或是包含企圖的他稱以達到區別化及差異化之考量，僅單純地依其原有或自稱的存在樣態來記錄、認知。這樣的情況到底是否可以只用「時代差異」而一語帶過呢？

過去的蒙古不可能會說出這樣的理想或意識形態，就這一點而言，還真是冷淡又不討人喜歡。但是在政權本身的本質方面，是具有質樸味道的。

另一方面，近現代國家及政權，對內對外都愛設定些有的沒有的理想或志向，具有喜歡把自己美化的共通癖好。所謂的「文明國家」，應該不需要以貶低他人來得到恭維。但是，即使是在現代世界，還是有不只一、二個對於賣弄「多數民族」的傲慢或龐大政府力量的「權力理論」而感到高興的野蠻、膚淺的政府。

回過頭來說，在忽必烈政權有意識的振興政策之下，在現實面來看，斡脫們的企業享有近乎特權的地位。忽必烈王朝操控著這些由自己保護、培養的會社及企業體之群體，並將範圍遠遠超過直接管轄之「大元汗國」框架的「世界」握在手中。可以說斡脫是由忽必烈及其智囊團編織而成新「世界戰略」的先遣部隊。

奠定資本主義基礎的「銀之時代」

藉由斡脫這個「血液」被輸送而達到整體活性化「氧氣」角色之實現者，正是「銀」。關於此點也有段前史，而且還是個相當長的前史。目前還未能完全確定在人類演進過程中，金與銀這兩種貴金屬是在哪個時間點變成共通的交易工具，也就是扮演貨幣的角色。根據不同時代及不同區域而有相當大的差異。

但是在歷史上，以大角度來看有兩個主要分流。目前已知從羅馬帝國開始到所謂拜占庭帝國的脈絡，是採行金本位制度。另一方面，以古代波斯為開端的伊朗文明圈則是全面性地以銀為主。之後，承襲兩者體質的伊斯蘭中東世界在持續以銀為主要交易手段的同時，也使用金。

印度世界擁有同時使用金、銀之傳統。但是在中華區域，很長一段時間裡金銀都較常被當作裝飾用途使用、顯然缺乏被當作貨幣之經驗。中華持續好長一段時間是處於以銅幣但並不侷限於方孔圓形「銅錢」之一元化狀態（此外，銅錢使用範圍幾乎與漢字文化圈重疊這件事，是個相當有趣的事實）。至於銀的使用，則可說幾乎是完全侷限於對外結算或對外餽贈的程度。

另一方面，在已經是由突厥系居民占大多數狀態的中央歐亞大陸這廣大空間中，幾乎是全面處於以銀的使用為主體、金銅則為附加之狀態。就這層意義而言，可說大致上都已經串聯成為一個伊斯蘭・中東。

在蒙古出現以前，俯瞰廣闊的歐亞大陸及北非大陸，先摒除東方中華及西邊歐洲部分，幾乎都是以銀為首要交易手段，或者是成為交易時的價值計算基準。蒙古則是以更強的力量推進了這種情勢。

蒙古會直接沿用中央歐亞大陸傳統使用銀，也是理所當然之事。因為不論是共生關係之國際商業勢力回鶻或是伊朗系的穆斯林，都是使用銀。除此之外，對於已經成為範圍超級廣闊之龐大帝國的蒙古來說，確實有必要規範全部領域都共通使用的價值基準。

結果，銀就成為跨越蒙古東西方的公定「貿易基準」。因為銀原本就是以秤重方式衡量價值的「秤重貨幣」（換個方式來說，不是像今日之紙幣雖然本身只是張被裁切過的紙，但卻在政府的信用下成為共通使用的「票面價值」，銀這個貴金屬原料本身就具有「絕對價值」），所以無需特意推行由政府統一鑄造、發行銀貨幣。

僅設置了唯一一個統一基準。也就是區分為約四公克、約四十公克、約二公斤的三階重量計算單位。其比率分配為一、十、五百。雖然個別的單位名稱會依據地區及語言而有所不同，但這個三階單位不僅成為徵稅及納稅基準，也被廣泛地使用於所有的交易、買賣及價值換算。

掌握忽必烈政權「經濟戰略」的斡脫，攜帶著銀、用銀交易。他們可說是將銀的使用推廣開來之「使者」。結果，雖然還有疏密之分，但總之整個歐亞大陸及北非都被「銀的使用」這個共通價值串連起來。跨越區域、跨越國境、跨越「文明」圈的框架，成為人類史上首度出現的「銀世界」。

實際上，這件事情象徵著相當大的意義。藉由蒙古及忽必烈這兩個重大因素，在西元十三世紀末期，銀成為不論走到哪裡都可以共通使用的「國際貨幣」。這個一度被「銀」這個看不見的手串連起來的「世界」，不受到政治變動的影響，慢慢地轉往一體化方向邁進。

那就是在西元十六世紀以後，從南北美洲大陸運來了大量的銀，造成「世界」價格革命及商業革命，在一夕之間以全球規模邁向資本主義經濟之路，也就打開了邁往近現代之路。而成為其基礎之土壤、也就是銀之使用這個奠基，早在蒙古時代就已經被準備好了。

例如在中華區域，若沒有蒙古這個要素，在明代中後期的十六世紀以後，當被稱為「西班牙銀」之南北美洲銀來到時，是否能那般平穩地轉換到銀經濟呢？在明代中期以後的中國接近於資本主義的經濟狀態，雖然除了意味著被捲入以銀為媒介的「世界經濟」以外，別無其他，但這有可能在突然之間達成嗎？

幾乎完全相同的狀況，也出現在日本列島。蒙古時代相當於日本從鎌倉中期開始到南北朝時代，此時在日本也已經開始使用銀。另一方面，在西元一五四三年時（但根據最新的葡萄牙史料顯示，被認為是一五四二年），葡萄牙及西班牙等西歐國家進入海洋及以銀為主軸的「世界經濟」這兩股新的波潮之到來時，銀的使用也產生了作用。的確，為何戰國時代的日本可以那麼簡單直接地就接受銀之使用？

歷史是奇妙的。有關於直接的因果關係或是可以簡單地得到佐證之事件、現象，都容易被注意及被傳述。

但是，當空間及時間規模突然之間變大時，就不容易產生相關聯想。由蒙古開始推進的「世界之世界化」這個大現象，不只有可以讓所有人用眼看見、留下深刻印象的政治上之龐大疆域，也不可忽視就算是無法用肉眼看見之經濟方面的事物，其顯著事例之一就是銀。

專欄

連貫歐亞大陸的銀之單位

蒙古使用的三階銀重量單位之名稱，依據地域或語言而有所不同。在漢語中稱為錢、兩、錠。回鶻語（而且，恐怕在所有突厥系語言也相同）稱為兩（**satir** 或 **sitir**）、錢（**baqır**，重量單位）及錠（亞斯土可，**Yastuq**）（譯注：**Yastuq** 為錠；**Čao** 為鈔；**satir** 為重量單位（亦為粟特語）；**Altun Yastuq** 為金幣；**Kü muss yastuq** 為銀幣。）。從兩種語言皆有三階的稱呼，就可以知道整體狀況。

但是，關於統治者語言的蒙古語，至今為止也只知道最高的重量單位稱呼為「**satir**」，其他的都不清楚。相同地，關於當時的國際語言波斯語，也只知道最高重量單位稱呼為「**bâlesh**」，其他也是無從知悉。

在三階單位之中，約四公克及約四十公克的這兩個單位，已經可以從相當時日之前波斯帝國薩珊王朝之著名銀幣（也就是所謂的薩珊銀幣）得到確認。總之，這兩個單位可說是早在蒙古時代之前，就已經在中央歐亞大陸及伊朗方面通用且持續綿延生存到當時的「國際統一單位」。

總之，蒙古的獨特性就彰顯在剩下的最高重量單位約二公斤。但是，這個也可以找到先例。也就是在蒙古剛開始擴張時就被消滅的女真金帝國所使用的五十兩＝一錠這個重量單位，或許蒙古就是如此承襲使用。

金帝國這個獨特的國家，雖然一方面採用中華帝國的做法，但在另一方面也充分地吸納了被自己消滅的契丹遼帝國這個中央歐亞大陸型國家的要素。

契丹遼帝國時代，在涵蓋首都上京臨潢府及位於現在北京地區的南京析津府之疆域內各地區，以在蒙古時代大顯身手的「天山回鶻王國」之祖先們為首，來自中亞方面的商隊頻繁地到來。相較於南方「中國本部」的經濟大國北宋帝國，尤其就經濟文化之「國際化」這一點而言，契丹遼帝國是顯而易見地較為進步。

另一方面，在相當長一段時間都未加入「金銀世界」的「中華世界」，也透過涵蓋遼金兩朝及兩宋時代（兩宋是指北宋及南宋）、時間長達三百年的南北共存時代（也有人將此稱為第二次南北朝），漸漸地開始受到中央歐亞大陸使用銀的潮流之影響。除了發跡地的滿洲之外，同時也掌控了整個華北地區的金朝，是在瀕臨滅亡之前，開始採用被稱為一鋌（「鋌」是指板狀金屬原料）的用五十兩銀做成的長板型鑄塊。「鋌」及「錠」的發音皆為「定」。

於是，代表五十兩、也就是約二公斤的銀之重量單位「錠」在此出現。從「鋌」變成「錠」的理由，其中有一個原因或許是因為在蒙古時代約二公斤的銀塊不僅僅侷限於長條狀。

總之，蒙古將既有的二個單位連結組合而建立「蒙古式」的三階新價格計算單位體系，並且適用於整個疆域。在這一點，雖然不是發明者而是綜合者，但果然還是像蒙古。

在蒙古所謂的一錠這個銀塊，被鑄造成獨特形狀。被總稱為「銀錠」的蒙古式鑄塊，主要是用來餽贈予同族汗國、王族及貴族，或者是在支付金額龐大的軍事費用等時候使用。例如若是五千兩的話，就相當於一百個銀錠。儘管如此，一個二公斤的「貨幣」，還真是雄壯、簡單明快。

回鶻語的「亞斯土可」及波斯語的「bâlesh」，都是「枕頭」的意思。另一方面，蒙古語 Palta Balta（svh）則是「斧頭」的意思。應該是因為這個一錠的鑄塊有時會被做成枕頭形狀、有時會被做成斧頭形狀。

在蒙古語及波斯語中，僅能找到最高重量單位的名稱這一點，說不定是因為這個蒙古式的二公斤銀塊正是蒙古及東西方歐亞大陸的獨特姿態之凝結物，故才能蜿蜒地流傳至今。結果，若說到「蒙古的銀」，或許就會立即聯想到「斧頭」或是「枕頭」。

此外，流傳於佛羅倫斯關於蒙古時代商業買賣及金融的說明書之柏哥羅蒂（Fransesco Balducci Pegolotti）的《商旅手冊（Pratica della Mercatura）》之中，也有提及東方貿易，表示在蒙古統治下的東方世界是非常安全且繁華，甚至只要帶著「bâlesh」就可以了。毫無疑問地，這就是國際語言波斯語之「bâlesh」也擴及到義大利半島的證據。

商主義財政與大規模間接稅

在忽必烈的新國家經濟政策中，有兩個在世界史上應該要被注意的特徵。一個是忽必烈政府的財政運作極度地偏向重商主義。在中央政府的歲收中，被稱為「鹽引」的鹽交換券之販售金額收入約占了百分之八十左右。另外，在當時被稱為「探合稅（tamgha）」的商稅（譯註：tamgha 原意為「印」，徵收商稅須以稅務用過的「印」的契本為根據。）約占了百分之十到百分之十五左右。兩者合計竟然高達百分之九十到百分之九十五之間。

如同後面會說明，因為商稅及「鹽引」收入不僅是商業稅也同時都是間接稅，所以中央政府完全沒有採用直接徵稅方式。在此情況下，若談到從農產品等獲得之稅收，就幾乎完全是分配給地方政府的財政收入。

這就是土地的產物可以完全使用於該土地之態度。蒙古不拘泥地方統治方式，大多是採用當地既有方式或是直接委由當地有力者進行。這也是一種間接統治方式。忽必烈國家所採用的稅收體制，完美地呈現這種尊重當地、反過來說的話就是較不關心地方統治之體質。回過頭來說，關於佔了中央政府大部分稅收的「鹽引」，有必要就幾點狀況進行說明。就原本的意義來說，鹽引是當事先被指定特定販售區域（當時的漢語稱為「行鹽地」）的業者，在進入鹽場領取由官營鹽場（鹽田的製鹽場）製作生產之專賣品鹽時的交換憑證。

在中華區域，從相當久以前之漢代就開始實施鹽的專賣制度，而成為相較於原本的生產成本、價格被抬高至相當不自然之高價官營商品。歷代的王朝政府都獨佔了鹽的生產及販售，其利潤也就成為稅收的最大宗收入。

結果，即使是之前的中華帝國，政府歲收中鹽的專賣收入也佔了三到四成左右。蒙古也就是將其推到極致之作法。

而且，因為就算是以官方公定售價打了幾折後的價格販售，也可以獲得龐大利益，因此在黑市進行「私鹽」（非政府專賣的鹽。具有非法交易的鹽之含意）交易的民間業者也絡繹不絕地出現。對政府而言，若放任不管的話會造成國家財政崩潰，所以拼命地進行取締。也就是使用武力進行徹底壓制，被捕者也都被處以極刑。

在此情況下，黑市的鹽業者也就開始團結、進行祕密結社，而且進行強力武裝。這種黑市的鹽商組織跨越了地區進行串連，成為潛在的反政府勢力。

就像先前已經說過的唐末黃巢大規模動亂以及終於將唐朝王室推向滅亡的朱全忠等，也都是所謂的「鹽賊」（雖然是鹽的小偷之意，但因為「賊」這個字同時也具有盜賊、壞人的意思，因此也就變成是違法亂紀之人，總之就是對政府來說是謀亂之人的意思。不論規模大小或是內亂外患，只要是反政府勢力就都是「賊」）出身。

在中華世界，歷代王朝的政府與鹽商的關係，就算是共同吞食龐大利益的公權力與地下社會之模式，或許可說就算連同近現代在內，透過中國史可以看見政府權力與祕密結社這兩大對立構圖。

總之，於一張證書中大量地封存著原本被設定為高價品的鹽之鹽引，也就成為具有相對應出奇高價值的有價證券。

但是，不僅如此，實務上也開始被當作一種高價格交易的便利「代用紙幣」使用。在其背景中則有中華王朝奇異的「銅錢至上主義」。

專欄

銅幣與紙幣之間

中華這個「文明世界」，在好長一段時間將只能代表最低金額一文的銅錢，當作唯一主要貨幣使用。這是一件相當不可思議之事。

若是日常小額買賣的話還好，當金額稍微變大時，就會變成相當不便之事。在金額龐大的交易時，就必須要準備幾千枚、幾萬枚的銅錢（一貫是指一千枚一文銅錢。「貫」是一串的意思。其緣由是因為以串銅錢用的繩子或是木製道具等串穿銅錢中央的孔穴而來。一貫也可稱為一緡，其理由也相同）。在旅行中，也不可能攜帶大量笨重的銅錢，甚至可說就是荒謬之事。銅錢除了表示各種物品的價格之外，也近似於代表最低基準的象徵。

僅發行銅錢也泰然處之這一點，就代表從一開始就不關心（或是視而不見）現實社會生活之不便的想法，相當明顯的是政府本位主義之立場。在歷代中華王朝可見的「銅錢至上主義」，是根基於明顯的領導者意識形態價值觀之行為。或許出自官民之間的隔閡或者是民可使由之這種文明觀的結果。

原本中國本部就缺乏有蘊藏量的銅礦，如同歷史上中華王朝頻繁地頒布「銅禁」命令般，困擾於逐漸缺乏的銅不足問題。儘管如此，還是執著於銅錢。這般非要銅錢不可的狀況，只能說是太過深信銅錢所導致。或許在銅錢這個形式中，可以感受到中華王朝的美學意識，甚至是正統性。

但是在實際中，堅持使用銅錢到底，有時就算王朝政府發展蓬勃而盡力鑄造時，也不可能滿足整個社會生活的所有需求，因此民眾就逼不得已地必須用銅錢以外的東西來代替。最好是重量輕且票面價值高，此外，若可以還要是在這片土地中不論是誰都會歡迎的東西。

因為這種「代用貨幣」就成為實質上的貨幣之意，所以也被稱為「實質貨幣」。在中華世界成為「實質貨幣」的有空名度牒、絲綢或是米等等，鹽引也是如此。

在中國本部的蒙古時代之前的階段，銀是被當作「代用貨幣」，經過唐末、五代及北宋，儘管只是少數但銀也開始被使用。不過這是社會的部分狀況，至於將銀當作「流通貨幣」的是限於藉由海洋貿易而被「外界」打開的福建及嶺南沿岸港灣，或者是相對的靠著與契丹遼帝國、回鶻及穆斯林等國際通商而繁榮的「北邊疆域」等地區。

總之，以外來者當作交易對象的地區，幾乎都是如此。當北方中國為金朝、江南地區為南宋這種情勢持續時，主要在其後半階段，雖然南北雙方都慣用紙幣或是銀的使用也開始萌芽，但基本上還是以銅錢為主。

蒙古完全顛覆這種狀況。乾脆地捨棄了中華傳統的「銅錢至上主義」，而轉換成交鈔。蒙古是個遠遠超越中華框架的、具有世界觀、疆域超級廣闊的政權。而且，蒙古權力幾乎是毫無意識形態、無所侷限之物。對於他們來說，由於古怪的堅持所產生之不方便及不具經濟效益，皆顯得相當愚昧。

但是，關於既有的銅錢，沒有道理將其禁用，所以就直接延續許其通行。蒙古不是停止使用銅錢，而是停止鑄造銅錢。不知蒙古權力是想要藉由這件事來顯示度量之大，或僅是從頭到尾貫徹實用主義而已。雖然意見會因人而異，但或許是以後者較為恰當吧！

總之，毫無疑問地鹽引這個制度本身具備代用貨幣色彩的用途，也是從蒙古時代以前就已經開始。忽必烈及其經濟智囊團，是以相當於大元汗國經濟力量根基處的中華世界這項傳統為基礎，而更進一步地將其擴大。

鹽引的購買是以銀進行。總之，就是將鹽引與銀連結。大元汗國的鹽引，不只是以鹽這個實際物品為背景，也與銀這個國際價值體系連結。和兩種高價的「絕對價值」都可對應的鹽引，不僅完全地通行無礙，而且還成為無可比擬、信用度高的「高面額紙幣」。這是一個值得驕傲的地方。

此事可以從兩種觀點來看。如果從政府認定的販售權成為配套之鹽票販售這一點來看，對於政府來說，由鹽引得到的收入就是廣義的商業歲入。

另一方面，購買鹽引的人（在鹽引成為便利且確實的高面額紙幣之忽必烈時代以後，鹽引的購買者就不僅限於鹽的販售業者）並不一定會立即兌換成鹽，而是用於與別人進行買賣或決算。在此情況下，多方轉手的鹽引就變成不知會在何時、由何人進行兌換成鹽這個實際物品。

當得到了鹽的這個人（這就是販售業者）將鹽賣給消費者後，就要繳納販售金額的百分之三「營業稅」。在對買賣及消費行為進行課稅這一點，是個間接稅，而並非是由消費者直接納稅這點，也可說就是內含於售價的消費稅。

另一方面，若從與銀這個串連整個蒙古帝國的「基本流通貨幣」產生連動這一點來看，鹽引是銀的輔助貨幣，也是較銀更方便攜帶的紙金融。對從事各種經濟行為的人們來說，是個非常容易攜帶的東西。

在此有個重點。事實上在當時，相較於龐大的流通貨幣需求，被蒙古當作正式「價值基準」的銀之絕對數量是顯然不夠。而且另一方面，在忽必烈政權展開的自由經濟與貿易振興政策之下，不只是蒙古領域，還擴及整個歐亞大陸及北非，經濟是明顯地相當活絡。簡單來說，儘管是將銀當做基本單位，但重要的銀數量卻不足以應付需求。

在西元十六世紀從南北美洲大陸突然出現大量的銀之前，在歐亞大陸及北非流通的銀是相當稀少。有些人認為是以十六世紀為界線，銀的絕對量接近於一個零的單位差異。

對於忽必烈政權來說，為了補充可以預想會隨著年月而更加不足的銀，除了將既有的鹽引制度調整為耳目一新的制度外，還將其推到首要地位。事實上，對於忽必烈政權來說，鹽引是個具有多方面功能的存在。

但是，大元汗國另外還有一個名為交鈔的紙幣。毫無疑問地，在一般「常識」中，若說到大元汗國的紙幣，不管怎樣大多都會說出交鈔。即使是在歷史教科書或是概論書籍等，也都被當作值得特別提出之事描述。

雖然並未誤導，但卻也不全然是事實。只能說是欠缺充足說明或理解。交鈔這個紙幣的運用方式，確實是世界史上值得注意的焦點。但是該制度與想法本身在之前就已經存在。而且事實上，在比蒙古更早的女真金朝時代就已經在某種程度上是以國家規模在運行。大約在此前後的時間點，在南宋也有小規模地進行。

總之，蒙古始終都是加以應用而已。若光論這一點，與鹽引的狀況有些相似。

當然，儘管在以更廣大疆域間的全面推展這一點來說意義相當重大，但「紙幣」制度創始者的「榮耀」，應該是無法歸給蒙古。

交鈔是「小面額紙幣」。在十種交鈔之中，最高面額也不過是二貫而已，不怎麼適用於龐大金額的交易或決算。若就與之前歷代中華王朝的關聯性而言，就是銅錢的代替品。在交鈔的中央處印有相當於票面價值的銅錢圖像，也就是被當作代替會一邊發出噹噹聲響邊購物的銅錢，而發行以紙製成且可交疊的交鈔。而且，在製作費方面也較銅錢便宜。

但是，事實上最後這個交鈔也被換算成銀使用。包含鹽引和交鈔都是在已經習慣以銀為唯一經濟基準之下而發揮作用。大元汗國政府藉由運用鹽引及交鈔這一種「紙幣」，在補充了銀之不足的同時，也盡可能地將銀這個東西聚集到手邊。

忽必烈國家經濟政策的另一個特徵，就是廢除通關稅及實施大型間接稅。自古以來，包含中華區域在內，歐亞大陸的大部分，商人只要通過主要的都市、港灣、渡船口及關隘口等，每次都要被收取通關稅。這對於遠距離交易來說，是相當不利的障礙。

若將該地區都當作「小世界」來看待的話，每個小地方的通關稅就相當於一種「關稅」。在歐洲大陸的封建領主之「分封地」等，毫無疑問地也可成為這種一個一個的「小世界」還擁有自立性的證據。「世界」還停留在各處都具有濃厚「中世紀」之樣貌。

但是，忽必烈國家將不論是對內或是對外部分的中間「通關稅」全部免除。只要在商品最後販售地繳納銷售稅、也就是「商業稅」就可以了。若換成現代用語，正是廢除關稅。

稅率全部都統一為三十分之一。也就是約百分之三左右。可說是簡單明快、不囉唆的稅制。很明確地，這是保護以及培養遠距離交易及其商人的政策。忽必烈政權保護大型商業資本及遠距離商人，並藉由他們促進大規模的物流。

這些遠距離商人的最大代表，就是前面已經說過的斡脫。大小規模的遠距離商人們，以斡脫為頂點而被大致地統合化、系列化。他們以蒙古的武力做為後盾，利用交通運輸網絡前往各地。除了自己的共同資金之外，從進出於蒙古眾王室、族長家等處手中借到數量龐大的銀（就此意義來說，蒙古王室及貴族就成為相當於現在「最大股東」的商業資本家），也成為他們的資本。

當他們達成了營利目的之後，就會將利潤的一部分回報給出資者的蒙古顯貴們，在另一方面他們也持續地進行大小規模的物流，最終將物資運送到相當於歐亞大陸交通循環系統心臟的大都。由政府直接管轄的大都路總管府（大都經濟管理局）針對設置在大都市中心位置湖水的積水潭附近的官營市場進行課稅，並徵收銀。這些銀會被集中到蒙古大可汗手邊。這就是整個運作模式。

被集中到大可汗身邊的銀，就成為「歲賜」（每年固定金額的餽贈）或是不時的餽贈被分送給包含同族汗國、歐亞大陸各地的王室、眾王侯及族長們，也發揮了將蒙古分封勢力連結到大元蒙古皇帝之下的作用。整體就是這樣的重複流通。這是以銀作為媒介，將經濟及政治組合在一起之規模龐大的人及物品之循環。或者也可說是簡單地藉由銀達到的回流機制。這個機制跨越了國界、跨越了陸海，全面地展開。

最重要的事就是所有這些結果，都以忽必烈時代之後的大元王朝與蒙古疆域為中心，以世界規模建立出數個共通的經濟樣貌。

首先看到的是相較於到當時為止的時代，國家及政權明顯地轉向經濟面向。尤其是國家很積極地獲得經濟利潤，特別熱衷於貿易利潤。雖然國家本身藉由進行組織物流而讓自己成為一個營利團體之情況，到當時為止並非沒有先例，但終究也不過是單薄且孤立的部分局面或是個案。但大元汗國這種狀況卻是完全轉變到接近於將正正當當地創造利潤當成國家目的之程度。

接著，在蒙古時代以及之後，可說是所謂「經濟人」開始明顯地出現在文獻與歷史舞台。到西元十三世紀為止，經濟人雖然並非不曾出現，但卻是極為稀罕的少數。

此外，跨越了當時「世界」的東西方之規模龐大的人與物品之交流，已經變成為人所熟知的世界史上之大現象。但是在此希望注意的焦點是隨著這些變化，不管是國家及政權，包含在各地生活的人們也都跨越了原來狹小的生活圈，開始接觸到從外地來的人們及事物，尤其是與銀的接觸。在已經與銀產生關聯性的地區之人，至此與銀接觸的機會也大幅地增加。

雖然有疏密程度的差異，但藉由銀形成的「現金經濟」，開始擴展到整個「世界」領域。與銀的邂逅，可說是得到邁向富裕的契機，或是帶給更廣大範圍的人自覺成為「商人」。由銀形成累積資本這個想法，也就成了不遠的事物。

總之，不論是在國家規模或是個別企業的規模，成為資本主義基礎的經濟樣貌，已經跨越了人們的框架而廣泛地出現。

專欄

忽必烈的宰相──阿合馬

忽必烈的穆斯林經濟官員，與斡脫組織是為表裏一體的關係。擔任忽必烈政府財務長官長達二十年、持續發揮力量的阿合馬（Ahmad Fanākatī），正是出身於幹脫商人。他是個具有驚人能力的人物。

阿合馬一個人實質上包辦了就現代而言的財政、貿易經濟、建設、農業水利以及經濟企劃等全部工作。忽必烈政權推動的龐大規模專案與支撐這些專案的中央財政行政機關，都是由以他為首實際主持的集團所擔綱。

在宮廷南下移動到南都過冬時，阿合馬幾乎總是伺候在忽必烈身邊。但是當皇帝忽必烈帶領著宮廷、軍團及大半政府重要官員北上返回上都的夏季，他都會留在帝國營運核心的大都，讓擔負經濟、貿易及收稅的中央機構順暢運行。

阿合馬共有七個兒子，並將七個兒子當作自己的「分身」。除了讓其中兩個兒子擔任帝國的二大都市—大都及杭州的財政負責人而常駐該地外，也將其他兒子派遣到泉州及廣州等江南據點的港灣都市及經濟要地以發揮精明能幹之才能。也就是由父子掌控了大元汗國的財政經濟之主要核心部分。

相同地，這種狀況也適用於被委任負責大元汗國西部的陝西、甘肅、曲川及雲南之整體財政經濟的賽典赤・贍思丁（Sayyid Ajjal Shams al-Din Omar，西元一二一一年—一二七九年）及其家族。這個家族以前是在曾為獨立國家的雲南，長期地進行金銀礦山的開發及以農耕地之擴張為重點的土地開發。也可說是一種「開發商型企業人」。當阿合馬家族垮台後，賽典赤家族不僅是在雲南的土地開發事業，也被任用在東南沿海地區進行海外貿易管理等工作。

回過頭來說，阿合馬的人脈不僅只有兒子們，還有聚集串聯了各式各樣的人們。例如在阿合馬被暗殺之後，成為中央政府財政長官、著知名的桑哥（Sengge，在漢字中也被以相哥之名記載）原本是忽必烈帝師八思巴的弟子，音似蒙古語的「頭戴華蓋」。可能是西藏人或是西藏化回鶻人的桑哥，通曉多國語言，而且也是與西藏佛教、回鶻佛教及華北佛教等各種佛教教派皆有關聯的特殊才能人物。除此之外，桑哥在阿合馬手下也精通財務。

相同地，在阿合馬被暗殺後的一段時間，擔任中央財政的盧世榮是漢族。但是據說能通曉多種語言。此外，堪稱是阿合馬左右手的張惠，雖然從名字看來是漢族，但卻是從小在蒙古長大的人。

在當時，若從「人種」進行思考是不行的。尤其是對阿合馬周邊的人更是如此。就阿合馬來說，應該是為了不管是關於哪個地域、哪種問題都理所當然地可以對應，而有意識性地創造出聚集了所有才能及人種的團體。

阿合馬實在是太過於具有才能。於是在二十年期間，長期地掌握權力。在世界史上也是相當罕見般，這二十年期間所有的框架組織應該要改變也都改變了，是個事物變動的時期。

如果二十年都身處政局中心的話，實在很難避免腐敗的誘惑。人類無法一直都維持在那般堅強的狀態。就算是夠嚴以律己，也無法對於同黨有相同要求。此外，他們也很敢於泰然地進行容易招人嫉妒或是怨恨的強迫行為。漢族的怨恨都集中在阿合馬本人及其家族。結果，他終究被漢族之手所暗殺。此時為元世祖忽必烈至元十九年、西元一二八二年。

但是在阿合馬掌控中央財政期間，忽必烈政權接二連三地進行包含征服南宋戰爭在內的大規模事業。僅僅是大都建設這件事，若為一般政權可不是能輕易地完成。

但忽必烈政權及其中央財政卻是絲毫不受影響。真可說是非常不凡的才能。若能將既有事物以既有樣態存在視為理所當然的話，不論任何狀況皆會變成淺顯易懂且相同。但是，事物不可能都會如既有樣態般存在。

在由明朝編撰而成的中國正史《元史》中，阿合馬與桑哥等都同時被列入〈姦臣傳〉。在以農本主義為原則的中國儒學風格之傳統觀念中，「商」是該被視為卑賤的「末等行業」。對於將中華文化視為絕對「文化意識形態」的信奉者來說，在掌控「一部分」（事實上是大半部分）國政的同時也熱衷於追求商業利潤的穆斯林首領的阿合馬，是個不容原諒的「邪惡」化身。

但是，在由波斯語寫成的「蒙古正史」之《史集》中，記載著被當作「忽必烈紀」中重要章節的《阿合馬傳》。尤其是關於他被暗殺事件的章節，非常地詳盡。關於阿合馬及其繼承者桑哥，就非蒙古族而言，在整本《史集》當中《阿合馬傳》與接續其後被記載的《桑哥傳》都同樣受到破格待遇。

雖然是同一件事，但因為評論者的立場不同，就有此般完全不同的待遇。對於蒙古來說，到底哪個才是真實？這一點就不用多說了。不僅止於此，若是有只將中國正史的評論當作真相全然接受而泰然地寫出古色古香的毀譽褒貶筆伐之人存在，真是叫人嘆然。不論好壞，中國正史只能是中華文化的原則及替前朝編纂官方版正史的後代王朝立場之反映，有關於此沒有必要再多加贅述。要言之，就是為了什麼的「目的」而寫成的東西。

推行以忽必烈政權為模範的國家重組及行政改革的旭烈兀汗國君王合贊汗（Ghazan Khan Mahmud，西元一二七一年—一三〇四年）及其宰相拉施德丁（據說他是猶太系人。總之就是與阿合馬同樣都是「外國人」）。這兩個人的組合與忽必烈及阿合馬之組合有著奇妙般的相似。合贊與拉施德丁，一則是當作自己的政治改革之絕佳範本，另一則或許是對於阿合馬的能力有著無限仰慕之意下，而在《史集》當中記載了雖然是與自己同一個時代，但也是「先人」的阿合馬之時期。

歷史中雖然原本就沒有「假如」，儘管如此，假如阿合馬是生存在近現代的話，藉由其驚人的行政財政能力及卓越的事業經營能力，首先應該肯定會受到世間的絕佳讚賞。但或許會因為太過於有能力，反而會被冠上貪污或是濫用職權等罪名，終究遭到失敗之不幸。

5 世界史的分水嶺

蒙古帝國在世界史中的地位

這種情況下的蒙古帝國，在世界史當中，到底應該如何定位呢？綜觀世界史、尤其是歐亞大陸史中興亡的大型國家及政權，可以確認有幾種型態。

若將這些國家簡單地進行大致區分，或許可以分成二個或是三個集團。

一個區分方式就是農耕型、遊牧型及海洋型。但是，就算說是農耕國家、遊牧國家及海洋國家，也不全都是可以用這種單純地切割思考的情況。如同之前介紹的，波斯帝國阿契美尼德王朝同時具備了遊牧型及農耕型色彩。羅馬帝國則是農耕國家的同時，也明確地具備了海洋國家的一面。然而，若用其他觀點來看的話，可以變成二大區分。一個是不問陸地海洋、不問規模大小，而以定居為基本的人們所建立的政權、國家。另外一個則是以不將移動當作苦差事的人們為主要核心所建立的政權、國家。當然，政權及權力的性質是完全地不同。在這一種分法下，農耕國家就是定居型的典型，而遊牧國家就是移動型的極致展現。海洋國家則是兩者皆有可能。此外，近代西歐型國家應該是同時兼具定居及移動這兩面。

回過頭來說，若說到純粹的海洋帝國，其出現就必須推到在世界史上於西元十五世紀末西歐開始進入海洋之後。在這之前的「歐亞大陸世界史」的時代中，以純粹的農耕國家及純粹的遊牧國家做為兩極，在這之間，混合了定居型及移動型要素的眾多權力則是五顏六色般存在。

但是，若更進一步地細看情勢的話，就會變成無法僅用顏色區分即可解決之狀態。例如就算是容易被認為是純粹農耕世界權力體的中華王朝，從最初的統一帝國之秦朝開始，歷經北魏、北周、北齊（雖然據說北齊王族之高氏是出身於朝鮮半島方面，但實際上創始者高歡是匈奴族軍事英雄爾朱榮集團中鮮卑拓跋系的驍勇善戰將領）、隋、唐及五代之中的後唐、後晉及後漢等，不論哪一個都可以追溯到原本是以畜牧或是遊牧做為生計的集團。他們在獲得權力之後，再將較多數的農耕民以被統治者身分納入後，結果其政權、國家就變得具有濃厚農耕國家色彩。

另一方面，嚴格來說不知是否該將其列入「中華帝國」系列這一點上具有相當大疑問或問題的契丹遼帝國及女真金帝國，以及來自將滿蒙漢組合體的「滿清王朝」的清帝國等，也都無法僅用一般所說的單純遊牧國家或農耕國家的架構就可以說明。

就算是由黨項族為主要核心構成的西夏，也納入了漢族、回鶻族及西藏系眾族等，不論是人民的生計或是國家的性格，也都具有遊牧、畜牧、農耕及商業等多面向，實在難以單純化。而且，以這樣的存在樣貌，事實上西夏是假裝成「中華王朝」。

甚至輕易地就會說是將蒙古驅逐到北方、復興「漢族中華」的明朝帝國，事實上也是具備濃厚蒙古時代「遺產」之多種族混合型社會之面向。若仔細看的話，明朝權力本身也大概是偏離了「漢族主義」或「農業本位主義」等原則。若是如此，在歷代中華王朝之中，幾乎看不到完全符合我們「共通觀念」的「漢族王朝」或「農耕帝國」等。

轉個話題，若換成在中亞、西亞及西北歐亞大陸興亡的政權、國家，僅有極為少數者能夠完全符合只有定居型或是農耕國家的型態。也可以看到由創業者一個人在一代之間就建立如個人公司般王朝或政權的案例。無論如何，權力的主要核心部分是由移動型的集團所支撐著的案例，具壓倒性地多。就如同伊斯蘭世界中由突厥系集團形成的軍事權力，這種先前已經說明過的「時代現象」所顯示的，來自其他地方的「外來者」建立政權之類型是相當突顯。在印度亞洲大陸也是大致上處於相同狀況。

到近代之前，在歐亞大陸誕生的眾多國家中，雖然從遊牧國家到農耕國家時有些搖動幅度，但在權力本身的出處及存在方式，多數應該是被區分為遊牧型或移動型。換句話說，統治者為遊牧型或是移動型，而被統治者則為農耕型或是定居型之型態。

迄今為止很容易就會在整個歷史當中偏離了這既有之事實，而過度地傾向於定居型及農耕國家之立場敘述或評論過去的現象。有一點就是首先過度相信國家與民眾是同一個「民族」或是「民族國家」。這就是近現代西方建構國家原理對過去歷史的改寫吧！有了這個先入為主觀念的前提，在這些絕大多數為定居及農耕國家子孫，被稱為歷史家、歷史研究者腦海中，就無條件地將定居及農耕當作是「優良」，只能說這果然是由於過度自信。這樣的情況也同樣在日本出現，或許更加顯著吧！

在這裡最重要的一點是蒙古首度將當時分佈在歐亞大陸世界的多種國家型態全部囊括後，建立了一個如字義般的「世界帝國」。

在這個意義上，蒙古帝國具有歷史整合者的面向。分成兩階段成長的蒙古這個系統本身，就成為一個納入以及聚集到當時為止的歷史產物之各式型態而成的龐大複合體。到蒙古出現為止的歷史全部都流入蒙古之中，並且在蒙古手中進行集中後，再度流出。根據這一點上，蒙古可說是世界史的分水嶺，也可說是蓄水池。這點是蒙古及其時代在世界史上所具備的最大意義。

就結論而言，我們重新檢視蒙古時代也代表著將到蒙古為止的歐亞大陸演變概況做出統整之意義。由此見到之歷史樣貌，正是具備了足以將個人喜好或是來自於特定「文明意識」這個流行趨勢之過敏症簡單地吹走之力量。

基於意識形態或是感情、偏見之歷史評論，就算是在無意識情況下之行為，也絕對要避免。但是這樣的不幸狀況，今天之前也已出現很多，恐怕直到今日都還有相當多數。冷靜地用「真正發生過」的態度檢視過去，以就算是一小步也要更加接近的立場進行理解、洞察，這就是回顧歷史的真正意義。相反地，客觀事實本身就相當難以掌握且是件不容易之事，這一點也是歷史教導我們的重點。

俄羅斯・蘇聯是蒙古鬼子嗎？

再者，近幾年在蘇聯崩解前後開始，世界情勢瞬息萬變。尤其是舊蘇聯地域的轉變，除了每天都聚集了世界的關注之外，還將某個事實不容分辯地擺在世人的面前，包含我們這些住在日本列島在內。該事實就是自俄羅斯帝國以及蘇聯的八十年間並非是以相同之方式變化，龐大的內陸殖民帝國在前後約長達四個半世紀的期間，持續地統治著歐亞大陸北方廣大地域及多樣的居民。至今為止的「世界史認知」，就如同已經再三地重複說明過的，實在是太過於傾向西歐中心主義。相反地，對於歐亞大陸北方的視野實在太過貧乏，結果對於該地區的關心及理解也就繼續保持在幾乎沒有的狀態。

而且，再加上近代以後西歐型主要國家具備了濃厚的海洋立國面向的色彩，可說是太過於重視建立在沿海地域之眾多國家，而幾乎失去對於內陸世界的目光。

在蘇聯動搖、崩解之前，在蘇聯聯邦中到底有如何多樣的人們懷著多樣的歷史及想法持續生存，說實話，僅有非常少數人對於這個提問具有相應知識及理解。這一點在這二、三年間，關於共和國名稱、民族名稱及集團名稱等雖然已經變得為人所熟知，但若這是因為民族紛爭或地區紛爭所導致的結果，也真是太過諷刺。

紛爭、對立的種籽是從更早之前就已經種下。而其是藉由蘇聯這個傘的消失，逐步地呈現在世人面前。我們的知識及價值觀是太過於偏向歐美方面。就算是將這一點說出並主張要跳脫出歐美中心歷史觀之人們的知識體系及思考型態，看起來也還是以重視歐美型的較多（在日本，不只是一般人而已，就算是被稱為知識人、文化人的人們，到底有多少人會俄羅斯語或漢語。這也是一個判斷標準）。

俄羅斯帝國是誕生於蒙古霸權之中。俄羅斯帝國的擴張及龐大化，看起來就像是蒙古統治的翻版。儘管在體質方面俄羅斯帝國長期承襲了蒙古統治的影子，但在表面上卻是相當討厭被公開說出這一點。反而是持續地高聲吶喊著蒙古是只會帶給俄羅斯災難的邪惡化身。

將俄羅斯民眾從蒙古邪惡統治中拯救出來的這個神話，就成為俄羅斯君王（tsar'）讓自身統治得到正當性的手段之一。東正教則是持續扮演著將這個神話莊嚴化的角色。

由邪惡化身的蒙古形象及來自基督教地獄的使者之諧音文字組合（蒙古曾經被以高原整合前具有權勢的部族聯盟韃靼之名稱呼。總之，蒙古是自稱、韃靼是他稱）而成的著名「韃靼之軛」之「故事」，就是在此出現。俄羅斯被韃靼、也就是蒙古這個來自地獄者纏著不放，就剛好像是被綁在牛脖子上之車子橫木（頸圈）般的東西。

這就是一幅牛為俄羅斯、而在牛拉動的車子上擺出傲慢態度的就是蒙古之圖像。這種「故事」也被選用在蘇聯時代的小學教科書中。憎惡經常是創造物。但是，被蘇聯方面強加上「韃靼」這個名稱的克里米亞韃靼人（Crimean Tatars）及韃靼斯坦共和國（The Republic of Tatarstan）的人們，只能說真是太可憐了。因為同時被強加上邪惡化身的形象及憎惡之情感，飄散著一股濃濃的成為統治目的「代罪羔羊」之味道。

另一方面，無可否認地，歐洲大陸眾多國家、尤其是西歐方面經常將俄羅斯帝國當作是蒙古的重疊印象。十九世紀德國人卡爾・馬克思（Karl Heinrich Marx，一八一八年—一八八三年）表示俄羅斯帝國是誕生自蒙古的這段描述，就完全地展現出當時西歐人的共通概念。

回過頭來說，有歷史上的事實方面，還無法斷定俄羅斯帝國到底是不是蒙古的「後代」。但是，俄羅斯帝國確實是建立於蒙古之後。過去俄羅斯帝國及蘇聯聯邦架構內的眾多民族，以及現在也仍舊附屬於俄羅斯共和國的眾多集團，實際上若是探尋其歷史上的機緣就可發現，多數的直接起源都可以大致上追溯到蒙古時代（更確實地說，關於蒙古時代以前，幾乎都沒有文獻留存，也有很多至今都尚未了解的狀況。相反地，也可說蒙古的到來是劃時代之物）。

蒙古的世界擴張、尤其是進入包含俄羅斯在內的西北歐亞大陸，大約是七個半世紀以前的事情了，但卻將相當遙遠前的歷史與在近現代發生的事件混為一談，只能說真是奇怪之事。反過來說，不會感覺到奇怪情況的奇怪這件事，或許可說就是我們將「歐亞大陸世界」的內部歷史等同視之的反面證據。

若打算要專程地說明蒙古的「遺產」，就不只是俄羅斯，還有中國、中亞及伊朗，更進一步地深入思考的話，雖然有些深淺差異，但包含朝鮮半島、東南亞、中東、歐洲，或許也可以將日本算在內的歐亞大陸各地，直到今日蒙古的「遺產」仍持續生存且殘留著。

雖然至今還無法確認到底有多少東西的存在，以及其中到底有多少「負面遺產」的真偽，甚至可說全部都有賴於今後的解讀作業。但這可是一條非比尋常艱難險阻之路。

第七章　探尋近現代史的架構

近現代史の枠組を問う

1 海洋及槍砲的時代

世界的世界化及戰爭的世紀

蒙古帝國的崩解是一個大「時代」的終結，但同時也是下個新「時代」的開端。關於蒙古帝國之後、也可以說是「後蒙古時代」的時期，就算是在中央歐亞大陸也有很多值得被講述之事。關於這些，即使只是要大致地講述歷史概況，也都還需要多出一到二本書的分量。關於這部份就留待後續討論。

因為在世界史上中央歐亞大陸所具備的意義，已經出現大幅度轉變。狀況已經變成若要說明中央歐亞大陸，不可能光是觀察中央歐亞大陸及其周邊地區就可以解決，其理由在於世界史的結構已經出現根本性轉變。

藉由西歐的擴張、尤其是透過海洋進入世界，跨越外面海洋的「世界」進到一個視野之中，邁向現代的道路也被打開。可說就是世界的世界化、地球的世界化。真可說就是全球化（Globalization）。

無可否認地，這個轉機是發生於西元十五世紀末到十六世紀之間。原本在這個時期，西歐的力量實際上是相當微弱。相較於鄂圖曼土耳其帝國、薩菲王朝、蒙兀兒王朝、明朝及俄羅斯帝國等，因其各自都有相對強勢力量，故西歐甚至連發動擦槍走火的戰爭都不可能。

在西方人所說的「地理大發現」及最近在日本流行的「大航海時代」，西歐雖然力量微弱但在南北美洲大陸及大洋洲等區域卻取得了優勢地位，攻擊統治更加「微弱之地」。相對於已經形成組織國家的亞洲大陸眾多地區，則是停留在「從海洋來的交易者」之階段。

而且，在南北美洲大陸地區是最為明顯，鎮壓挫敗各種美洲原住民們的社會及文化，盡可能地進行扼殺、磨碎及無限殺戮，進而強迫征服。事實上，在人類史方面，最大的征服應該就是這個時期西歐對於南北美洲大陸的征服行動。這也同時是人類史上最為惡毒、殘暴及野蠻的征服行動。這是個直接單純的嚴肅事實。無論如何是無法用西歐風格之人道主義來掩飾。包含歐美人在內，我們必須要更直接地正視這個事實。

在西元十七世紀、至少是十八世紀前半時期，相對於亞洲大陸的許多區域及國家，絕對無法說西歐具有優勢地位。西歐是十九世紀後半時期，才具備真正地能夠壓倒其他地區並且將地表照自己的意思任意進行分割之力量。因為到了這個時期，在產業革命及近代社會之外也以強力槍砲及海軍力量進行軍事化的西歐國家，將亞洲眾多國家解體，並企圖在地球上各區域殘留的土地進行殖民化及擴張自己國家利益而展開大大小小的戰爭。雖然有許多說法，但總之近代西歐國家就是軍事國家。

從十九世紀後半開始到二十世紀前半這段接近百年左右期間，是屬於「歐美的世紀」。而且同時也是「戰爭的世紀」。過去可不會出現在組織化國家之間、由全國人民總動員的戰爭行為是這般歷經長期而不間斷，而且是過去不可能會發生的同時出現大量死者、被害者及破壞之時期，這是一個過於殘酷的時代。

於是，第二次世界大戰結束後大約歷時半個世紀，原本是由西歐的大征服所產生的美利堅合眾國，以西歐各國所缺乏的龐大性、強大性、軍事力量及經濟力量統治世界。但是實際上在重點的基本架構方面，不變的是都同樣處於十九世紀以來的歷史脈絡上。

在這層意義上來說，藉由與近代西歐文明之歷史產物相同的美利堅合眾國而首度在世界史上建立地球規模的名實相符之世界獨佔霸權的這幾年之間，確實具備了可說是一個歷史時代目標達成點的面向。但就如同經常被傳述的，美國的統治力量本身從越戰之後就出現了陰影。

但是，當然現在還不是「歷史的終結」。若打算要在美國之中找出近代西歐的極致姿態並將其當作「人類文明」的最終樣貌的話，只能說是太過於不在乎、不負責任的想法。雖然在稍早之前還有主張該想法的評論者出現，但大致上都是以迎合美國國內大眾喜好為目的之政治性發言。

專欄

美利堅合眾國的問題

美利堅合眾國是個不可思議的國家。一方面或許是最後的世界帝國。然而，另一方面，或許美國才正是「人民國家」。若沒有美利堅合眾國這個框架的話，所謂的美國國民就不會存在。此外，如果沒有稱為美國國民之種族複雜但卻是個明確群體的話，美利堅合眾國也就不會存在。美國這個國家的有趣之處，就在於國家、社會的所有局面上都可以見到強與弱、原則與虛構、富裕與貧困這些互相矛盾的兩種因素同時並存。儘管他們在美國這個「系統」之中互相孕育著對立及矛盾，但同時卻也奇妙地互相關連存在、發揮作用。但是，這種危險的平衡，到底能夠保持到甚麼時候呢？

也就是說，因為在現實中的美利堅合眾國，實在有太多問題存在。尤其是任誰也會注意到，極端富裕的偏差存在及相當單薄的中產階級之問題，也是無可爭辯。而且這樣的狀況還持續擴大中。這種狀況的必然結果，就是現在在美國明顯可見的狀況，一言以蔽之就是人與人之間的不信任。例如自由與平等、人權與民主等美國對內對外宣傳的「漂亮話」，將字義上理想作為理想之事，於是就愈趨淪為原則及自我正當化的藉口。最可怕的是在美國本身，這種虛無主義已經蔓延到國家及社會，還有個人生活的所有細節之中，而且看不到想要回歸現實的意圖。總之，不論是個人及團體、社會及國家，所有事情都變成戰略、戰術，瀰漫著一股可說是精神腐朽的東西。美國這個型態原本所具備的簡單樸素及健全堅強等好的一面則是消失無蹤，只剩下負面被凸顯出來。

再加上，隨時爆發都不顯奇怪、根深柢固的種族間對立及不信任，似乎讓美國這個系統從內部開始腐爛。在建國之後歷經二百年都未曾進行過重新組織美國這個系統，或許事實上已是相當老朽。美國這個在人類史上屈指可數的混合型國家，是否能夠克服內部崩壞的危機、安定並實現真正多民族共存社會，目前還完全無法預測。俄羅斯的毫無辦法之混亂及國家、社會系統的流動化，雖然的確也成為世界的不安定要素，但實際上美利堅合眾國才會是今後世界的最大問題。若這個可以就停留在只是筆者本人的感想就好了。

當作單純的畫蛇添足來看，儘管日本這般將所有事物都變成以模仿美國為職志，但在日本國內卻沒有設立研究美國的機構或是部門，實在是很奇怪。不論好壞，應該沒有人會否定美利堅合眾國是個重要存在吧！尤其是為了理解現代美國，雖然必須要從光榮與黑暗兩面對美國的歷史進行細部的理解與通盤的掌握，但在現狀中卻只有極為少數非常優秀的孜孜不倦地人們以及組織進行非常仔細的研究。對於美國史研究的單薄程度及微弱程度，與日本這個國家的弱點相連結。敬請日本國民再多加考量。

也許現在是「歷史的終結」之處，或是「歷史的開始」。直接地說，以蘇聯及東歐社會主義圈的崩解為契機，西歐型文明及其價值體性相對地回歸到其原本應有之程度，正式開始邁進由世界各地以既有現實姿態進行對峙之多元複合及多元價值的時代。真正的世界史，或許正要開始。毫無疑問地，我們現在正站在人類史的轉捩點上。

回過頭來說，雖然有點重複，從西歐擴張開始的世界割據以及到了由美利堅合眾國進行世界統治之「邁向地球化時代」，其起源可以追溯到十五世紀末開始到十六世紀間，這是毫無疑問的事實。若要用象徵性說法來表達的話，可以說是由持續長久的「陸地及騎射時代」轉換進入到「海洋及槍砲時代」。

當然，轉換並非在一口氣之間完成，而是在不斷地重複之間慢慢往前。即使到了十七世紀，在歐亞大陸內側的眾多區域，遊牧民仍舊持續地擁有優勢地位。但是若以總體來看世界史的條理，轉換是可以被確鑿地認知，也是嚴肅的存在。

世界史的基本樣貌已經有了變化。我們所稱為近現代的架構，大約相當於以哥倫布（Cristoforo Colombo，一四五一年—一五〇六年）作為象徵性起點的「世界西歐化」歷史時代之後半段或是晚期。在這之中，中央歐亞大陸眾多區域及遊牧民們漸漸地被來自海洋的風潮壓制，並被西歐列強單方面地冠上「負面形象」。

被質疑的西洋本位主義世界史的樣貌

這種由西歐進行的「世界化」及「全球化」雖然是個事實，但在另一方面卻也創造出一些副產品。其中之一就是以西歐本位主義述說人類歷史。也就是說，「世界史」變成是由西歐進行整合之過程，西歐史與世界史幾乎被以同等地位敘述。

在第二次世界大戰後，日本的高中教育階段突然出現的學科「世界史」，正是其典型代表。過度強調十五、十六世紀的跨時代性，也過度將西歐的優越當作開頭的前提，將以一四九二年哥倫布之西方航海為開端的「地理大發現」這種以西方立場出發之自私說法視為理所當然，宛如是由西歐各國在歷史上首度將這個地表上所有區域連結在一起地說明。結果，直到西元十五世紀為止的世界，各文明圈都是各自分散獨立，最終是將之前的歷史當作是西歐出現之前的無聊且雜亂的部份史之集結般對待。若是如此，在西歐出現之前的「世界史」，確實應該是無聊。

斥責這種極端單純化所產生的誤解為愚蠢是件相當簡單的事情。但在第二次世界大戰結束後經過五十年、絕大多數人都唸過「世界史」這本教科書的現在，可怕的是以西歐本位主義述說的世界史形象已經成為許多人的共通概念並且深植在腦海中。相較於實際發生過的歷史，以西歐為中心的形象不僅被烙印在腦海中，甚至像是已經決定為某種「文明觀」及「價值觀」。

雖然確實有些地方式藉由西歐而被連結在一起，但有些地方則是全然不同，而是原本就已經串連在一起。總之，由「世界史」教科書創造出來的形象，混雜著事實及謊言。不論是好是壞，南北美洲大陸是藉由西歐之手而得以和歐亞大陸及非洲大陸串連，這是事實。但是，關於亞洲方面，陸地部份是從非常遙遠以前開始，亞洲大陸就是由亞洲同伴串連，現在更是不用說。即使是以歐亞大陸規模思考，就算僅侷限於可以確認的事實部份，早在西元前一千年的時候，很明確地東西方就已經有了連絡。即使將事物僅限於西歐進入海洋這一方面，認為亞洲大陸、歐洲大陸及非洲大陸是藉由其而得到連結這一點，也是相當愚蠢。就如同在本書也說明過般，不管時間再怎麼拖延，最晚從八世紀開始到九世紀之間，印度洋東西方也已經藉由阿拉伯及伊朗的商船而得到連結。接著，中國式平底帆船也已經開始出發前往東南亞及其以西之地，更進一步地到了十三、十四世紀，當將大半個亞洲都納入版圖的蒙古帝國出現後，海洋路線及陸地路線都同時在其保護下，成為串連歐亞大陸及非洲大陸的大動脈。

認為由西歐中心「世界史」所說的瓦斯科・達伽馬（Vasco da Gama，一四六九年—一五二四年）的到達印度等是歐洲與亞洲的首度連結等之言論，是太過於自我本位主義。瓦斯科・達伽馬是極其自然地利用既成的路線，而且還是一邊脅迫阿拉伯船員一邊往東方前進。他的東行除了代表極小的葡萄牙影像出現在印度洋之上這一點之外，沒有其他意義。事實上，西歐進入海洋也是歐亞大陸世界史脈絡上的一個必然結果。

總之，在西歐中心主義的世界史樣貌中，關於較西元十五、十六世紀更早的時代，幾乎無法進行整合性描述。但是，在實際上的歐亞大陸世界史中，從相當早期開始就已經互相有了關連，至少從西元八、九世紀開始陸運就已經產生連動，到了十三世紀則是邁向完全一體化之道路。將這樣的事實描述成世界各地是處於互相獨立狀態般存在，是完全的詭辯。當出現與自己沒有相關性或是不知道的事物時，明確地說出「沒有」的精神是令人敬佩的。在前近代時期，若要特意地說孤立存在的話，或許位於歐亞大陸西部邊境、微小存在的西歐才正是孤立者。也就是說歐洲大陸，東歐及地中海區域原本就與東方廣泛地連結。

將由西歐進行之「世界的世界化」這個客觀事實與發自西歐文明開端的「優越」這個自我主張使用的愚昧，差不多應該要結束了吧！事實上，這種明顯愚蠢的想法，與前一個時期比較的話，陰影已經消失不少。尤其是在近幾年歐美研究的著作中，以既有樣貌觀看亞洲大陸、歐洲大陸及非洲大陸之態度是越趨顯著。對於歐美人士來說，十九世紀的自大世界史觀點持續變得可恥。反而是日本的西洋史學家，看起來似乎仍舊留著濃厚的西歐中心主義味道，這到底是為甚麼呢？

被過低評價的軍事・政治力量

回過頭來看本書中所提到的是「陸地及騎射的時代」。當然，「騎射的時代」不可能是從一開始就有，反而是當悠久的「陸地的時代」結束後，才進入以「騎射」為象徵的陸地動態時代。結果，世界朝向一體化邁進，一邊慢慢地走過遙遠的旅途，一邊開始探尋。這股波潮到了蒙古時代達到頂點，建立了串連陸地及海洋的歐亞大陸環形路線，通往近代世界的大門被打開。總括來說，就是這種狀況。

但是，跨越地區與文明圈之框架而將人們互相連結的動態作用，到底是甚麼呢？經濟、文化及宗教等，原本也是這些作用吧！但是若特意地直說，尤其是在前近代的軍事力量或是支撐軍事力量的政治權力，果然還是最重要的原因。這是無可分辯的事實。

但是，在第二次世界大戰後的日本，具有刻意地將歷史上軍事及軍事權力所代表的意義給予過小評價的傾向。過度避免與軍事或戰爭有所牽連之事物，於是這樣的態度也投射到過去歷史時代。但是，祈求和平之心與以既有樣貌仔細地注視過去及現在的戰爭、軍事這兩件事情，並非背道而馳。何況，以好惡的情感故意地將視線從過去歷史樣貌的某部份移開，真的是很奇怪。如果那是無法否認歷史展開之動機的話，就更加奇怪了。

相反地，在經濟萬能的時代風潮下，即使是關於歷史事物現象，也有超過需要之過度拘泥於從經濟面進行說明及解釋的傾向。這一點直到現在都還根深柢固。固然，人類維生的經濟要素所代表之意義，不管在任何時代都是最為緊要。不過，當然無法用其解釋、說明所有的事物。

而理所當然地，從經濟面進行歷史解讀，只是為了理解被當作對象的時代、國家、社會、集團及個人之基礎條件。關於狀況的架構或是局勢的搖動幅度是何種程度，經濟就會成為相當重要的基準。總之，對於要理解某種狀況的「趨勢」，經濟是非常有效。但是，就算如此，也不可能相等於對歷史的理解。

為甚麼人會那樣動？或是為甚麼不動？結果，人們生存方式所聚集的歷史，是怎麼變化？或是為甚麼沒有變化？經濟不可能正面、直接且完整地回答這些問題。雖然應該是相當明顯的事情，但尤其是近年來，奇妙地顯眼的是關於亞洲史、特別是東亞歷史，稱為西歐經濟史家或亞洲經濟史家的人們，更像是欠缺基礎作業且完全地證據不足之經濟學風般的「考察」。其背景恐怕是來自於最近被稱為「東亞之經濟蓬勃興起」的現代現象。但是，說實話，關於亞洲的經濟史研究，要建立相當洞察，也都還只是遙遠的夢想般，目前是連基礎文獻研究都還不可靠的階段。真正的文獻史家每天都為此流汗賣力。

回過頭來說，當然越接近近現代，作為人及時代轉動的原因，經濟所佔的比重確實是越來越高。但甚至是在現代也相同，經濟以外的重要因素、特別是藉由軍事力量及政治力量而讓世界轉動這件事，也是毫無疑問的事實。何況，在歷史研究、尤其是前近代的歷史研究方面，經濟因素到底占了多大的決定力？這一點原本也正是一個大問題。

但是，若將現代的價值標準單純地套用到過去之事物現象上，並將焦點全部都集中在經濟因素方面的話，很容易就會偏離了對重要史料的執著及想要仔細地重現歷史之用心。在這種狀況下，文獻史料所說明的一個個政治事件、紛爭、對立、戰爭及每個人之間的糾葛等，就很容易會變成永無止境的「隨便都好之事」。社會及經濟的架構與這些蜿蜒、片段的「事件史」無關，很容易被認為是不可動搖地控制人們。雖然可以知道想要那樣說的心情。

但是事實上，龐大史料所傳述的大部份都是「事件史」。若換個說法，都是政治史及軍事戰爭史。只要沒有進入這些堆積如山的記錄及事實之中分門別類進行搏鬥，甚至是無法捕捉到某個時代、某個區域的整個歷史輪廓。這是研究歷史的正常做法，也是宿命。一邊避免這樣的做法、一邊被以更近似現代風格的「解釋」牽強附會敘述之歷史樣貌，實際上是個偽造品。但不幸地，至少在關於近代之前亞洲大陸的最近之「經濟史」風格論述、論調上，無論如何都很容易會沾染上這樣的味道。但是，作為在此最重要之事，在前近代的歷史中，作為「事件史」的轉變結果，新出現的國家、政權及局勢讓社會及經濟結構有了根本性的轉變，這種案例反而是更加醒目。經濟結構的變化會帶動政治結構轉變之現代「常識」，正是近現代才會有的想法，原本在前近代的文獻史料中，雖然會因為時代及地區而有所差異，但就現代標準的純正經濟資料是極為罕見，就算有，大多也都缺乏公信力。應該沒有歷史研究者可以否定這一點（在前近代中，很明顯地資料本身一般都是被國家、王朝或政權收藏留存，因此若就這點而言，並非如同字義般的經濟史，更接近於財政史的記錄應該是較為恰當，甚或是必須要如此）。

雖然是理所當然之事，歷史是只能將既有史料所闡述的內容全部看過，永無止境地辨別真偽，再從中對事物樣貌進行綜合判斷。預知及預測都是相當可怕。而且，若特意地直接說明，即使是從史料這個名字之微小線索開始思考以及從史料所說的事實本身之總量來說，關於前近代，無可否認地大多數的情況都是以軍事因素及政治因素為首要原因。

從經濟的觀點來將所有事物進行切割解讀這件事，正是近代主義。但是在歷史上，到底是在那個時間點開始出現以近代式思想解讀經濟樣貌這件事，才正是問題所在。至少在蒙古時代以前的「歐亞大陸世界史」之大部分時代與空間，經濟因素以明確形式決定歷史的這一點，可說還並未完全明顯化。

簡單地說，或許世界史就是從以軍事力量為優先的時代開始，經濟因素漸漸地浮上檯面，經濟力量也逐漸高漲到足以反映軍事力量的演變過程。結果，就成為現在全球經濟化時代。另一方面，政治因素這一點，只要人類本身沒有改變，恐怕就會一直存在。當然，現在也是。

2 重新檢視歐亞大陸

充滿人為意圖的「民族」

本書所討論的是關於人類本身的群體形態，那麼，可以賦予人本身之「總結」是甚麼呢？還有，在這個「總結」中，又有甚麼樣的應有樣貌呢？每個問題都有各式各樣的解答方式。在歷史之中，對於人這個「總結」之應有樣貌的思考，是為歷史研究根本命題之一。關於「國家」及「民族」的關係，包含本書已經說明之內容，想要再度回顧看看。

在前近代的歐亞大陸世界史中，被軍事力量支撐之政治權力建立匯聚了人類及各地的「國家」。「國家」這個政治權力的架構賦予人類集團集中性，而這一點藉由經歷過某種程度的歲月後，就會成為與文化、語言及生活習慣也具有一體性之事物。也有不少這種人類集團成為現代「民族」的原型，雖然在前近代中有些許程度差異，大致上還停留在鬆散曖昧的型態。若是將「國家」的架構改變的話，通常這個「原始民族」的集合體也會改變。總之，是富含了顯著可變動性之物。

「國家」及「民族」都是歷史上的生長物。不僅會變質及變形，還會消長及生滅。但是，大多數的情況都是先有「國家」，之後才成立「民族」。從一開始就有明確的「民族」存在，而「國家」於其後才出現的這種想法，恐怕是個誤解。

例如，現在我們稱之為「中國人」的人們，在其悠久的歷史中，由許多各式各樣人類集團重複進行著集中及重組的同時，漸漸地融合、混合而成的結果，就是今天的樣貌。我們動輒就會稱為「漢族」或「中國人」（此外，這兩者並不相同）的「民族」，很容易會讓人認為是從相當早期之前的歷史時代開始就已經儼然存在。但是事實並非如此。

「中華」這個文明型態之核心，在相當早期時，就已經在黃河的中下游流域種下胚胎，但是，無論如何那都只能是被當作文化現象起源而回溯至此，並非是從一開始就有「中華民族」這個龐大身軀（此外，所謂的「中華民族」，應該是孫文所提倡的概念）。將「漢族」及「中國人」設定為先前存在之歷史研究及歷史敘述，老實說在某些地方有點奇怪。此外，過度地使用以其為前提的「華夷」及「胡漢」等詞彙進行近似於過分的敘述發表，最後很有可能會編造出歷史。

「漢族」及「中國人」是個無法用「民族主義」囊括的龐大複合體。這也正是「中國史」的最大結果。這個觀念能夠達到某種程度的穩定，其實不正是這數十年來的事而已嗎？

透過歷史時代將「中國」及「中華民族」架構以不變的型態進行敘述者，令人意外地很少是中國人史學家，反而是日本或歐美的歷史研究者較為醒目。在日本的情況，正因為是在日本這個獨特的風土及歷史傳統中生長之人們，才會將此種觀念也投射到中國，或許是這樣的演變，在歐美的情況，很明確的應該是西歐近代「nation」及「nation state」的投射吧。

關於「民族」的事例，還想再舉出一個回鶻。前面已經提到過，突厥系的回鶻在西元八世紀時以遊牧聯盟國家之姿出現，到了十三、十四世紀時則是進入蒙古世界帝國的政權之中，並且是位居其中樞之獨特歷史存在。但是，在蒙古帝國崩解後，回鶻就失去了政治及社會集團的集中力量。在吐魯番盆地附近的回鶻之主力除了被來自西方的穆斯林潮流所吞噬外，僅作為隸屬明代蒙古的一個小集團、位於甘肅涼州的高昌王家之末裔、敦煌周邊使用突厥語的佛教集團，以及在哈薩克草原、伊朗方面的遊牧集團之名稱而留下微薄的殘影。總之，就歷史方面存在性而言，回鶻幾乎完全被消滅。

但是，在現在的中華人民共和國中，有新疆維吾爾自治區，也有被以維吾爾之名統稱的人們存在。關於這一點，就如同日本突厥語歷史文獻及中亞史研究者代表的濱田正美所表示的，在一九三五年時，位於東土耳其斯坦方面使用突厥系語言的各式各樣人們，為了超越小差異的大同團結及政治方面主張，在經過政治決議後決定採用維吾爾作為「民族」的名稱。當然，在歷史上光輝的回鶻記憶，也潛藏在採用的根源處。

並無法斷定現今的維吾爾人體內完全沒有留著過去回鶻的血統。但是，在經過六百年差異的兩者之間，實在難有直接的族譜關係。二十世紀的「民族自決」波潮讓共通名稱成為「民族定位」之必需品的結果，就讓「維吾爾」這個名稱又突然出現。

事實上，在現代地球上「民族名稱」之中，與近現代政治方面理由毫無關連者到底有多少呢？也有的例子是因為該政權害怕同種人們之大同團結，於是故意地強加上個別不同的「民族名稱」而讓其演出互相紛爭及對立戲碼。在過去的蘇聯之中，對於同種語言及文化集團，為了將其縮小劃分為不同民族，特意地採用擴大「小差異」的政策，宛如是不同的語言集團般讓其製作個別的字典。而且，即使是自稱的「民族名稱」之情況，也有不少是包含特定勢力的企圖。此外，就算是近代國家，例如波蘭這個國家，在國際政局下國家架構經過再三轉變時，在每一次的轉變中都必須重複進行「民族重組」。

不管是在前近代歐亞大陸，甚至是在近現代世界，「民族」都是被創造出來的。確實也有一些情況是適合使用「民族」這個名稱，但也有完全不適用之情況。不只是具有確實來源及傳統的「民族」，也有真的是製成品的「民族」。「民族」這個想法本身，就充滿了人為意圖。尤其是在近現代，任意地創造出「少數民族」。恐怕是因為國民國家創造出「少數民族」。在國民國家這個幻想中，當「多數民族」被設定成為國家「主體」時，從該處被排擠掉的人們就被統稱成為「少數民族」。

不管是當我們在回顧歷史或是眺望現在，事實上「民族」這個詞語也有各式各樣的變化，所以在現實中終究無法將其統括在一起也是理所當然。但是，原本就反而較少能夠被以單一顏色塗抹的「民族」，有時甚至是很牽強的，不管是在歷史方面或是在現代世界，確實都是如此。

專欄

「滿洲」的起源

「滿洲」一詞過去是被當作指中國東北使用。另一方面，現在也被當作民族名稱、語言名稱使用。在英語中，作為地區名稱的是「Manchuria」或是「Manjuria」，作為民族及語言名稱的則為「Manchu」或「Manchurian」。這一部份在過去及現在都有被使用。

所謂「滿洲」是來自於涵蓋東方亞洲的大帝國清朝在創始者努爾哈赤時代所採

用之「滿洲國」。

在十六世紀末，滿洲、也就是當時漢語的「遼東」（遼河以東，也就是指西拉木倫河以東的整個區域）形成一個居住著滿、蒙、漢以及朝鮮族的獨特區域社會。大致上，控制中國本部的明朝帝國自從始祖洪武帝朱元璋以來，雖然伸出了統治的手，但僅是用「柵欄」（此稱為「邊牆」）將遼寧平原及遼東半島大幅地圈住，只是將其當作準內地，對於其外側的土地，在表面上是採取間接管理之形態，但實際上幾乎是放任不管。

於是變成半獨立地帶的遼東，在與女真族或蒙古族之間的交易以及從政府手中以防守邊境為名目得到之「軍事支出」下，現金經濟相當普及，成為在明朝帝國內外最為繁華的區域。

李成梁就利用遼東的這種區域性而浮現檯面。對於豐臣秀吉的進攻朝鮮，為了救援李朝朝鮮而被急速派遣的明軍，事實上大多數都是來自於這個李氏軍閥的私兵。在小早川隆井以少數擊敗明軍而聞名之「碧蹄館之役」，事實上其中一個對手就是由李氏家族之一的李如松所率領的遼東軍。

與李氏軍閥在陰陽交錯的同時浮上檯面的是建州女真努爾哈赤。在整合分立的女真眾族、接著在遼東地區建立由滿、蒙及漢三族混合形成的混合型國家時，努爾哈赤採用了與當時跨越滿洲、蒙古及華北地區、聚集了人們信仰文殊菩薩相關之名，以作為跨越人種、自己的新國家之名稱。也就是「滿洲國」。

「滿洲」一詞原本語源是來自於梵語（Sanskrit）的「Manjusri」（漢語音譯字為「文殊師利」）。或許是透過回鶻語在蒙古時代時以「Manjusri」作為蒙古語詞彙，於是就直接也被滿洲語採用。毫無疑問地，「文殊（曼珠）」就是「Manju」的漢語音譯字。

另一方面，「gurun」一詞在滿洲語中就是「國」的意思。總之，「Manju gurun」就是「文殊之國」的意思。

無論如何，努爾哈赤的「文殊國」都只是遼東的區域國家。若是這種情勢持續下去的話，或許所謂的東北亞就會形成由滿洲國、李氏朝鮮及日本德川三足鼎立的狀態。

但是，歷史的命運並非如此演變。中國本部的明朝在接連不斷的內亂及腐敗、再加上李自成的叛亂之下，以半自我崩解方式滅亡。雖然占領北京的李自成將自己的王朝稱為「大順國」，但卻不具備足夠的力量。

在一番迂迴曲折之後，遼東混合型國家以被引入般的方式「入關」（也就是進入山海關之內側。進入中國本部之意）。於是，滿洲的地區國家開始邁向中華帝國之路。此外，利用內外蒙古分裂的時機，發展成為具備「大元國」的繼承者、內陸草原及中華世界王者之姿的大清帝國。

雖然「滿州」也是「Manju」的音譯字，但原本應該要寫成「滿洲」才正確。理由在於「洲」這個字詞同時兼具發音及意義兩方面。「滿洲」就是「Manju之地」（洲就如同被稱為南贍部洲般，是表示大陸、大地之意），也就說「文殊菩薩的土地」之意義也就被包含於此。

所謂歐亞大陸看法的復權

本書一開始已說明過，近幾年來，所謂「舊世界」或「舊大陸」的表現方式已經消失無蹤。甚至連「歐亞大陸」這種稱呼方式，在歐美也出現盡量避免的傾向。尤其是在美國是最為明顯。因為是以「新世界」之想法或表達方式為前提，所以「歐亞大陸」與「舊世界」也都被歸到相同罪名。而且，雖然「歐亞大陸」這個表達方式讓歐洲大陸及亞洲大陸處於對峙狀態，但事實上在亞洲大陸中有多樣的區域及文明圈，將其統括為一的表現方式本身就是根基於歐洲中心主義之想法。

有某種經過反省後的想法。在地球上個別的區域及文明圈中，都具有既定的價值及歷史，也可以理解為何無法進行個別排名的主張。結果，就變成由東亞、東南亞、印度文明圈、中東（大多數情況是將此切割為西亞及北非）、中亞、西伯利亞、俄羅斯、歐洲、北美洲、南美洲及大洋洲都分散並列的方式。

但事實上，這種想法反而是潛藏某種「文明主義」。以現代的眼光認為過去一定就是那樣，而擅自地將歷史及區域進行切割。但是，在歷史時代裡，是不會顧慮上述切割方式是否恰當，也不會去對在此被舉出的眾多區域間連環關係及歷史展開作洞察的。這些終究只是現代本位主義的對待方式。與其說是如此，不如說甚至有自我沉迷於相較過去歐洲中心主義下對各區域「平等對待」之美名而感到高興的跡象。

但是，過度的切割反而會無法涵蓋到歷史現實。若在全面地轉動的歷史世界中切割建立超過需求之牆壁，就變成是歷史研究者自我滿足於自己所有的特定文獻及其所屬的一個「文明世界」，而從牆的另外一邊觀看歷史，各區域的歷史研究都不得不陷入唯我獨尊之狀態。這反而會遠離歷史，於是，不論到哪個時候，都只會停留在「區域史」或「文明圈史」，而無法觀看到人類史的整體樣貌。這一點，在最近看似風行的費爾南・布勞岱爾（Fernand Braudel，一九〇二—一九八五年）的《地中海與菲力普二世時代的地中海世界》（*La Mediterranee et le monde Mediterraneen a l'epoque de Philippe II*, Paris, Armand Colin, 1949. Deuxieme edition revise,1966.）書中奇妙地以自我本位主義進行囉嗦的敘述，這又是為甚麼呢？

歷史還是由歷史決定較好。沒有必要將歐亞大陸這一個詞彙加上負面印象。也有很多部分是正因為有歐亞大陸這一個架構才可見到。歷史時代較不會有錯誤。而且關於現代也是，歐亞大陸這一個視點能夠發揮作用。

或許，我們想錯了一個很大的重點。或許我們是太過於認為自己身處於絕佳的文明型態，而無意識地進行自我辯護並且將不當的蔑視、責備及評價強加於過去的歷史時代。這就是「文明人」的驕傲吧！但是，理所當然地，生存方式及文明的存在方式有許多不同樣貌，從今爾後，想必會轉向強調昔日文明之多樣性，並以地球為單位進行觀照各文明之間的相互激盪吧！

另一方面，打開地球化歷史的近代西歐，事實上是個極端武裝化的軍事國家。關於這一點，最好是極度地仔細熟悉瞭解。總之，世界史從與極具汗臭味軍事權力的遊牧民連結之時代，轉移到了具備遠超過人力範圍的龐大戰力之時代。近代西歐型文明將以蒙古為頂點的遊牧國家責備為「野蠻」的這種行為，實際上確實是有不分雌雄的愚昧、該被恥笑之處。但是，帶著近代西歐以後極度軍事化下人類疏離樣貌的眾多國家，與過去歐亞大陸世界史時代的悠哉遊牧國家，到底是哪個比較野蠻地愛好殺戮，答案應該很清楚了。近代文明所產生的大量殺戮兵器與遊牧民之間的距離，實際上相當大。

邁向新的世界史樣貌

人類的歷史從陸地時代經過海洋時代，成為空中時代。現在是橫跨陸海空、就如字義般的「地球化時代」。

另一方面，成為與地球同樣大小的世界，再度地進入到如同歐亞大陸世界史時代般的多元時代，這應該也是毫無異議的吧！近幾年來被高聲倡導的「東亞之興起」主張，也是在這股浪潮當中。但是，原本這個主張都還只是停留在呼喊的階段。在過去一段時間中，自得其樂地以過度興奮方式高聲呼喊的這件事，到了此時會出現對於「興起」這點有所疑慮之想法，也是理所當然。因為這原本就應該只是相較於從西元十九世紀後半開始到二十世紀前半這段時期的「悲慘」，大概是對於變成「增加」程度而產生之相對化興奮之下的「流行語」。將「東亞」改稱為「亞太」的行為，原本應該也是潛藏了更多政治及經濟方面要求及想法的宣導詞彙。終究，若將半分期待、無責任的現代印象更進一步地回溯到過去的歷史，就會說出原本亞洲是在西元十七、十八世紀左右受到歐洲壓迫進而繁榮之話語，這也是類似不深入瞭解龐大史料而出現的話語。但真是如此嗎？

當然，「亞洲之興起」並不僅只是呼喊口號，希望可以成為真正確實之事。但是，到了那個時候的亞洲，是否可以建立人類普遍共通、有別於近代西歐文明的價值體系及精神世界呢？關於這一點，到底未來會如何呢？

回過頭來說，苦於近現代「來自海洋的風潮」及「西歐近代國家」、歷經五百年已經毫無退路的歐亞大陸內陸區域，也終於在西元十九、二十世紀時拋棄了所背負的負向遺產，迎向再生之時期。關於這一點，因為更加遠離日本，未被附加奇怪的期待或印象化。但是，實際上是以有別於「東亞之興起」的方法及架構尋找摸索新的形態。值此時期，會由自身及他人針對於近現代中被捏造強加的歷史樣貌進行重新檢視及重新評論，也是必然結果。這當然也影響我們的世界史樣貌。

在人類歷史中，我不知道「現在」是不是特別重要的時刻。或許僅只是個演變「時期」中的一個通過點而已之想法，還是較為自然。雖然會變成有點重複，過於特別對待被稱為現代的時代及文明，例如認為該處的架構是絕對紮實，或更進一步地將現代當作起點來解釋過去等都是傲慢的行為。這又會讓觀看現在及將來時產生迷惘。將所有既成的架構暫時擱置不理而以既存方式檢視過去人類生存之道，才是知道自己的由來及現在的必要手段。

在歷史方面，首先試著從根本處開始懷疑既存世界史所傳遞的結構、印象及概念。這就是將世界史這個架構再度重新洗整之道。不論是近代西歐、美國這個架構、中國這個架構或是歐洲及亞洲這個架構，更進一步地是所謂近代國家、現代文明的想法及民族、國境概念，也都是如此。

例如在一九九七年七月歸還香港時，在世界上到處都相當熱鬧。但是，就算是被稱為「華人」或「華僑」的人們有各式各樣不同，但將其統括總稱為「華人世界」或「華人網絡」等之說法，終究是以「日本」立場而言之情況吧？即使是從歷史上回顧，這樣的現實及想法是無法成立。應該只是先喊出口號，而沒有實際內容定調、有如日本傳說中的想像怪獸「」之物。原本在語言根處成為「大中華」之物，是否能夠保持其安定結構呢？這反而更加要緊。擁有質量皆優且精力旺盛的人們及國家、社會型態不一定會合而為一的這件事本身，才正是中華及華人世界這個「雙重世界」的近現代史基調。

這僅只是一個範例，總之就是要試著一度懷疑所有事物。若可以的話，以結算「民族及國境」這個頂多只有二百年左右歷史的「現成物」之方式，僅觀察歷史與世界的事實真相、想要更加接近事實，心眼都會同時大開。現在，應該是到了要重新檢視的時刻。我們是否過度自信，以偏概全地理解這個世界呢？其中也包含了對於這些的反省。

當要摒除至今為止的歷史樣貌及文明樣貌之傾斜時，或許中央歐亞大陸的遊牧民之歷史可以成為一個有力的視點。在近現代世界中，被當作是「國家」最被道而馳之邊緣存在的遊牧民，實際上曾經支撐著人類史，並成為「國家」這個東西之最大掌握者。這就是「世界史」的最大反論。

無論如何，不過度偏向特定價值觀的新世界史樣貌，就是從謙虛直率地檢視過去開始。現在，持續轉變為可以容易進行理解的狀況。希望諸君可以坦率地接受這些。

跋

在近代之前的歐亞大陸，觀察成為歷史大動因的遊牧國家狀況，在以其為主軸展開的歐亞大陸世界史當中，再度地重新檢視「國家」及「民族」。若可以的話，不要用威脅嚴肅的話語或是偏離現實的漂亮話，而是以極為直率平常的話語進行敘述。在此情況時，反而要盡可能地避免太過深入細節。——這就是本書的目的。雖然不知道是否表達清楚，但對作者我來說是個愉悅的工作。

現在又再度感受到歷史面的「文明之牆」。不，或許該說是歷史研究面的「文明之牆」會更為恰當。且幾乎可以說是「文獻之牆」。

記述某個「文明」的文獻一定會有該「文明」的共通價值觀及立場。因此，在描述不屬於該「文明」之事物時，就會出現輕描淡寫、冷酷或是充滿惡意中傷等行為。要跨越由這些「文明」創造的文獻之牆並探究歷史「既有樣貌」這件事，雖然說來容易，但事實上卻是相當困難。首先，故意地忽視事實本身而進行記錄，也就是名為沉默殺人的曲解描述，實在讓人無可奈何。

再加上，研究數種「文明圈」文獻這件事情，也是知易行難。不只是單純的多種語言問題而已，每個「文明圈」都各自有其既有傳統及價值體系。若沒有傾全身之力去辨別、推測文獻所言之真偽及黑暗面，就不算真正「讀過」。但是，要對多個「文明圈」皆採取一貫態度，無論如何都會超越過一己之力的極限。

但儘管如此，至少當研究兩種以上不同「文明」的文獻時，一定可以從文獻本身看到僅使用一種「文明」文獻時所看不到的東西。這是從外側觀看該「文明」之態度。也可以看到某個「文明」或是其產生之文獻的特性、特徵及界限等面向之正反兩面。

事實上，我甚至認為若要進行以文獻為主要線索之歷史研究時，為了知道其所使用眾多文獻之特性，也是不能只是自我滿足於同一種「文明」之文獻，凡而要更進一步地研究兩種以上不同「文明」之眾多文獻。瞭解別人就是清楚自己。此外，觀察別國也就是回頭看到自己國家的姿態。這兩者有其相似之點。

總之，就是觀察過去的「複眼的視野角度」。對於歷史研究來說，其中一個關鍵就是不將所有焦點都集中於某一事項、而以不偏頗的心態將所有事物進行相對位置分配以達到綜合性掌握，因此從外側觀察的視線就成為歷史研究者必要條件。與此相關，即使只是小小的點，若是在本書中有值得被採用的面向，對於作者我來說都是喜出望外、無比的喜悅。

本書是以「民族的歐亞大陸」之企劃為基礎。我從一開始被賦與要求的就是中央歐亞大陸及本書之題目。為了與此任務取得平衡，因此本書對於空間面的伊斯蘭中東世界、時間面的公元十五世紀以後，並未進行太多的描述。關於這一點，希望可以得到各位讀者的理解並請期待後續。

事實上，從三年多前就已經開始籌備此書。本書之企劃主旨就是以蘇聯解體為契機，開始對到當時為止都輕易地就會認為是清楚明白的「民族」之理解產生懷疑，因此試著回溯關於其由來及實際樣貌之過去歷史。

但是，本書到完成為止，花了非常多時間，也遲遲難有太大進展。首先是我匆忙地赴美。因為身上還背負著數個截稿日期較早的文稿，所以在美國一年的研究期間即將結束時，也僅寄了份量相當稀少的原稿。就是本書的第一、二章。在當時，世界各地同時爆發「民族紛爭」、「地域紛爭」。在原稿中也可感受到該氛圍，因此在本書中也特意地幾乎不進行修改。

回國後也被各種事物追著跑，就在只剩下一點就完成的去年秋天，意外地右手出了一點狀況。雖然總是被周遭的人笑說到了現在還用鉛筆書寫，但卻是初次體驗到無法握筆的痛苦。結果，從一點一點地撰寫到終於完稿，整個算起來總共花了三年的時間。

就在本書接近完成狀態時，偶然間有個機會與本田實信先生進行對話。在該場合，當我向本田先生表示西歐近代國家根本就是軍事國家，至今是否故意地避開這一點的想法時，本田先生告訴我最近西洋史學家成瀨治先生也提出幾乎完全相同的觀點。當我看到以「初期近代國家及軍事革命」為題的公開演講之大綱時，發現在僅僅一頁中以非常紮實簡要的方式完美地列舉大部分重點。結論中有「在進行初期近代國家研究時，不可或缺的軍事制度、戰爭史方面之知識」這句話，讓我感受深刻（《日本歷史學協會年報》十二號，一九九七年）。

另外還有一點，在本書完稿的時候，我知道澤田勳的《匈奴——古代遊牧國家的興亡》（書名為暫譯，東方書店，一九九六年）一書已經出版。大家或許會認為匈奴應該會出現在各式通史等書籍中，但事實上在日本，這可是第一本書寫匈奴的書籍。此書呈現了許多獨創見解，我也由此得到不少啟發。推薦各位讀者有機會務必閱讀澤田先生的著作。

最後，在此對從企劃、成案到發行等在所有方面給予許多協助的日本經濟新聞社出版局編輯部的大谷潔及櫻井保幸兩位，表達真誠謝意。對我這個任性懶散的作者，有時幾乎每天都會打電話鼓勵，忍受並原諒我的任性。分次少量寄送原稿時，每次都會給予我正確適當且誠懇的建議。當我右手出狀況時，更是給予我格外的關懷。因為有了兩位的熱情及友誼，本書才終於得以完成。在此致歉的同時也表達衷心感謝之意。

杉山正明　一九九七年九月

解說—關於「定居」及「移動」

松本健一

過去我認為所謂的民族就是「定居」在一定區域的人們。那不過就是我這個身為將「在一個地方努力」當作通俗道德之農耕民族後裔者的先入為主觀念。我是在二十多年前於撒哈拉沙漠旅遊時頓悟到這一點。

當初前往撒哈拉沙漠旅行的目的，是為了要看到羅馬帝國相戰、位於北非之迦太基遺跡。面對地中海的迦太基遺跡中，建置了可以容納龐大船隊的港灣。港灣本身就是個重要堡壘，這個遺跡充分地滿足了我對於相對「陸地帝國」羅馬之「海洋帝國」的興趣。

前往北非旅行的另外一個目的，就是被過去「阿拉伯的勞倫斯（Lawrence of Arabia，一九六二年）」一電影喚起、想要實際看看沙漠這個自然景觀的想法。雖然勞倫斯所處的沙漠主要位於阿拉伯，但從摩洛哥開始往撒哈拉沙漠再到阿拉伯沙漠為止，貝都因族（柏柏爾人（Berber））自由往來於其間。若是如此，在這廣大範圍中應該也有類似的風土民情吧？在這種想法下，我試著前往從突尼西亞迦太基開始往內陸方向約二天車程即可到達之撒哈拉沙漠。

進入到沙漠後我的印象是人類無法在這徹底乾燥的風土環境中定居生存。總之，除了綠洲周邊區域之外，沒有植物。即使是乍看之下似乎是生根於沙漠之中的灌木，其根部卻是橫向大幅地延伸在沙漠大地表面。每當沙風暴吹起時，灌木就會在沙漠表面翻滾移動，待沙風暴停止，就會在該處持續等待一年不知會不會有一次的雨水。總之，橫向大幅地延伸的根部，就是為了大範圍地吸收會迅速地消失在乾燥大地的雨水而出現之生態。

總之，人類應該是無法在如此乾燥的環境中定居，因為不可能進行農耕或畜牧。南方與撒哈拉沙漠相接的突尼西亞政府某位官員之以下言論，為這個印象提供了證明。

——我們政府正在推動國民定居化政策。為此，我們在沙漠邊緣處接連地蓋了以數十戶為單位、總之是可以容納整個聚落的公寓大樓。但是問題來了。即使是蓋了公寓大樓讓聚落的人住進去定居，並且讓他們從事農耕或是到工廠工作，但他們頂多住了約三個月就搬離公寓大樓。

在伊斯蘭·阿拉伯圈中，突尼西亞是與土耳其相同，最早進行世俗國家化、採用國民主權之國民國家型態。但是，為此當然必須要遵從國際法，確立國土疆域及國民。突尼西亞政府採行國民定居化政策，就是為此目的。

儘管如此，疆域的大半部為沙漠地帶，人們根本就不可能自然而然地在該不毛之地定居。事實上，重複地進行移動，就是居住在沙漠之貝都因人的一般生活型態。因此，對於歷經數百年持續此種生活而生存至今沙漠居民來說，不可能在以近代國家型態獨立後二、三十年間，就有了定居的想法。

於是，相反地，也促使我們對於民族就是「定居」在一定區域的人之先入為主觀念進行反省。總之，以「在一個地方努力」為通俗道德之我們日本人，應該是世界上相當特殊的民族吧！

這樣說來，日本民俗學創始者柳田國男對於「何謂日本」之問題，將其還原到「島國」及「種稻」這兩個要素。但是，根據我在一九七〇年代末期於撒哈拉沙漠及一九八〇年代初期於中國西北部實際見到的兩個乾燥風土環境來看，在這兩個日本要素之外，應該還要加上第三個「定居」之要素。既然是「種稻」就理所當然地會「定居」的這個想法，是僅通用於以農耕民族生存至今的日本人之常識。例如，種植加州米的美國人，是將其當作產業運作，而不像日本人是為了生存而進行「種稻」。因此，當生產加州米變得無法創造多少利益時，該地區就會立即變成草莓田或是將土地賣給迪士尼樂園而離開該處。不將「定居當成一種常態」，也不會將「在一個地方努力」作為民族的通俗道德。

總之，在沙漠或是乾燥的風土環境中，要持續進行「定居」於固定區域之生活型態是相當困難。不僅是農耕，就算要進行如瑞士般的定居型畜牧也是不可能。在伊斯蘭．阿拉伯圈中，非定居的生活型態才是一般生活方式吧？對，我漸漸地有了這樣的想法。

於是，完全符合我現在想法的地理及歷史之記述，就在杉山正明的《遊牧民的世界史》書中出現。在該書中，杉山先生除了區分為完全是砂礫的砂漠與缺水、乾燥的沙漠外，還針對在包含「歐亞大陸」及北非大陸在內的「歐亞非大陸」等乾燥世界中展開的人們生活進行以下的描述。

「雖說是草原、荒野及沙漠，但或許可說是缺水程度不同，甚至可進一步說是如草皮等植被密度的差異。只要草地稍微有點濃密度的地域就是草原，而稀疏的地域就是荒野或沙漠。……但是卻有人類在這樣範圍廣大的地域生活，畜牧移動民——就是所謂的遊牧民。人類藉由創造出遊牧的生活方式，讓即使如廣大乾燥的『荒涼地域』，也能成為生活圈。這件事情的意義相當重大。遊牧民的存在，讓以點方式存在的大小綠洲被串連起來。不僅如此，被視為『文明圈』的農耕地域，其實也要避免互相孤立。甚至可說，中央歐亞大陸是藉由以面及移動維生的遊牧民，成為一個整體『世界』。」

杉山先生在此將撒哈拉沙漠般的砂粒砂漠與中央歐亞大陸般的乾燥缺水之草原或沙漠進行區分，認為遊牧型態的生活方式就誕生於後者地域。在此附加一點，我認為商隊型態的生活方式是誕生於前者區域。但是，不論哪一個，同樣是以「移動」作為常態生活方式。我曾經將此種中東世界＝在伊斯蘭圈發展的文明本質稱為「網絡力量」，以此與亞洲農耕文明圈的「向內累積力量」及歐洲畜牧文明圈的「向外擴展力量」進行對比（「日本的近代」第一卷「開國．維新」、與松井孝典先生之對話「自立與共生」及與臼杵陽先生之對話「民族主義與原理主義」等）。

總之，我將該中東世界＝伊斯蘭圈稱之為「砂之文明」，並企圖以「網絡力量」捕捉誕生於該處的文明本質。這一點與我打算從伊斯蘭文明根底處瞭解一九七九年伊朗革命＝伊斯蘭原理主義革命之想法，奇妙地重疊在一起。我直覺地認為在該處應該有與我們這些農耕民族後裔及近代都市居民們及其想法根源不同之世界。

但是，杉山正明先生以更加學術性、換個說法就是深入歷史面「文獻」中，並且跨越「文獻」的牆壁進行對於中央歐亞大陸遊牧民及蒙古世界之研究。結果，杉山先生以相當簡潔扼要的言論說出了我的直覺。

「不施作農耕、不住在都市也不定居的遊牧民，在以西歐等國家為中心的近現代國家結構中，其存在被極端地邊緣化。因此，在歷史上，遊牧民族以及他們所創造出的國家都很容易被邊緣化、矮小化。」

所謂以西歐為中心的「近代國家」結構，就是藉由國境線以確立國土疆域及確立定居化國民而得以實現。結果，近代國家就必須要防衛國土及保護國民之生命財產及生活。這就是世俗性國民國家（nation state）的基本型態。

但是，包含伊斯蘭．阿拉伯圈的中央歐亞大陸或者是被建立在遊牧民世界的國家，都未曾有過國界。換個說法，居住在砂漠或沙漠中的人們，擁有與定居者完全不同的習慣，是個將移動視為常態的民族。在我的這種疑問之前，杉山先生在本書中舉出與西歐為中心之「近代國家」結構完全不同、在以蒙古帝國為開端之歐亞大陸地域興亡的國家案例。

——綜觀世界史、尤其是歐亞大陸史中興亡的大型國家及政權，可以確認二個或是三個型態。所謂三種就是農耕國家、遊牧國家及海洋國家等國家型態。在這之中蒙古可說是遊牧國家，波斯帝國阿契美尼德王朝是同時兼具遊牧型及農耕型之複合式國家，羅馬型帝國則是在農耕國家的同時也具備了海洋國家的一面。

但是，除此之外，將國家型態區分為二種的觀點也是可以成立。

「一個是不問陸地海洋、不問規模大小，而以定居為基本的人們所建立的政權、國家。另外一個則是以不將移動當作苦難的人們為主要核心所建立的政權、國家。當然，政權及權力的體質是完全地不同。在這一種分法之下，農耕國家就是定居型的典型，而遊牧國家就是移動型的極致展現。」

若真是如此，在世界中，也有可能存在由習慣與「定居」型完全不同之「移動」型遊牧民所建立的國家。更進一步地說，因為遊牧國家將「移動」視為常態，故可以輕易地跨越國境。於是，因為陸續地將其周邊地域都納入帝國之中，當然也就跨越了民族。這就是在本書第一章中闡述之遊牧民「跨越民族及國境」的意義。

杉山先生應該是認為此種遊牧國家的形態，具有超越以西歐為中心之「近代國家」結構之可能性。然而，在我認為所謂「定居」這種型態對於以農耕文明形成日本民族固有之自我認同的影響性遠勝於其對於以畜牧文明為基礎而構成的西歐近代國家。

於是，在研究領域及思考方式都不同的我們這兩個人，若要說明在何處相遇的話，就是對於在世界史上砂漠、沙漠或是乾燥風土環境所具備的意義之重視立場。當然，那僅只是在抽象層面意義的相遇場所，並沒有更多的意義。

但是，在我認為彼此有相通的見解下，邀請杉山先生參加一年前的「隱岐學研討會」。「隱岐學研討會」是我於近十年前開始嘗試在隱岐島舉行的學術討論，原始想法是希望杉山先生能在該研討會中闡述關於七百年前流亡到隱岐的後醍醐與當時蒙古帝國之間的關係。若誇張地說，那就是想要在後醍醐這個異於平常的天皇習慣或是行動模式．風土民情中，找出「定居」之日本史與「移動」之歐亞大陸史之接觸場所之嘗試。

觸動我產生這種可說是無謀嘗試想法的契機，正是杉山先生《遊牧民的世界史》一書。

（二〇〇二年十二月，評論家．麗澤大學教授）

遊牧民的世界史

超越民族・超越國境

遊牧民から見た世界史 增補版
作　　者 杉山正明
譯　　者 黃美蓉
責任編輯 沈昭明

社　　長 郭重興
發行人暨出版總監 曾大福
出　　版 廣場出版
發　　行 遠足文化出版事業股份有限公司
231新北市新店區民權路108-2號9樓
電　　話 (02)2218-1417
傳　　真 (02)8667-1851
客服專線 0800-221-029
E-Mail service@sinobooks.com.tw
網　　站 http://www.bookrep.com.tw/newsino/index.asp
法律顧問 華洋國際專利商標事務所 蘇文生律師
印　　刷 成陽印刷股份有限公司
三版三刷 2019年4月
定　　價 500元

遊牧民的世界史/ 杉山正明著；黃美蓉譯.三版. -- 新北市：
廣場出版：遠足文化發行, 2015.09
408面；15*21分. -- (全球紀行；01)
ISBN 978-986-91909-4-7(精裝)

1.世界史 2.遊牧民族史
710